晋国
600年
― 2 ―
中原霸权的兴盛与衰落

韩鹏杰 ◎ 著

新世界出版社
NEW WORLD PRESS

图书在版编目（CIP）数据

晋国600年.2，中原霸权的兴盛与衰落/韩鹏杰著.-- 北京：新世界出版社，2024.6
ISBN 978-7-5104-7935-9

Ⅰ.①晋… Ⅱ.①韩… Ⅲ.①中国历史—晋国（前11世纪-前4世纪中叶）—通俗读物 Ⅳ.① K225.09

中国国家版本馆CIP数据核字（2024）第075834号

晋国600年2：中原霸权的兴盛与衰落

作　　者：	韩鹏杰
责任编辑：	刘　颖
责任校对：	宣　慧　张杰楠
责任印制：	王宝根
出　　版：	新世界出版社
网　　址：	http://www.nwp.com.cn
社　　址：	北京西城区百万庄大街24号（100037）
发 行 部：	(010)6899 5968　(010)6899 8705（传真）
总 编 室：	(010)6899 5424　(010)6832 6679（传真）
版 权 部：	+8610 6899 6306（电话）nwpcd@sina.com（电邮）
印　　刷：	天津旭非印刷有限公司
经　　销：	新华书店
开　　本：	880mm×1230mm　1/16　尺寸：170mm×240mm
字　　数：	275千字　印张：16
版　　次：	2024年6月第1版　2024年6月第1次印刷
书　　号：	ISBN 978-7-5104-7935-9
定　　价：	52.00元

版权所有，侵权必究

凡购本社图书，如有缺页、倒页、脱页等印装错误，可随时退换。

客服电话：（010）6899 8638

目　录

001　**第一章　城濮之战与践土会盟**

003　　第一节　东出中原
003　　　报施救患
005　　　侵曹伐卫
009　　第二节　城濮之战
009　　　子玉其人
010　　　战前斗智
013　　　退避三舍
015　　　临战心怯
016　　　出奇制胜
020　　第三节　践土会盟
020　　　人莫予毒
022　　　大义勤王
024　　　始启南阳
027　　　以臣召君
031　　第四节　重整山河
031　　　所谓外主
033　　　围许伐郑
036　　　元咺之讼

039　恩威并施

第二章　"秦晋之好"神话的彻底破灭

045　第一节　秦晋决裂

046　穆公背盟

049　弦高犒师

052　地缘冲突

055　郭偃之谋

057　崤山血雨

061　第二节　穆公幻灭

061　拜赐之师

063　穷寇勿迫

065　英雄遗恨

067　第三节　夷董之蒐

067　太傅矫命

070　重耳情史

073　狐赵之争

076　第四节　再起波澜

076　令狐之战

078　河曲之战

080　封堵政策

第三章　晋国的中原霸业中衰

087　第一节　无为霸主

088　襄公霸业

090　泜水诳敌

091　商臣弑父

093　结好诸侯

095　伐宋无果

096		讨齐无功
099	**第二节**	**问鼎中原**
099		一鸣惊人
102		邲之战
105		郑国叛晋
107		观兵周疆
108		国人大临
112	**第三节**	**战云密布**
112		先縠违命
115		皇戌劝战
117		战和不定
120	**第四节**	**两棠之役**
120		不宣而战
122		断指可掬
124		君子之风

127　第四章　齐楚联盟对晋国的挑战

129	**第一节**	**忍辱负重**
129		郤克受辱
131		九月围城
133		伐灭赤狄
137	**第二节**	**晋齐首战**
137		齐顷图霸
139		断道之会
141		联军伐齐
144		韩厥建功
147		爰娄之盟
149	**第三节**	**信任危机**
149		蜀地匿盟

- 151 收服郑国
- 153 政令不一

155 第五章 从第一次弭兵会盟到鄢陵之战

157 第一节 华元弭兵
- 157 好恶同之
- 158 南冠楚囚
- 160 接力促和
- 162 郤至使楚

164 第二节 联吴制楚
- 165 夏姬绯闻
- 166 巫臣叛楚
- 168 楚国内争
- 170 凿通勾吴

173 第三节 战云纷飞
- 173 吕相绝秦
- 176 子反背盟
- 178 战火复燃

180 第四节 鄢陵之战
- 180 楚有六间
- 181 巢车对答
- 183 好整以暇
- 185 魏锜射月
- 186 楚军夜遁

189 第六章 从悼公复霸到第二次弭兵会盟

191 第一节 复霸战略
- 192 巩固宋盟
- 193 安抚鲁国

195	胁齐入盟
197	吴入夏盟
199	魏绛和戎
203	**第二节　疲楚复霸**
203	服郑安陈
206	郑人背盟
207	无信之盟
209	战时经济
212	郑国盗乱
214	萧鱼之盟
217	**第三节　晋齐争锋**
217	迁延之役
220	溴梁之会
222	湛阪之战
223	荀偃梦讼
225	平阴之战
227	齐国内争
228	齐人伐晋
230	崔杼弑君
232	**第四节　弭兵终战**
232	重建互信
235	康王治政
237	楚才晋用
238	齐集商丘
240	晋楚争盟
242	未来可忧
245	**附录**

第一章
城濮之战与践土会盟

第一节　东出中原

报施救患

晋文公回国后的这几年，中原大地的政治格局又发生了深刻的变化。自从宋襄公图霸失败后，不甘寂寞的卫国就成了东方世界最为活跃的因子。这个一度被"狄人"攻灭的国家，经过二十多年的发展渐渐强盛了起来，而与之相比，同样遭到"狄人"侵扰的患难兄弟邢国却是江河日下。正好两国的关系最近不甚融洽，卫国便一心想要灭掉邢国，不料却遭到了齐国的阻挠。

原来卫国也是在齐桓公的主持下才得以复国的，可到齐桓公死后，卫国竟然打起了老恩主齐国的主意。在齐国操控国政的卫国公子开方，把齐国的许多土地都割让给了卫国，引发了后来即位的齐孝公强烈不满，自然就千方百计地阻挠卫国灭邢。两国的战车在邢国的土地上碾来碾去，让邢国人苦不堪言。更苦的是，齐孝公忙活了半天，最后还是没能护住邢国周全。到晋文公二年（前635年），邢国竟然真的就被灭掉了。

除了齐国，卫国还总是与郑国闹得很不愉快。郑国的国力在齐桓公称霸之前一度是最为强盛的，不仅齐国不是对手，就连周边几个大国联合起来，都讨不到任何好处。然而此时的郑国却颇有些疲弱，在围绕滑国归属而产生的几次交锋中，始终都占不到任何便宜。

不过，卫国虽四处树敌，却并非没有朋友。所谓"敌人的敌人就是朋友"，与齐国的关系一向也不怎么和睦的鲁国，这些年来就与卫国过从甚密。就在卫国灭邢的同一年，鲁国与莒国闹矛盾，卫国前去调停，三国结为友好同盟，先后于当年秋冬时节在洮地和向地举行了两次会盟，这让被晾在一边的齐孝公感到十分不痛快，于是便接连不断地侵扰鲁卫边境。

与卫国硬碰硬的打法不同，鲁国在面临外部压力的时候，惯于使用借力打力的招数。眼见齐国大军来势汹汹，他们一方面派展喜去犒劳齐军，以拖延其深入的步伐，另一方面则安排东门襄仲和臧文仲到楚国去搬救兵。而那边厢，卫国听说鲁国受到侵扰，也不管对方有没有求救，直接就发兵攻打齐国去了，以至于搬救兵的人还没到楚国，齐国就已经仓促撤军了。

鲁国人找上门来的这个节点，正是楚国最为强盛的时候，尤其是泓水之战后，中原诸国几乎是"闻楚色变"。借着这股势头，楚国先后将郑、宋、鲁、陈、蔡、许、曹诸国都纳入了自己麾下；再加上后来楚、卫联姻，等于是已经将大半个中原收入囊中。这样的成绩，恐怕是连经常名列"春秋五霸"行列的楚庄王都望尘莫及。

然而俗话说"盛极必衰，乐极生悲"，正当楚人为此感到无比骄傲的时候，宋国却突然倒戈投奔晋国去了，这让楚人十分不满。令尹子玉（名成得臣）是个急性子，三番五次地去找楚成王，想要发兵讨伐宋国。可偏偏楚成王是个慢性子，不管他说什么，就是一副"我不想搞事情"的窝囊样，坚决不肯出兵。

子玉心中焦急，径直约了司马子西（斗宜申）一起发兵攻打宋国。大军包围缗邑（今山东金乡）期间，鲁僖公欢天喜地地带领军队前来会合，并唆使子玉攻打齐国，占领了齐国重镇谷邑（今山东东阿）。

楚军驻扎谷邑，使得齐国政局再次陷入混乱，齐桓公的那几个儿子又开始蠢蠢欲动。晋文公四年（公元前633年）六月，齐孝公在内忧外患中辞世，他的弟弟公子雍及七个不知名的公子都投奔了楚国。楚成王把七公子安置到楚国做了大夫，只把公子雍留在了谷邑，让易牙辅佐其与身在临淄的其他公子对峙。

令尹子玉（成得臣）对此仍不满足，他追求的是让楚国彻底征服整个中原，因此必须要将宋、齐这两块难啃的骨头都拿下，为此他又于当年冬天调集郑、陈、蔡、许等国军队围攻宋都商丘。眼见联军兵临城下，曾与晋文公有过私交的公孙固急忙去向晋国求救。

接到宋国求救的消息，晋文公一刻也不敢耽搁，召集诸大夫入朝议政，商量是否该救援宋国。

在当下这个时节里，"恐楚症"是中原各国的通病，晋文公也不能例外。然而让他想不到的是，被宣召进宫的诸大夫对此竟没有丝毫忧虑，反而一片欢欣雀跃：等了这么多年，机会终于还是来了！先轸更是借用当年晋文公流亡宋国时的故事说道："报施救患，取威定霸，就在此一举了！"

事实上，晋人这种积极姿态并非盲目乐观，而是势在必行。多年来楚国对于中原的经营，使得以礼乐文化为傲的华夏诸侯尽皆沦陷，也让尚未臣服于楚的齐、秦、晋等国感受到了实实在在的威胁。看楚令尹子玉那股锐意进取的劲头，在征服了宋国和齐国之后，难保其兵锋不会指向秦、晋两国。这也就意味着，晋、楚两国将来必然会在战场上相遇，这其中的差别只在于：当两国交锋的时候，晋国是否还有可以退避的战略空间？是否还有盟友为其摇旗呐喊？

为了应对即将到来的大战，晋国一方面在被庐建立三军，任命郤縠、郤溱统率中军，狐毛、狐偃统率上军，栾枝、先轸统率下军，担任三军统帅[①]，另一方面则针对当前的局势，展开了周密的部署。一切布置妥当，晋国三军便于是年冬天出中条山，沿着黄河北岸向东挺近，意气风发地走向了中原战场，准备介入一场前途未卜的生死之战。

侵曹伐卫

春秋时期列国林立，大国之间相互争锋，既有当面锣、对面鼓的战术对抗，也有避实就虚、曲线作战的战略游戏。而当战争规模超过一定数量级，或者战争胜负影响很大时，对抗双方往往会更加谨慎，采用诸如"围点打援""围魏救赵"之类的策略，在运动战中寻求战略缓冲、选择作战时机。

比如在宋楚泓之战中，面对宋国的挑衅，楚国并没有派兵直接救援郑国，而

[①] 见《晋国600年1》第六章第三节"被庐之蒐"相关内容。

是采用"围魏救赵"的策略攻打宋国以迫使其回师。而在包括城濮之战在内的晋楚历次大战中，进攻方都是先围困对方的盟友迫使其前来救援，然后再通过与对方的接触选择合适的时机展开决战。

在出兵援宋大略方针已定的情况下，晋国的公卿大夫们仔细分析了当前敌强我弱的态势，梳理了中原各国的邦交关系，并对进军中原的战略战术进行了初步推演。

当此之时，楚国在中原盟友众多，宋国已处于其盟友的包围之中，重兵突进式的直接救援显然不是明智之举。即便不考虑其联盟关系，根据目前所掌握的情况，楚国在包围宋国的同时，还另外派出了一支军队与鲁国合兵一处，驻扎在齐国的谷邑，与宋国的联军主力形成掎角之势。如果晋国贸然向宋国进军，极有可能引起谷邑驻军的联动，从而受到夹击，被楚军包了饺子。

除此之外，国际政治最讲究名正言顺，军队出征必须师出有名。尽管当前晋宋关系良好，但彼此之间并无盟约，晋国没有必须出兵救援的义务。而晋楚两国山高水远，彼此之间毫无交集，没有充足的理由便扬言救宋伐楚，在道义上并不占据主动。

针对以上问题，狐偃胸有成竹地提出："曹国刚刚与楚国交好，而卫国则与楚国有婚约，如果我们出兵讨伐曹、卫，楚国必定会前来救援，如此可解宋、齐之危局。"

这个建议可以说正好切中要害。当年晋文公流亡列国，卫、曹之君皆未加以礼遇，以此为由讨伐曹、卫可谓名正言顺，即便是楚人有再多不满，也挑不出理来。而从战略角度考虑，曹卫两国地处中原要冲，其东、北接鲁而连齐，西、南临郑而近宋，占据此战略要地，既能够以围魏救赵的策略诱使围困宋国的主力前来决战，又可以就近监视谷邑方面的动态，并在必要的时候牵制其行动。

不过需要注意的是，晋国人虽然自信满满，却还没有膨胀到以为自己能够"吊打天下"的地步，他们的策略是尽量保存实力留待与楚国决战。在制定作战计划的时候，他们对于曹、卫两国的态度是不同的。对待相对弱小的曹国，晋文公毫不含糊地把自己早年流亡时的不幸遭遇搬了出来，作为介入中原事务的借口。而对卫国晋文公并没有提起当年碰了一鼻子灰的旧事，只是和和气气地去向卫国人借道。

这一次，晋文公又碰了一鼻子灰。这事说起来倒也不难理解，于卫国人而言，晋卫两国的确同是文昭武穆、王室后裔，可如今中原战火弥漫，晋人早不借道、晚不借道，偏偏挑选了这个时候借，明眼人都知道这是去找楚国晦气的。这就使得借不借道变成了在两大强国之间选边站的问题。

当时各国普遍都认为楚国的强盛是无法逆转的趋势，整个中原都已经沦陷，区区晋国又怎么可能是他们的对手？为了不得罪楚国，卫国拒绝了晋国借道的请求。

开弓没有回头箭，眼看借道不成，晋军只好迂回到棘津渡过黄河，准备在曹国部署兵力。但在进入曹国之后，晋国人突然回过味来了，于是又迅速改变战略部署，分兵北进，先行对卫国展开侵扰。

不打不知道，卫国虽然能跟齐国、郑国死磕，但与晋国一交战，马上溃不成军。伐卫的军事行动进展得十分顺利，到文公五年正月初九日（夏历去年十一月份），晋国就攻取了卫国的五鹿（在今河南濮阳南），并于次月进军敛盂（在今河南濮阳东南），实现了牵制谷邑的战略目标。

在这个过程中，卫国因无法抵挡晋军的攻势，便向其盟友鲁国求援。鲁国起初也不知虚实，便派公子买带兵救卫，但在得知晋国实力之后立刻就变了卦。鲁僖公忙召回军队并杀掉了公子买向晋国示好，可一扭头却又告诉楚国说，是因为公子买临阵脱逃才杀掉他的。

齐国方面，因楚军一直占据谷邑，令其国内的局势变得特别紧张。混乱之中，卫公子开方杀掉了齐孝公的儿子，立了齐桓公的另一个儿子公子潘为君，也就是齐昭公。齐昭公继位之后，担心楚国会扶植公子雍抢夺自己的君位，因此也一刻都不敢懈怠。等到晋国进军敛盂与楚军互相遥望时，齐昭公才终于松了一口气，赶忙派人去与晋国结盟。

眼见无法抵挡晋军，卫成公这才感到后悔，便想借机与齐、晋两国一同结盟，谁料竟被晋人严词拒绝。既然求和不成，那就向楚国求援吧！可卫国贵族却又不愿意跟晋人死磕，为了讨好晋国，他们竟然合起手来把卫成公赶到了襄牛（又名襄陵，为宋襄公葬地。在今河南睢县）。

北路军在卫国取得了重大突破，可围攻曹国的那一路进展却很不顺利。曹国在中原属于三流诸侯国，实力并不强悍，但晋国人打着"复仇者联盟"的旗号，气势汹汹围攻曹国都城陶丘，曹国人面临亡国绝祀的灭顶之灾，自然要拼尽全力做殊死搏斗。进攻曹国的战斗持续了一个多月，晋军不但没能拿下陶丘，反而把晋国第一任中军大元帅郤縠给搭进去了。

郤縠死后，晋军士气受到很大挫伤。在这个关键时刻，晋文公不计前嫌，将曾带兵阻击其回国的先轸，从排名最末的下军佐直接超拔为中军将，带领大军继续猛攻陶丘。

这场持续数月的围城战，让无数的晋军将士献出了宝贵的生命。为了对晋人表示羞辱，也为鼓舞国人的士气，曹国守军将晋军尸体陈列于城头之上。看到曹国人如此羞辱阵亡将士，晋人皆义愤填膺，于是纷纷建议将营地转移到曹国人的公墓，这可把城里的那些人都给吓坏了。

当时的崇信祖宗神灵，欺凌祖墓是对国人最大的侮辱，曹国人拼死抵抗，为的就是保存祖宗社稷。于是他们赶紧把晋军尸体装进棺木以赔罪，而先轸则突然下令进攻，趁曹国人运送棺木的机会，晋军攻入了陶丘，围攻曹国的战役终于告一段落。

第二节　城濮之战

子玉其人

此时正是晋文公五年（前632年），周历三月初八日。

晋国出兵数月，先后攻克了卫国、曹国，迫使依附于楚的鲁国开始左右摇摆，受楚逼迫的齐国也与晋国结盟。原本声势浩大的楚国阵营被迅速瓦解，仍然跟随其左右的就只剩下了郑、陈、蔡、许四国，军事行动初见成效。然而在这段时间里，无论是申叔（申公叔侯）所带领的谷邑驻军，还是令尹子玉（成得臣）亲率的围宋部队，对晋国在北方所展开的一系列军事行动全都无动于衷。也就是说，战争打了两个多月，晋楚双方的主力部队还没有正式接触。

在史书中，令尹子玉是一个"刚而无礼"之人，为人刚愎自用且不懂礼义，根本不适合担当一国统帅。《左传》记载了这样一个故事，说是在出兵伐宋之前，楚成王为了检验令尹的治军水平，让前任令尹子文（斗穀於菟）和现任令尹子玉分别进行了一次军事操练。老令尹子文的演习用了一上午的时间，没有处罚一人就把军队治理得井井有条。新令尹子玉则用了一天的时间，其间鞭打了七个人，还用箭射了三个人的耳朵，这才把军队调教得像一回事。

子玉的成绩虽比不得子文，可到底还是不错的，因此人们都向老令尹表示祝贺，一个叫芍贾的年轻人却不以为然地说："您的贤能众所周知，却把朝政大权传给了子玉，说是为了国家安定，可安定于内而失败于外又有何用呢？子玉其人刚而无礼，统领的兵车只要超过三百乘，恐怕就回不来了。由于你的推举导致对外作战失败，这有什么好祝贺的呢？如果他真能得胜回来，再祝贺也不迟！"

芍贾是否真的说过这席话我们无从知晓，这话也并非全然可信。楚国当时的政局，正是若敖氏权力炙热之时，前后两任令尹子文和子玉，以及此次出征的左军统帅子西（斗氏，名宜申）、右军统帅子上（斗氏，名勃）都来自若敖氏家族。若敖氏的一家独大，难免会引发其他家族的不满，作为若敖氏的政敌，芍贾的话多少还是有些斗气的成分。

除此之外，《左传》中还记载了一个颇富神话色彩的故事，说是子玉给自己打造了一套"琼弁玉缨"（镶嵌了珠玉的马冠马鞅，也有人将其理解为子玉自戴的冠带），制作得精美绝伦，以至于连河神也艳羡不已，故而特地托梦给他说："只要你把这套琼弁玉缨送给我，我就赐给你孟诸的水草地。"

孟诸是宋国的土地，河神许诺赐以"孟诸之糜"，意即会保佑其伐宋功成，然而子玉却不肯允诺。他的儿子成大心以及左军统帅斗宜申感到十分不解，于是就派荣黄前去劝解。荣黄对其晓之以理、动之以情，说："只要能够有利于国家，哪怕是去死都无不可，更何况是献出美玉呢？跟国家大义比起来，这些都不过是粪土罢了！如果能使军队取胜，有什么可惜的呢？"

然而子玉似乎是名坚定的无神论者，对荣黄的劝说丝毫不为所动。荣黄怒不可遏，出来之后就对成大心和斗宜申说道：不是神明让令尹失败，令尹根本就不把百姓的事情放在心上，实在是自取其败啊！

战前斗智

事实上，从史料记载中我们可以看到，子玉虽说身上毛病不少，但其军事素养和政治觉悟并不差。早年公子重耳也即后来的晋文公在楚国流亡时与他有过几次照面，当时子玉刚刚从子文手中接过令尹的职位，担心重耳回国会对楚国不利，曾多次建议楚成王将其杀掉。如今晋国在中原的一系列军事行动，其目的就是为了激怒楚军，让他们主动挑起战事。然而子玉却一反常态不为所动，执意要先打下宋国再说，继续加紧攻势。日趋严峻的军事形势让宋国人感到十分吃力，也让晋文公忧心忡忡。

但正所谓"道高一尺，魔高一丈"，如果对手只是寻常将领，子玉也不见得会输，可偏偏他碰到的是著有兵书《孙轸》且以谋略著称的军事家先轸，这一战就有看头了。

为了迫使楚军放弃宋国引兵北上，先轸秘密派人到宋国活动，说服他们给齐、秦两国送去厚礼，希望这两国能劝说楚国撤了商丘之围。这个计策的绝妙之处在于，楚军包围商丘已有小半年，商丘城破已经指日可待，在这种关键时刻任谁也不可能轻易放弃。而一旦他们拒绝了齐、秦两国调停的提议，就等于同时得罪了东西方的两个大国。当时总共就四个有影响力的大国，有三个就跟楚国不对付，你说楚国这仗还怎么打？

不过，这其中也存在不确定因素，齐、秦两国作为调停方，他们既可以为晋国办事，也可以为楚国所用。尽管从目前的局势来看，楚国实际上早已向齐国宣战，而秦国则跟晋国同气连枝，可他们之间也并不是没有矛盾。只要还没有摆明立场，他们未必会真的介入晋楚之间的冲突，甚至在适当的时机，还会为了自身利益被楚国拉拢，选择与晋国决裂。万一这事让子玉想明白了，然后见招拆招玩起了外交战，晋国就有可能搬起石头砸了自己的脚。

这个时候晋国该怎么办呢？他们最需要做的就是断绝楚人的念想，排除掉齐、秦两国被策反的可能性，为晋国创造一个占据绝对优势的外部环境。为了达成这个目的，先轸利用列强调停的机会，公然把曹、卫两国的土地分给了宋国，从而给楚人造成一个假象，让他们以为齐、秦两国的调停是在配合晋国的行动。如此一来，即便是子玉有心接受调停，他手下的将士们也不答应。

这一连串外交戏法让楚人眼花缭乱，坐镇大后方的楚成王一看情况不妙，知道晋国人设的这个套，子玉十有八九得往里跳，就急忙带着亲兵撤退回国，驻扎到申县观察局势。临走之前，还特意传话给子玉和申叔，让他们分别从商丘和谷邑撤军。

俗话说"当局者迷"。子玉身为三军统帅，在这种时候发布撤军的命令并不容易。在先轸的一再刺激下，他明知局势已经对己方不利，却还是咽不下这口气。

楚成王也知道子玉的难处，故而循循善诱劝导他说："晋侯在外流亡十九年，艰难险阻都已尝尽，民情真伪也尽辨知。上天给了他年寿，又帮他去除了祸患，就是为了成就他，这岂是人力所能阻止的？古语有云，'适可而止''知难而退'，这没什么可丢人的！"

然而对令尹子玉来说，他最大的敌人不在刀光剑影的战场上，而是隐藏在朝堂之上。蒍贾说他刚而无礼，且不会治军，这既是在表达对若敖氏专权的不满，也是在讥讽子玉是个无能之人。流言纷纷让子玉如鲠在喉，明知前路多坎坷，也始终不愿低头。

假如在这个节骨眼上撤军，正应验了那些人对他的质疑和挖苦。他们不会设身处地地去理解这个决策背后的原因，只会变本加厉地嘲讽若敖氏怎么出了这样一个无能之辈。那些潜藏在阴影中的敌人会趁机发难，挑战令尹的权威，动摇若敖氏的根本。

子玉不想做若敖氏的罪人，更不能忍受这样的屈辱，他需要打一场胜仗来洗刷耻辱，这就意味着战争的车轮一旦启动，就不能半途而废。他拒绝了成王诏令，同时含着泪水对使者说道："我并不敢说一定要建功立业，只不过是想借此堵住奸邪小人的口罢了！"

看到令尹如此冥顽不灵，一直以来对其颇为迁就的楚成王终于也发怒了。他只给了子玉少量的军队，这或许是为了减少损失，但也或许是想要借刀杀人。可对子玉来说，这些问题都已经无暇考虑了，他必须要强打精神，尽全力去争取战争的胜利。

思忖之后，子玉派宛春为使向晋军提出议和的条件，提出只要对方恢复了卫侯的君位，并把私分的土地还给曹国，就答应解除宋国之围。

这番交涉也算是有礼有节：我楚国攻打宋国是有那么一点霸道，可你们晋国无端讨伐曹、卫也不能说是完全占理吧？咱们大家各退一步，恢复中原的秩序，岂不是皆大欢喜？

但晋人却并不买账，晋文公的舅舅狐偃劈头盖脸地斥责来使：子玉好无礼！他一个楚国的臣子，与我们的国君谈条件，一下子提出了两个要求，而自己却只做一个让步，这也太没有诚意了！看来这仗是非打不可了！

狐偃的这番话将晋国的意图暴露无遗，若果真如此答复，那么先轸苦心孤诣营造出来的舆论环境就会毁于一旦。为了尽可能地创造对晋军有利的条件，先轸提出：子玉的要求尽管不合于礼，可我们却必须要答应。因为楚国人提出的要求可以安定三个国家，假如我们不答应，就意味着是我们执意要将他们继续拖入战争的泥潭。如此一来，就意味着楚国施予三家恩惠，我们结了三家的怨仇。不能安定别国就是无礼，结仇太多就无法作战，将来晋军还如何取胜呢？更何况，我们这次出兵的目的本来就是为了解救宋国，不答应楚国的条件，就等于是抛弃了他们，这又该如何向诸侯解释呢？

看到在座的似乎还有人不理解，先轸旋即提出两条计策：第一，条件是一定要答应的，但不是对楚国，而是对曹、卫。我们私下里与曹、卫结盟，恢复他们的土地和地位，这样原本是楚国施与两国的恩惠，就变成了我们主动的给予，从道义上我们更胜一筹。第二，则是要把宛春扣留下来，子玉知道之后一定会暴跳如雷，不顾一切地前来讨伐。到时候，我们再徐徐图之，岂不更好？

退避三舍

子玉并不是不懂计谋的莽汉，他派宛春前去议和，恐怕就是为了陷晋国于"非礼"的境地，从而为自己争取主动。他以己度人，认为既然自己对已经取得的战果不肯放手，那么晋国自然也不会轻易放弃眼前的大好局面。可跟老谋深算的晋国人比起来，子玉的那点小心思简直是太天真了。

晋国私下里恢复了曹、卫的地位，就等于是答应了议和的条件，一举而施恩于三国。与此同时，他们又鼓动曹、卫断绝与楚国的关系，并扣留了求和的使者，以此来激怒子玉，从而将挑起战争的责任完全推给了楚国。

在这场战争中，晋国方面各种诡诈之谋层出不穷，同时又牢牢地占据着道义的制高点[①]，使得子玉无论是在外交环境上还是在战争形势上都落了下风。事已至此，子玉已无路可退。他把满腹的委屈、怨恨以及对晋国人的不满都压在心底，毅然选择了一条充满了危机的道路。

在先轸不断的诱导之下，子玉已经被愤怒冲昏了头脑，晋国人却越发从容。

---

① 参见张毅：《晋文公的"德教"与"权谋"——〈左传·城濮之战〉解读》，《海南大学学报》（人文社会科学版）2018 年第 3 期。

他们不断地激怒对手，却又不与之交战，反而是引着楚军在中原大地上四处奔走。当子玉带着大队人马跨越千山万水，从商丘赶到陶丘，想要跟晋军决一死战的时候，看到的却是晋军撤退时留下的滚滚烟尘。

这种做法别说是楚国人了，连晋国的将士都很不理解，他们遍览从三皇五帝到春秋时期的历次战争，还真没见过仗竟然可以这么打！有军吏壮着胆子问道：我们的国君亲临战阵，而对方带队的却只是一名大夫。让我们的国君躲避对方的一名大夫，这未免也太屈辱了吧？再者说了，楚军长途奔波赶到此处，早已是疲惫不堪，为什么不趁他们疲惫的时候袭击，反而要退走呢？

对此，狐偃给出了一个很合乎"礼"的解释，他说："师直为壮，曲为老。"[1]理直才能气壮，理亏就会气衰，这跟他们是不是长途跋涉没有关系。当初国君在外流亡时，曾受过楚国的恩惠，因此便许诺要"退避三舍"以报答楚王的恩情。倘若我们背弃恩惠、食言自肥，就会让敌人义愤填膺充满斗志，这样一来我们理屈、楚人理直，"老"（疲惫）的就是我们了。反之，我们的国君带兵退却，而他们的臣子却紧追不舍，理亏的自然就是他们。

从这里就可以看出，在对待"恩惠"的态度上，晋文公与晋惠公可谓有着天壤之别。当初晋惠公回国时，尽管秦穆公提出的条件十分苛刻，但这毕竟是双方达成的协议，且秦穆公已经履行了他的承诺，晋惠公的违约哪怕是有再多的借口，也终究会落人口实。而晋文公则不同，他当年提出以"退避三舍"作为报答时，其前提是楚成王能帮助他回国即位。但后来楚成王并没有发挥什么作用，晋文公即便不报答他也是无可指摘的。如今在战场之上，晋文公提出以"退避三舍"来报答楚成王的恩惠，既展示了自己的仁义形象，从而为晋国的军事行动获取了充分的正当性[2]，又可以借此掩盖其真实的战略意图，这显然要比晋惠公的莽撞蛮干机巧得多。

在不断追击与退避之中，楚军将士的斗志渐渐被拖垮，而令尹子玉却因为求战不得，变得更加气急败坏。楚军渐次被引到晋军预先设定的战场上，在那里，秦国公子小子愁和齐国大夫国归父、崔夭正带着本国的军队，从卫国的敛盂缓缓南下，准备要跟晋军合兵一处，共同向楚军发起挑战。

---

[1] 《左传·僖公二十八年》。
[2] 参见蒋长兰：《"能以德攻"与"刚而无力"的较量——〈城濮之战〉文本解读》（《安徽文学》2013年第5期）、王冠一：《从城濮之战的历史教训看大国崛起中的软实力》（《平顶山学院学报》2007年第3期）。

战争的真实进度正符合先轸的预期。四月初一日，晋文公、宋成公和齐、秦两国大夫在城濮（今山东鄄城临濮镇）会合。追击多日的令尹子玉顾不得修整军队，就派斗勃下了战书，战书的文辞很是逗趣，说的是："我们的战士想跟你们的勇士切磋一下。晋君只需靠在戎车的横板上观看即可，得臣也想借您的光一饱眼福！"

听到子玉如此谦卑的措辞，晋人自然不能失了礼数。晋文公于是派下军将栾枝去答复说："您的意思我们国君已经知道了。我们的国君因为时刻不忘贵国君主的恩惠，所以才退避至此。本以为大夫已经退兵了，毕竟臣子是不敢与国君对抗的。可如今既然您不肯退兵，寡君也只能奉陪到底了。那就麻烦您回去跟你们的勇士通报一声，让他们都抖擞起精神，准备好战车，忠诚于国事，明天早上就比试比试！"

临战心怯

尽管晋人一再激怒楚军，引导子玉率先宣战，可当战争真的要来临的时候，却还是感到忐忑不安。以往晋国的对手都是如虞、虢、魏、耿、霍那样的小国，就算有那么一两次打不赢，也不会危及国本。晋国唯一参与的一场大战，还是十多年前在韩原与秦国的冲突，而那次战争的结果，可以用惨败来形容——想起当年惨败的场景，不少人至今还心存余悸。

可如今他们面对的又是谁呢？是当时人们所知范围内最强大的国家，一个让中原诸侯都闻之丧胆的超级强国。迄今为止，整个中原还很少有谁敢于跟楚国叫板，即便在齐桓公称霸的时候，有众多诸侯的拥戴，也只是把对方吓退了事。中原国家与楚国唯一的一次正面交锋，是发生在宋国的泓水之战，而那场战争的结果，想必所有人都清楚。

泓水之战爆发的时候，晋文公当时还正以诸侯公子身份在宋国流亡，他目睹了楚军碾压宋军的全过程，那简直就是一场单方面的屠杀，场面惨不忍睹！每忆及此，晋文公就忍不住全身发抖，他似乎又回到了当年的战场上，而自己则化身为宋国的一名士兵，面对着楚人举起的屠刀，只能瑟瑟地举起双手，乞求对方手下留情。

当战事日渐临近，这种恐惧感就愈发让人战栗，以致夜深人静的时候，晋文公竟然做了一个噩梦。梦中他跟楚成王搏斗，不幸被打倒在地，战胜的楚成王就像是一只饥饿的老虎，趴在自己的身上啃食脑浆。而这个时候，晋文公却四肢麻痹、口齿失灵，动也动不得、喊也喊不出，最后把自己吓醒了。

为了平复他内心的恐惧，狐偃劝慰说："楚王俯身，就是要服罪的意思；而国君您仰望苍天，正是得到了上天的垂爱。如此大吉之兆，有什么好担心的？"

晋文公的情绪显然没有平复下来，过了些许时候，他隐隐听到营帐外将士们在唱歌，歌词中有一句"原田每每，舍其旧而新是谋。"[①]文公听了疑心士兵要造反，狐偃鼓励国君说："决计战吧！战胜了必定可得天下诸侯的心，如果战败，晋国表里都是山河，谁又能奈何得了我们！"

晋文公还是想打退堂鼓，可这种话怎么好意思说出口呢？他只能不断地寻找借口，转而叹息道："可是楚国对我有恩啊！"栾枝直截了当地反驳道：楚国给予的都是些小恩小惠，可他们却吞并了汉水以北的姬姓诸国，这是我们的奇耻大辱，如何能因为这些小惠而忘记了过去的耻辱呢？还是和楚人一战吧！

尽管在历史上晋文公威名赫赫，可他和普通人一样，面对危险会胆怯、会恐惧。可他从不曾忘记自己肩负的使命，流亡多年，也依然不改初心。也正是这份使命感，使得他无可逃避，只能在历史潮流的推动下勇往直前，最终从一个到处碰壁的失败者变成了人生大赢家。这也正应了人们常说的那句话：不逼一把，你都不知道自己有多优秀。

出奇制胜

晋文公五年周历四月初二日，夏历正是"二月二，龙抬头"的日子，晋楚两军在城濮摆开了阵势。

关于城濮之战双方实力对比，研究者一直以来都是众说纷纭，对其具体兵力规模的说法不一而足。有认为晋楚两军势均力敌的，但也有说晋军只有楚军一半的，至今无有定论。

[①]《左传·僖公二十八年》。意思是：晋军好像原田上的草很是茂盛，可以谋立新功，不要心念旧恩了。"原田每每"是指高处的田地草长得很茂盛。

按照史料记载，晋国此次三军悉数出动，按每军一万两千五百人来计算，总兵力约有四万人；出战的兵车数量总计为七百乘，按照每乘配备七十五名甲士来计算，则有五万余人①。另有齐、秦、宋等国的"助威团"从旁待命，其兵力规模不详。

楚国方面，由于主将子玉不听指挥，楚成王只给他留下了若敖氏六卒和西广、东宫的部分兵力。其中的六卒为一百八十乘，再加上西广、东宫的车驾三十乘，总计也就是二百一十乘。楚国的左军是围攻宋国的申、息两县军队，据推测应该在三百乘上下；而右军则是陈蔡联军，其规模与中军应该不相上下。因此统合起来，三军合计也在七百乘左右。考虑到楚国右军主力是陈、蔡等国联军，其数量或许会多于中军，但其战斗决心和协同作战能力却要打个折扣。因此，即便是楚军兵力多于晋军，双方实际战斗力也不会太过悬殊。

在进行战争部署时，考虑到这是晋国建国以来所参与的最大规模战争，且为了避免重蹈韩之战轻敌败北的覆辙，晋军格外审慎。

首先是在战略上，他们抛弃了以往全军对阵迎敌的惯例，采取了一些变通的手段，将三军分成了五个独立的单元。其中，中军由先轸、郤溱统帅，对阵楚军主将子玉所统率的若敖氏六卒，中军战车、军士数量旗鼓相当，可以确保对垒时不至于出现太大的纰漏。

这个布置也算是中规中矩，并没有什么特别之处，但另外两军就不同了。下军被分为两部，一部由下军将栾枝率领，对阵左军统帅斗宜申（子西）所率的申、息两县军队；另一部由下军佐胥臣统率，对阵右军统帅斗勃（子上）率领的陈蔡联军②。

将下军一分为二以对阵楚国左、右两军，兵力上显然不占优势，可为什么要这么安排呢？别忘了晋军最大的特点就是狡猾，狐氏两兄弟带领的上军特意被空出来，并不是要让他们去观光旅游的，而是作为奇兵做了特别的安排。他们的主要任

---

① 参见宋立恒：《"城濮之战""以少胜多、以弱胜强"说议证》《《松辽学刊》（社会科学版）1999年第5期》、刘锡娥：《"城濮之战""以少胜多、以弱胜强"说刍论》（《成都教育学院学报》2004年第6期）。
② 参见魏训田：《差之毫厘 谬之千里——城濮之战作战经过新探》（《德州学院学报》1998年第1期）。该文以栾枝"伪遁"所诱之"楚师"为楚之中军，本书从杨伯峻所注为"楚之左军"，故与该文中所列具体部署有所出入。

务，是散布在军阵的右翼和中军之前，负责机动作战，保证上下两军在具体作战时有回旋的余地。

除此之外，还有齐、秦、宋三国的军队。诸侯联军难以统一协调，先轸在最初的布置中并没有将其作为参战部队来看待，他们只需要跟国君护卫队一起列于军阵后方，陪着晋文公观战便是。也只有当三军主力出现纰漏的时候，才需要他们配合作战。

在具体的战术上，晋军同样放弃了以往贵族战争的刻板作战方式，大胆地采用了多方阵协同作战的新战术。这些作战安排，子玉恐怕是完全没想到的。如果宋襄公泉下有知，看到了晋军采用的非传统作战方式，也一定会痛骂晋文公是中原文明的败类。

双方部署已毕，春秋历史上南北之间的第一场世纪大决战就伴随着隆隆鼓声揭开了大幕。

战争开始后，首先出动的是下军佐胥臣率领的战阵，以迅雷不及掩耳之势直冲楚右翼的陈蔡联军。右军统帅斗勃看到滚滚烟尘顺着凛冽的北风朝着自己呼啸而来，却也不甘示弱，在战车上挥舞着鼓槌，带领全军驱动战车向北方奔腾而去。可双方的烟尘刚刚混同在一起，就猛然听到战马的嘶鸣此起彼伏，原来是陈蔡联军的战阵瞬间就被击溃败散了。

斗勃被溃退的战车裹挟着寸步难行。他怒不可遏，挥舞起长戈想要阻拦那些临阵脱逃的人，却无济于事。斗勃勉强能够驱车向前，可还没走出多久，就连他的战车也失去了控制，紧接着就看到一群老虎拉着战车向他直冲过来。

敏锐的直觉告诉他，这些拉车的绝对不是什么老虎，只是披着虎皮的战马。可他的战马却吓破了胆，不管驾车的人如何鞭打，还是没命地往回跑。斗勃明知对方耍的什么伎俩，却无法阻挡大军的溃散，只能在战马的牵引下奔逃而去。而为防止溃退的乱兵窜入中军阵地扰乱部署，管束前军的上军将狐毛迅速派出两支小分队对失序的陈蔡联军进行阻隔和驱离。

战场的另一侧，栾枝所率领的部队则与楚国申、息两县的精兵对峙。申、息两县是楚国北略中原的桥头堡，也是若敖氏家族的大本营，从那里走出来的战士都有着很高的战斗素养，对待这样的精兵，自然要采用符合他们身份的战术。

战不多时，栾枝便佯装战败，撤退时还派人用战车拖曳着树枝扬起尘土来迷惑对方。左军主帅斗宜申不知是计，带领了申、息两县子弟全军出击，结果被晋国中军以公族之师拦腰截断。

当此之时，狐毛所率领的前军调转车头，从背后围堵其退路，与伪装败退的栾枝所部形成夹攻之势；狐偃所带领的机动部队则从外侧包抄，与中军形成夹攻之势。晋军以近三倍于敌军人数的优势，将追击的楚左军分割包围了起来，胜负可想而知。

当此左右两翼被晋军击溃之时，子玉奋力向前，却发现自己钻入了晋军的口袋。已经无力回天，他只能忍痛下令收兵，这才避免了中军遭遇重创。于是，在数月的铺垫和较量之后，仅仅经历了几个小时的激战，永载史册的城濮之战便以晋军的完胜宣告结束。

第三节　践土会盟

人莫予毒

眼下的这个初春注定将会成为一个彪炳史册的时刻，然而对于子玉来说，这却是个落寞的季节，他的一切注定要随风而逝。

正当他带着军队从遥远的北方有序撤回的时候，昔日的营地里已挤满了熙熙攘攘的人群，那些昨日里还匍匐在楚军脚下的中原人，此刻却在晋人的引导下，用楚军留下的粮食庆祝胜利。坐镇后方的楚成王得知战败的消息，也派人前来责问："申、息两县的子弟伤亡惨重，大夫就这么回来，怎么向两县的父老交代呢？"

不过子玉并没有听到这些责难，他的儿子成大心以及司马斗宜申知道他内心煎熬，早早地就把成王派来的使者拦住了。只是，子玉是个明白人，都不消楚王的提醒，他自己也知道无颜面对"江东父老"了。

申、息两县子弟是若敖氏乃至于楚国的命脉所在。这次战争中，晋人似乎早就盯紧了若敖氏的命门，特意在战场上以三倍兵力对其进行合围，使得两县子弟损伤惨重。

他之所以没有选择"乌江自刎"，是因为还肩负着重大的使命，那就是把中军的若敖氏六卒完完整整地带回去，也算是给族人一个交代。为此他一路上时时小心、处处戒备，直到将大军带回安全地带后才慢慢松懈了下来。

子玉是一个很有才能的将领，只可惜生不逢时。他恰恰在晋国刚刚改制的时候担当了楚国令尹的角色，又遇到了一个军事天才先轸和一个完全不按套路出牌、让人摸不清底细的晋国。晋国在城濮之战中采用的各种复杂的军事技术，在以往的战争中从未出现过，仅靠经验很难应对。或许对他来说，最好的选择莫过于避而不战，可彼时楚国国内的政治形势又不允许他退避。

尽管如此，当战争形势急转直下的时候，他还是保持了相当的冷静，为若敖氏保留了最后的火种。也正是因为这些缘故，晋人对这样一个手下败将多少还心存忌惮，不敢掉以轻心。可子玉无法面对自己的惨败，终于还是在营帐中自尽了。听到子玉自杀的消息，晋文公长长地舒了一口气，兴奋地说道：总算没有人再来加害于我了！

晋国在城濮之战中取得大捷的消息，很快就在中原大地上不胫而走。所有人都知道那个一直在西方世界韬光养晦的晋国突然爆发了，仅仅用半天时间就把人人敬畏的超级大国给打败了。那个多年前无人乐见的流亡公子，突然间就变成了"拯救中原"的超级英雄，真让人生出"高岸为谷、深谷为陵"的沧桑巨变之感。

此时对于各诸侯国来说，最要紧的不是乱发感慨，而是要赶紧去巴结新霸主——这其中最有紧迫感的还是郑国。因为在不久之前，郑国还紧紧地团结在楚成王的周围，充当其侵略中原的马前卒，楚国横扫中原的军功章上，也有郑国的一份功劳。更要命的是，当年公子重耳经由郑国入楚之时，郑文公对他很是轻慢，而他的弟弟叔詹更是提出过杀人灭口的计划。一想起这段往事，郑文公就不由自主地冒冷汗。

眼下还不是忏悔的时候。一收到战场上的消息，郑文公就马上派人去盯紧晋国军队的走向，等到他们进入了郑国境内，受命前来请罪的子人九（子人氏，名九，郑庄公之后裔）早已恭候多时了。

晋文公正在兴头上，骄傲得根本顾不上搭理那些陈年往事，很爽快地答应了郑国的请求。为表郑重，他还特派下军将栾枝到郑国去，与郑文公就两国结盟的具体事务达成了初步共识。五月初九日，也就是战争结束一个多月后，晋、郑两国国君在衡雍（郑地，在今河南原阳以西、践土东北方向）举行了盛大的结盟仪式，宣告两国正式建立友好的双边关系。

原先依附于楚的鲁、陈、蔡等国纷纷向晋国递出了橄榄枝，晋文公也都来者不拒。卫成公虽然流亡在外，可他知道大势已去，也同意弟弟叔武代表自己去向晋国投诚。其他的诸侯如齐、宋、莒等国自然也不能免俗，纷纷带上了厚礼，向晋文公表示祝贺。

整个中原都喧闹了起来，所有人都围绕在晋文公周围，为他所取得的胜利而兴奋不已。于是乎，晋文公打算为自己举办一个史无前例的庆功仪式，昭告天下。

四月二十七日，大军刚刚抵达郑国的衡雍，晋文公就忙不迭地开始操持会盟有关的事务，并擅自做主要在践土为天子兴建一座行宫。半个月后，行宫初具规模，晋文公又举行了庄严的献俘仪式，将城濮之战中抓获的战俘千人、兵车百乘移交给周襄王。

献俘仪式上，晋文公特意采用了周平王时的规制，以郑文公担任天子的傧礼，再现了当年晋文侯接受天子诰命的场景。面对此情此景，周襄王虽面上堆笑，心里却没有半丝欣喜。他不仅为周平王当年的遭遇感到难过，更为自己如今的境遇而感伤不已——因为，这样的场合已经不是第一次了。

大约是在三年前的同一个季节里，他曾在同样雄伟的大殿上，见证过一场同样的盛会，并以同样的心情，面对过同样一个人。在那场庄严肃穆的盛会上，眼前这位有着重瞳特征的臣属，曾经大言不惭地向自己提出过一个匪夷所思的要求，让他至今都记忆犹新。只是他不知道，在今天这场盛会上，在建立了如此伟业之后，这个欺世盗名的奸诈之徒，又会让自己许下什么样的承诺呢？

大义勤王

让我们把视线拉回到三年前，也就是公元前635年，晋文公即位的第二年。当时，位于中原腹地的东周王室再次爆发动乱，曾经意气风发的周襄王被自己的弟弟赶出了都城，寄居在郑国氾地。绝望之下，他不得不向天下发布诏令，号召诸侯前来勤王，而晋文公就是唯一一个奉诏前来讨逆的诸侯。

这场发生在晋文公初年的东周王室内乱，便是早在晋惠公即位初期就已经爆发了的王子带之乱的赓续。当年晋惠公和秦穆公就曾携手干预，但因为齐桓公的中途插手，秦晋两国之间又有着不可调和的矛盾，便只好退出了这次行动。齐桓公那时已处于霸业末期，只想做个和事佬，对于天子的诉求不很热心，周襄王因此大怒，甩开了齐桓公，亲自带兵去攻打王子带，迫使其逃到了齐国。

王子带在齐国居留了十余年的时间，其间齐桓公曾派仲孙湫到成周去试探周襄王，却因天子怒气未消只好作罢。到晋惠公十三年（前638年），也即宋楚泓之战当年，在周朝大夫富辰的不断游说之下，周襄王才勉强同意让王子带回到他的封地甘（成周以南）。

在这十年里，周襄王也没闲着，他敲打不着自己的弟弟，便把怒气都撒到了那些参与叛乱的"戎狄"身上。齐桓公为了尽霸主之责，曾数次召集诸侯会盟，抽调军队驻守成周，也算是给天子加油打气。但到齐桓公死后，齐国发生内乱，诸侯分化为一盘散沙，再也没有人给王室做主了，周襄王这才知道自己的实力原来是真的不行，于是便赶紧与"戎狄"联姻，从"狄人"那里娶了一个王后——也就是隗后。

问题就出在这个隗后的身上。这个常年生活在"戎狄"之中的少妇，受不得中原礼乐文化的诸多约束。等到王子带回来后，她大概是觉得这个年轻的王子比天子更有魅力，不知不觉间就给无上尊贵的天子戴了一顶"绿帽子"。

直到两年后，也就是晋文公回国即位的那一年（前636年），此事才被发现。周襄王大怒，准备要拿弟弟问罪，可王子带听到风声之后早就溜之大吉了，恼怒的襄王只能废掉隗后以解心头之恨——这下可捅了大娄子了。

王室与"戎狄"联姻以来，双方关系还算融洽，那些本来不怎么服管教的"戎狄"，也都因此服服帖帖地为王室效力。现在周襄王不声不响地就把王后给废掉了，"戎狄"可就不答应了。

要说起来，周襄王废后虽事出有因，可选择的时机却着实不利。当时周襄王还在跟郑国闹矛盾，起因是由于滑国在郑和卫之间来回摇摆，让郑国很生气，于是便出兵讨伐。滑国转头就向天子求救，天子于是派伯服和游孙伯去劝阻郑文公。郑文公埋怨周襄王偏袒卫、滑，一怒之下竟把天子的使臣给扣留了。

周襄王废掉隗后的时候，也正是他跟郑国矛盾闹得最凶的时候。彼时颓叔和桃子带领"狄人"的军队讨伐郑国，半路上听闻王后被废，当场就向"狄人"投诚了。

于是乎，天子的大臣伙同"狄人"一起拥立了王子带为天子，带着天子的大军回军攻打天子。这一招组合拳可把王城里的天子给打蒙了，周襄王哪儿能抵挡得过，赶紧收拾了行李逃跑。不过，好在王子带在成周没有多少人望，不久之后，成周的国人就将其赶跑，重新迎回了周襄王。

王子带心有不甘，回去之后又纠集了更多的"狄人"卷土重来，再次把王室的军队打得大败。王子带将朝政交给大臣打理，自己和隗后居住在温地（今河南温县西南）。周襄王自己跑到了郑国的氾地（今河南襄城县，其得名即源于此），而他的大夫们，包括周公、原伯、毛伯、富辰全做了俘虏。逃亡在外的周襄王孤立无援，而郑国又因为之前的矛盾不愿意帮忙，于是他只得派出使臣向诸侯求援。

此时的东方诸国正在酝酿着权力洗牌，根本无暇顾及王室，这恰好给求取中原而不得的秦、晋两国带来了千载难逢的机会。晋文公的舅父狐偃听到这个消息后激动地说道："想求得诸侯的拥护，没有比勤王更快捷有效的途径了。这既是大义之举，又能够宣信于诸侯，我们岂能落于人后？继文之业，定武之功，启土安疆，机会就在眼前了！"

为了占取勤王的先机，晋文公一面派人到黄河渡口阻拦秦穆公，一面以重金买通阻拦在交通要道上的"革中之戎"和"丽土之狄"，亲自带兵取道轵关陉，直奔中原。大军于晋文公二年（前635年）三月二十九日抵达阳樊（今河南济源东南古阳城），稍作停顿后又兵分两路，右师包围王子带所在的温地，左师则前往郑国迎接周襄王。

四月初三日，在晋国军队的拥护下，周襄王终于回到了阔别多日的成周。也差不多在同一时间，王子带被晋军擒获，并在隰城（位于今河南武涉境内）被公开处死。至此，绵延十多年的王子带之乱才算画上了句号。

始启南阳

周襄王回归成周的第二天，晋文公前去朝觐，受到了超高规格的礼遇，这让晋文公颇有些飘飘然。他自以为对王室有功，总觉如惊弓之鸟一般的天王该对自己言听计从才是，于是便提出了一个非分之请。至于是什么样的非分之请，史书上只写了两个字：请隧。

这两个字语焉不详，因此后世对其含义有不少争议①，其中有说法认为是请求死后能享受"隧葬"之礼。所谓"隧葬"，顾名思义，就是在墓地中打一条隧道，将棺椁抬入安葬。周朝的时候有规定，诸侯国君的葬礼只能用绳索悬挂放入墓坑之中，即便是要打通道，也只是能露天的"羡道"，"隧葬"是只有天子才能享受的礼仪。此时晋文公竟然提出将来要以天子的礼仪下葬，显然是要坏规矩。

另外一种说法则认为，所谓"请隧"指的是扩大行政区划的范围。周时诸侯国土有国、野的区分，国的行政区划为比、闾、族、党、州、乡六级，野的区划为邻、里、酂、鄙、县、遂六级。具体的关系是五家为邻，五邻为里，四里为酂，五酂为鄙，五鄙为县，五县为遂。礼制规定，王室有六乡六遂，大国是三乡三遂，次国二乡二遂，小国一乡一遂。由于征兵的主要对象是国人，因此以乡作为征兵的主要对象，一乡出一军；对应的天子有六军，大国三军，次国二军，小国一军。

不过，周礼的很多规定，比如"天子六军，大国三军"之类的说法，在西周时期一直都未曾出现过，显然不是早已有之的规定，而是春秋后期的人们所制定的一种理想化的模型，所谓"六乡六遂"恐怕亦是如此，因此后一种说法很可能不成立。

此外，还有学者提出"旗物""祀典"等说法，观其大意也同样都指向晋文公妄图僭越天子的规制。但正所谓"唯器与名，不可以假人"②，周襄王尽管很狼狈，可你要提出与天子享用同等级别的礼仪，这种要求还真不敢答应，否则曲沃代翼的悲剧很可能就会在天子身上重演。他义正词严地回绝了晋文公的请求，指出："王室有规章制度，没有取代王室的德行而出现了两个王，以叔父的观念恐怕也是无法接受的吧？"

面对晋国的勤王之功，周襄王就算有再多不满，也只能忍气吞声，僭越的要求非拒绝不可，实在的封赏却是免不了的。

晋军的这次行动几乎横扫了周王畿内黄河北岸的所有土地，在晋国的威势之下，周襄王只能含着泪把阳樊、温、原（今河南济源西北原乡）、州（今河南沁阳

---

① 参见常金仓：《晋侯请隧新解》〔《山西师大学报》（社会科学版）1998 年第 4 期〕、彭益林：《晋文公"请隧"解正》（《晋阳学刊》1983 年第 5 期）、王泽文：《晋文公请隧别解》（《南方文物》2018 年第 4 期）等相关论文。
② 《左传·成公二年》。意思是：唯独礼器与名爵，不能够借给别人。比喻权位不能让给别人。

东南)、陉(今河南沁阳西北)、攒茅(今河南修武县大陆村)、鉏(今河南滑县东)、絺(今河南沁阳西南)八座城池一并打包赏给了晋国。古人以山南水北为阳，这八座城池位于晋国本土以南，地处太行、王屋与黄河之间，故而被晋人称为"南阳"之地。

南阳之地早先从属于周武王时的司寇苏忿生，王室东迁后，其虽在王畿之内，却不受王室管辖。早在八十年前，也即公元前715年，周桓王与郑庄公闹矛盾，曾用苏氏的十二座城邑交换郑国的邬、刘、芿、邗四邑，狠狠地坑了郑国一把，这十二座城邑与如今的阳樊等八邑便有很高的重合度。后来到晋惠公即位那年，苏氏因与王室闹矛盾，又与狄人虚与委蛇，结果被灭，这些土地才算回到了王室的怀抱。才过去十五年，这块土地又被晋国盯上了，天子虽然不舍，却也只能忍痛割让。

有了周王的诏令，晋国就放开手脚开始接收黄河北岸的大片土地了，但是这个过程并不顺利。住在这些城邑中的贵族原本都是王室公卿，很多城邑的领主都是公爵，比之晋国国君的侯爵还要高出一等，如今却全都成了晋侯的臣民，自然会有所反抗。不过在正史中晋文公一直是仁君的形象，所谓"仁者无敌"，拿下几座小小的城池完全不在话下。

在接收阳樊时，城内百姓不服，晋文公调集大军准备强攻，这时有一个叫作仓葛的人在城头上大喊道：对待中原国家要用德行感化，对待四方夷狄才会用军事手段。如今你用对待夷狄的方法来对付华夏贵胄，谁会服从你？这里所居住的可都是王亲国戚，你难道要将我们全部俘虏吗？

晋文公听了心中一惊：我是仁义之君，怎么能干这种缺德事？于是就把包围阳樊的军队撤掉了，让不愿意归顺晋国的百姓有序撤出，终于赢得了民心。

有了这样一次成功经验，晋文公便在原国如法炮制。在出兵攻打原城时，他下令只让军队带三天的口粮，其用意就是告诉士兵：我们只准备打三天，三天之后不论战果如何都是要回国的。

三天的围攻结束，原城依然坚不可摧。晋文公正打算如约撤军，这时有城内的探子出来报告说，原国最多只能坚持两天了，再等等吧！探子本以为晋文公会满心欢喜地继续围攻，却不料他义正词严地说，信用是国家之宝，也是百姓赖以生存的保障，如果失信于国人，就算是得到了原国又能如何？说罢便按照原计划班师。

据说原国人听说这件事后，都被晋文公所感动，于是就追上了晋军，主动投诚。

相关故事有很多版本，散见于诸子百家的各种论述之中，不过其真实性令人生疑。这些故事太过理想化，展示了仁义道德在战争中的神奇作用，与武王伐纣的故事有异曲同工之妙。《尚书》中为了证明武王仁义有德，安排了商纣军队阵前倒戈的桥段，但没有把故事接顺，后面又有"血流漂杵"的记载。孟子看了这段实在不敢相信，就说了那句"尽信《书》不如无《书》"[①]的名言，认为以武王的仁义之师，讨伐残暴的纣王，怎么可能会出现血流成河的惨状呢？

对于文公伐原的相关记载，我们同样要秉持孟子"尽信《书》不如无《书》"的怀疑精神，去甄别其中的疑点。要知道，周襄王赏赐南阳之地的时候还是四月初，而晋国征服原国的时间却是在这年冬天。打败王子带只用了几天的时间，而攻取八座城池却用了半年多的时间，可见仁义并不是万能的，要想吞下这块肥肉终究还得付出一些代价。

以臣召君

晋国求取黄河北岸土地显然是早有预谋，这可把周王室给坑惨了。在当时土地不仅是一个贵族身份的象征，更是一个封建领主权力合法性的来源，一个人土地的多寡往往与其在国际国内政治事务中的发言权紧密相关。

春秋时期，诸侯在不断地兼并扩张中声势日益壮大，与之相对的，周王室却因土地缩水、扩张无力，日子过得一天比一天逼仄。到了齐桓公的时代，堂堂天子便开始被人呼来喝去，地位也生生地从天下共主变成了"吉祥物"。可不管怎么说，齐桓公虽然经常"挟天子以令诸侯"，却从来不会借机敲诈勒索、巧取豪夺，天子凭借着祖宗留下来的丰厚家底，日子过得虽说不如往日，到底还有些底气。

如果说在齐桓公称霸时期，王室还敢游走于列国之间分化诸侯、挑衅霸主，那么在晋国勤王之后，天子就再也没有左右国际政治的能力了。南阳这几座城池几乎占了周王室所能控制土地的一半，割让南阳之地，使其经济实力和在诸侯中的影

[①] 《孟子·尽心下》。

响力都大为削弱。从此以后，周王室便复兴无望，彻底沦落为一个无足轻重的三流国家，直到最后被人们完全忘却。因此，晋国的勤王与其说是辅助王室，倒不如说是在坑害王室。如果再结合春秋早期晋文侯的作为，我们几乎可以肯定地说，周王室的衰微，晋国称得上是第一大"功臣"。

正因如此，当周襄王再次见到这位长着重瞳的"叔父"时，不仅无法对他解除困扰中原多年的"荆蛮之祸"的"义举"感到欣慰，还有一种难以名状的厌恶和恐惧。

献俘仪式两天后，也即晋文公五年五月十二日，周襄王在成周举办了一次盛大的宴会来回敬晋国君臣。王室大夫尹氏、王子虎及内史叔兴代表天子向晋文公颁布策书，以九命之礼册命其为侯伯，也就是诸侯之长。并赐予他"大辂之服、戎辂之服"，也就是天子所用的金车、兵车以及配套的服饰；"彤弓一，彤矢百，玈弓矢千"是赐给晋文公的红色和黑色的弓箭，使他得专有征伐的威权；"秬鬯一卣"是专门用以祭祀的美酒及酒器，"虎贲三百人"则是专门护卫晋文公的精兵。此外，据后来周景王的回忆，此次赏赐还包含有所谓的"戚钺"，也即奉王命得专杀伐所用的斧钺。随后，周襄王庄严地宣告，从此以后，晋侯得以王命安抚四方诸侯、征讨不臣。

受到天子如此隆重的礼遇，晋文公在众目睽睽之下，当然要把面上的事情做到足够周到。首先是在往献俘的过程中，他按照礼仪规程三次朝见天子，以示对天下共主的尊崇。在接到天子策命的时候，他又三次表示推辞，最后恭敬表态："重耳敢再拜稽首，奉扬天子之丕显休命。"表示愿意肩负起天子所赋予的崇高责任。

朝见结束后，他又于十六日（又或二十六日）邀请王子虎及齐、鲁、宋、郑、蔡、卫、莒等国国君在践土行宫举行盟誓，宣誓曰："皆奖王室，无相害也。有渝此盟，明神殛之，俾队其师，无克祚国，及而玄孙，无有老幼。"[①]声明到场的诸侯要停止侵害、各司其职，共同辅助王室。紧接着在这年周历的冬天，晋文公又在温地召开会议，齐昭公、宋成公、鲁僖公、郑文公、蔡庄公、陈共公，莒、邾等国的国君以及秦国大夫再次会聚一堂，共襄盛举。由于这两次会盟都在践土行宫周边举

---

① 《左传·僖公二十八年》。意思是：所有的诸侯都要辅助王室，不要互相侵害。假如违背了这个盟誓，明神就会来杀害他，毁掉他的军队，让他们无法享有国家，一直到他的孙子的孙子，不管年轻或年老。

行,且会议议程也一脉相承,一般情况下人们对此也不加区分,将这两次的盟会合称为"践土会盟"。

春秋时期是一个霸权迭兴的时代,诸侯会盟可以说是层出不穷,根据不完全统计,仅仅出现在史料中的会盟记录就有 406 次之多。这其中有很多都是小规模的聚会,相邻的几个国家聚在一起表现一下睦邻友好,或者就某个大家都关心的问题展开一次讨论,这种形式的会盟既不需要知会天子,更不需要得到什么授权。比较受人瞩目的是关乎霸权的会盟,主持会议的盟主为了获得合法性,通常会主动向天子报备;而天子不管是情愿或者不情愿,也会很知趣地派出全权大使参加会盟,时不时地还会赏赐一些胙肉,表现对盟主的认可和关怀。

但不论是以上哪种情况,也不论会盟究竟有多隆重,有一点是不容置疑的,那就是地位尊贵的天子无论如何都不会屈尊纡贵,离开自己的一亩三分地去给那些诸侯捧场。也就是说,诸侯去往都城朝见天子这是正经事,可若是让天子去封臣的土地上会见诸侯,这就不是一个臣子该做的事了。因此,召请天子恐怕也是晋文公对诸侯宣威的一部分,就是要给天下人一个大大的下马威,其中用意不言自明。

也正因为如此,这个举动才着实让人不齿,更刺痛了孔夫子维护王道正义之心。为了替天王挽回面子,他在"作《春秋》"时特意将原文改写为"天王狩于河阳"。也就是说,天子之所以到了温地,只不过是出去打打猎散散心,恰好碰到了诸侯会盟的大事,就顺道过去发表了一通演说,也算是天子体察下情的表现。如果说其中还有什么疑问的话,那就是天王打猎的时候没安安生生地待在自己的地盘上——虽说是有越界的嫌疑,可比起被人招之即来总是要好听一些。这是典型的"为尊者讳"的春秋笔法。

从中我们似乎也能感觉到孔夫子对于晋文公的情感是十分复杂的。一方面晋文公在中原皆已沦陷的情况下,拼上了身家性命挽狂澜于既倒,再次避免了"吾其披发左衽"[①]的悲剧,这份功劳不能不认;但在对待天子的态度上,相比于前任霸主齐桓公,晋文公就一言难尽了,这与他之前所表现出来的仁义形象也完全不在一个频道上。

齐桓公一切举动都以礼仪仁义为准绳,对周天子毕恭毕敬,甚至有一次天子

---

① 《论语·宪问》:"微管仲,吾其被发左衽矣。""披发左衽"是春秋时期中原地区以外的少数民族的装束。

因其年迈都已经准许他不必下拜了，可为了维护君威，他还是坚持"下阶再拜稽首"。可晋文公就不同了，自勤王伊始就明目张胆地向天子索要隧礼妄图僭越，僭越不成就改为敲诈勒索，到了践土会盟的时候又"召"天子参加会盟，连最基本的礼仪规则都弃之不顾。这样的霸主对于中原文明究竟是福是祸呢？

正因如此，孔子对晋文公的总体评价是偏负面的。首先是对于"天王狩于河阳"这件事，他曾毫不客气地指出"以臣召君，不可以训"①——这种事是反面典型，后人千万不能有样学样；另外，他对齐桓、晋文的为人做派给出了一个终极评价，也就是"晋文公谲而不正，齐桓公正而不谲。"②基本上等于是对晋文公所谓的"贤名"予以了彻底的否定，他在流亡期间所表现出来的一切美德也都因此被打上了问号。

---

① 《春秋·僖公二十八年》。意思是：以臣子的身份召天子来会盟，这不可以作为法则、榜样。
② 《论语·宪问》。意思是：晋文公诡诈而不正派，齐桓公正派而不诡诈。

第四节　重整山河

所谓外主

齐桓公在成就霸业的过程中，惯以恩威并施的手法获取诸侯支持，晋文公也是如此。

晋国多年来在西部闷声发大财，除了与秦国有过那么几次交锋之外，很少参与国际事务，中原诸侯很难确切地了解到晋国到底是一个什么样的存在。

正所谓"不鸣则已，一鸣惊人；不飞则已，一飞冲天"。晋国初出中原便搞了一个大动作，通过秀战术、打硬仗的方式，让中原各国都真切地领会到了他们的军事实力。强大的执行力，说干就干的行事风格，所向披靡的战斗力，不拘一格的作战方式……晋国在城濮之战中的表现，与齐桓公温温吞吞、避重就轻的作风形成了鲜明的对比，把在列的诸侯都给镇住了。

而在感情上，尽管晋国也是姬姓诸侯的一员，是王室的股肱之臣，但在经历了多年的独立发展之后，中原诸侯难免会产生一种生疏之感。甚至有的时候，感觉其与楚国这样一个"大门口的野蛮人"并没有什么两样。对于这样一个一直以来奉行"启以夏政、疆以戎索"、施行"国无公族"制度的异类，诸侯普遍还是难以从心底接受。

为了能够让诸侯产生认同感，晋国在谋求霸业的过程中也做了大量工作。在意识形态上，晋文公在国内进行的一系列的改革，在很大程度上贴合了周礼"爱亲尊贵"的原则，有益于拉近与东方诸侯的关系。同时，他们从一开始就高举"尊王攘夷"的大旗，挟天子以令诸侯，奉天子以讨不臣，先后完成了平定王室内乱和抵御楚国入侵两大任务，以实实在在的功业博取了诸侯的敬畏。晋国以文化为本、以武力为基，将自己塑造成中原文化的守护者，逐渐将自己融入了中原文化的共同体，从一定程度上打消了诸侯内心的疑虑。

另外，晋文公跟秦穆公打了二十几年的交道，自然也从他那里学到了不少宣传手法。

前文曾经提到，后世流传晋文公流亡期间曾有栾、郤、狐、先等居守家族为"内主"，在国外也有一批所谓的"外主"，这其中就包括齐、楚、秦、宋这四个国家。但平心而论，这些国家在晋文公流亡期间虽然都曾给予过一定的礼遇，但要说都是支持其回国复位的"外主"，恐怕是言过其实了。

就拿秦国来说，在重耳、夷吾争夺君位的过程中，曾两次放弃对重耳的支持，使得他不得不长期流亡。齐国、宋国虽说都对其有所赠予，但却从未产生过要支持其复位的念头，甚至当重耳准备离开齐国时，还因为担心齐人强留而殚精竭虑。楚国就更别提了，重耳刚一造访就开始提条件，秦国派人前来迎接时又想杀人灭口。也就是说，在流亡期间，齐、秦、楚三国对于重耳的态度并不友善，那么当他回国之后又为什么要将其奉为"外主"呢？

对比晋文公流亡期间先后造访的七个国家就不难发现，被奉为外主的齐、楚、秦三国，都是春秋时代处于第一梯队的大国，各方面实力都很雄厚；即便是最为弱小的宋国，也有着争霸的野心。这些国家或者是财大气粗，或者是想要施恩求霸，都或多或少对重耳有所赠予，这其中利益交换色彩很明显，双方都心照不宣。

但在回国之后，为了宣扬自己即位的合法性，强调所谓的"天命所归"，为其称霸背书，晋文公还是违心地把齐、楚、秦、宋这些对自己虚与委蛇的国家，描绘得德行高尚、大公无私，将他们奉为了自己的"外主"，宣扬正是因为有他们的鼎力支持，才让自己最终得偿所愿，重新返国为君。

至于那些没有对重耳加以礼遇的国家，那就对不起了。尽管他们拒绝流亡团队的因素有很多，比如外敌入侵，比如经济拮据，但这些都不重要了。晋文公对这些国家都给出了明确的定位，凡是不礼遇自己的，国君就一定是昏君，大臣一定是庸臣。而这也就为他在中原四处征伐提供了正当性，这恐怕才是他塑造所谓"外主"的真实意图吧！

围许伐郑

霸业格局业已形成之后，晋文公经略天下的脚步却并未停止，反而是以处处透露着杀伐决断的凌厉之气在国际上不断发力。接下来的几年里，那些过去曾与晋国敌对的国家便纷纷以切肤之痛体会到了什么是"霸主之威"。温之会结束后不久，曾经甘为楚国鹰犬的许国，便成了晋文公借以示威的第一个靶子。

许国是一个处于郑、楚之间的小国，早年郑国霸道的时候就经常敲打许国，甚至一度将其灭国。后来楚国北上中原征服了郑国，许国人本以为有了靠山，却不料还是摆脱不了受人欺凌的命运。

城濮之战爆发时，正是楚国北上气焰最为嚣张的时候，许国只好鞍前马后为其效劳。即便是后来楚国败了，深受欺辱的许国仍惧其余威，因此当诸侯纷纷去往践土拍马屁时，许国人却不敢凑热闹，这下可惹恼了新晋霸主。

晋文公五年十一月十二日，刚刚结束了温地会盟的诸侯很快就换上了戎装，带着几万联军气势汹汹直奔许国而来，将其国都围了个水泄不通，以讨伐其助楚的不臣之罪。

俗话说"杀鸡焉用宰牛刀"，许国只是一个小国，其体量别说跟晋、楚这样的大国比了，就算是与早年被晋献公灭掉的那些小国比都不一定能赢。如果真的只是讨伐许国，随便派一两个诸侯前去就足够了，如此兴师动众，正说明这次出征讨伐许国是假，检验会盟的成果、考验诸侯的成色才是真。

也正因如此，诸侯联军围攻许国时也都是出工不出力。战争持续了几个月，至于最后的结果，史书上也没有明说，倒是联军不慌不忙地在翟泉开起了大会。

这次会议召开的时间是次年（也即晋文公六年，公元前631年）夏天，会议的召集者是晋文公的舅舅狐偃，参加会议的有王室大夫王子虎、宋国大夫公孙固、齐国大夫国归父、陈国大夫辕涛涂、秦国大夫小子慭。至于鲁僖公，或许是嗅到了温地会盟的火药味而心生恐惧，于是便有意无意地滞留在翟泉，不合时宜地参加了这场以大夫为主导的会盟。

大家凑在一起商量来商量去，战争的矛头很快又指向了郑国。半年后，晋国派了小股部队入侵郑国，以试探其防御能力。第二年，也就是晋文公七年（前630年）九月初十，秦国积极响应晋国的号召，会同晋军大举讨伐郑国。

郑国与许国比起来国力要强盛一些，但其命运却并没有比许国好多少。早年齐楚争雄之时，郑国就被齐桓公、楚成王推来揉去弄得左右为难。在这样的生存环境之下，郑国人很快就学会了见风使舵，因此当中原舞台上又突然多出来一个更加凶悍的霸主时，郑文公毫不犹豫地就向晋文公投怀送抱了，可即便如此也依然逃不脱被征讨的命运。

正所谓"欲加之罪，何患无辞"。晋文公如今可是响当当的中原霸主，他想要讨伐谁还真不愁找不到借口。尤其是过去流亡的经历，不仅给他带来了宝贵的精神财富，更成了他发动对外战争屡试不爽的灵丹妙药。这次也毫不例外，晋文公再次揭开了自己血淋淋的伤疤，祭出了复仇的大旗，声言郑国"无礼于晋且贰于楚"，必须要接受应有的惩罚。

郑文公听到这个消息大惊失色，晋国军力的强大是有目共睹的，小小郑国哪里是对手！及至秦晋联军兵临城下，郑文公早早就备好了礼物让人到军中探望。谁想晋文公根本不吃这一套，送来的礼物连看都没看直接就给扔了出去。

郑国的使者被吓得魂飞魄散，急忙叩头求饶，晋文公也不为难他，只是冷冷地说道："只要你们将叔詹交出来，寡人就即刻退兵！"

晋文公之所以会提出这么一个要求，大概是缘于当初他作客郑国时，叔詹劝说郑文公礼遇重耳不成，就动了杀人灭口之心，让重耳险些命丧郑国。如今晋文公成就霸业，自然要来寻一寻叔詹的晦气，这可就给郑文公出了一个天大的难题。

叔詹既是郑文公的亲弟弟，又是一国执政，郑文公于公于私都不想失去他。面对晋国的这一要求，叔詹却毫无惧色，他正义凛然地说道："如果臣一人的命可以换来百姓安定、社稷稳固，拿去又有何不可？"说罢便昂首阔步地走向了晋国的军营。

晋文公在见到叔詹后，先是怒火中烧一通数落，随后还扬言要把叔詹给煮了。叔詹连忙说道："请让我把话说完再死吧，这是我最后的心愿。"晋文公答应了他的请求。

叔詹拱手作揖，不慌不忙地回答说：当年您路过郑国时，我曾经劝说寡君，让他对您加以礼遇。我说晋公子十分贤明，他的随从都具有做卿的才干，一旦返国，必然成为诸侯的盟主，那时郑国将大祸临头。然而寡君却抛弃礼义，违背宗亲关系，冷落了您，做出像曹共公偷窥一样的蠢事，这自然是自取其祸。我当年的明断是智慧，今天牺牲自己挽救国家是忠诚。

叔詹一边为自己辩解，一边缓缓地走向煮了滚水的鼎镬。最后他用手轻抚炙手的鼎耳大声呼喝道："我一人死不足惜，只可叹从今以后忠心侍奉君主的人，都要落得和我一样的下场了！"说罢便准备往开水里跳。

一个人只要有所偏好，就一定会有其弱点。晋文公最看重的便是自己的仁义之名，叔詹的一番说辞可以说是直击要害。杀掉叔詹本来就不是大军出征的主要目的，既然叔詹已经把话说到了这个份儿上，若还要坚持怕是会有损于自己的声誉。想到这里，晋文公赶紧让人把叔詹拉住，不仅免了他的死罪，还以厚礼相赠，恭恭敬敬地把他送了回去。

秦晋联合围郑的战事后来不了了之，这其中虽有叔詹的功劳，但作用最为突出的当然还是我们所熟知的烛之武老先生了（后文将会提到）。因秦穆公阵前背盟，晋文公孤掌难鸣，只好也解围而去，但在临走前，他还是给郑国人提出了一个苛刻的条件，那便是立公子兰为太子。

早年郑文公重演晋献公旧事驱杀诸子，有多名公子因此死于非命。眼见国内局势窘迫，其妾室燕姞所生的公子兰便也出逃在外，后流落到晋国。晋文公讨伐郑国时，本来打算带他随军出征的，但子兰不忍心看到自己的祖国生灵涂炭，便请求在东部边境候命。秦穆公背盟之后，晋文公不得不撤退回国，但作为解开围城的条件，郑国必须要迎回公子兰并将其立为太子。

郑文公虽心不甘情不愿，可慑于晋国的军威也只能从命。郑文公死后，正是这位公子兰继任成了郑国的国君，也即后来的郑穆公。晋国此次围郑的战役虽说搞得灰头土脸，却也不算是一无所获。他们既达到了敲打郑国的目的，又成功地左右了郑国的储君，算是暂时稳住了郑国这一重要门户，保证了晋国在中原门户的影响力。

元咺之讼

郑、许两国因服事楚国而遭到惩罚,为楚国充当马前卒抵挡跟随晋国的曹、卫两国,自然也不能逃避责难。晋文公五年冬天的温地会盟,有一个重要的议题便是审理卫国大夫元咺状告国君无端杀人一案。

有关这个案件的来龙去脉,还有一段前情提要需要交代。城濮之战前,卫国因不借道予晋遭到了猛烈攻击,卫成公也因此被国人驱逐到了襄牛。战争结束后,卫成公情知大势已去,便急慌慌地跑到楚国去寻求庇护。

然而此时的楚国政局也是一派忙乱景象。令尹子玉死后,其所在的若敖氏家族受到了打击,楚国出现了短暂的混乱局面。一直觊觎若敖氏权力的蔿氏,正在图谋跟若敖氏抢班夺权,国内斗争形势激烈,根本无暇顾及逃命而来的卫成公。卫成公无法取得楚国的支持,只好又灰溜溜地跑到陈国,远远地向晋国认罪,并特意委派元咺扶持他的弟弟叔武暂摄国政,参加正在举行的会盟。

晋文公一战而霸,心情正好,对待以往的敌对国尚且宽容,因此看到卫成公的认罪态度不错,便不假思索地同意了他归国的请求。到这年六月,也就是战争结束两个月后,卫成公便得以回归故土。欣闻国君归来,国内贵族皆欢天喜地,他们在宁俞的带领下专程赶到宛濮(今河南长垣西南)迎接,宣誓继续奉卫成公为君。

这本来是好事一桩,卫成公顺利归国,只要能安安生生地依附在晋国的威权之下,也不会有什么变故。然而,卫成公是带着满腔的怒火回来的,非要把国内势力进行一番整肃,这就又为自己引来了杀身之祸。

原来,卫成公在外流亡期间,本来就因害怕得不到霸主的原谅而整日里提心吊胆,后来更是风闻元咺已经把叔武立为国君,便失去了理智,竟然把一直忠心耿耿跟随自己的元咺之子元角给杀了。

等到要回国的时候,卫成公与宁俞等贵族盟誓,表示要对随亡和留守的人都一视同仁,宣称自己会在某月某日回国都复位,让宁俞先回楚丘进行安排。

宁俞是个实心眼,不知道卫成公的真实想法是什么,就奉了命先行回国。见到宁俞大摇大摆地回到都城,把守城门的长牂心里欢喜,便和他同乘一辆车进了城,一路上还兴致勃勃地打听国君的消息。其他的贵族和守卫也都为这么一件大事而兴高采烈地凑在一起议论,把都城的守卫工作都抛在了脑后。

谁也没想到，宁俞前脚刚走，卫成公就尾随他也回到了国都，比预先约定的时间早了好些天。等城门守卫都被宁俞吸引了去，卫成公的前驱公子歂犬、华仲就悄无声息地进了城门，直奔叔武的宅邸而去，并假传消息说国君已经回来了。

正在洗头的叔武闻听喜讯兴奋得不得了，急忙用手抓着湿漉漉的头发跑出来迎接国君。结果到了门口，没有看见国君的影子，只见到一支羽箭朝着自己扑棱棱地飞了过来。叔武还没有醒过神来，就被那一支羽箭射穿了喉咙，当场毙命。

这时卫成公的车驾才缓缓地从城门处驶来，看见倒在血泊中的尸体，就装模作样地抱着弟弟的大腿放声大哭。看到这个场景，射杀叔武的公子歂犬还没反应过来，就被卫成公派来的人杀死了，擅杀叔武的黑锅自然也就让他背起来了。

卫成公的复仇名单中，还有辅佐叔武的元咺。可元咺这个人很机灵，早早就听到了叔武被杀的消息，便也趁着城门没有守卫，披头散发地就跑到晋国去告状。这就是元咺状告卫成公杀人一事的由来。

在周朝的礼法体系之下，或者说在几乎所有人类早期文明中，不同人群之间地位高低贵贱有着明显的区分，不同阶级之间享有的权利也有着云泥之别。特别是在强调君权神授的话语体系之下，国君的权威更是不容亵渎，怎么可能容许臣子与国君站在对等的地位上进行抗辩呢？在这种情形之下，君臣之间一旦发生嫌隙，解决冲突的唯一途径就只能是采取私力救济的手段，其结果要么是国君将对抗的大夫处死，要么就是大夫将看不惯的国君干掉，那种通过武力抗争让国君站在谈判桌前的均势通常都很难达成。

晋文公让卫国君臣坐在法庭上辩论的做法，可不是要倡导人人平等，而是想借此强化自身权力，以便获取诸侯内部争端的裁定权。不过，尽管春秋时期君臣纲纪已然遭到破坏，以臣讼君也算是有先例可循，但在礼法层面上阶级秩序还是得严格遵守。于是乎，这场官司就被提交到了周王室。在具体审理过程中，身为国君的也不必亲自出庭，而是委托了三名代理人应诉，其中前文多次提到的宁武子宁俞为辅助，卫国大夫针庄子作为"代理被告"出席，大士（即治狱官）士荣担任"辩护律师"。

在晋国的强压之下，整个抗辩过程从一开始就倒向了元咺，最终的结果也毫无悬念。"执行庭"为了制裁卫成公，把他抓起来送到成周收监。他的代理人也受到了不同程度的惩罚："代理律师"士荣被当场处死，作为"应诉代表"的针庄子被砍去了双脚，只有宁俞因其父之前引荐过重耳才免去了处罚。

践土审判之后，元咺在晋国的支持下取得了卫国的执政大权，并把卫成公的弟弟公子瑕立为国君。但在他心里，被关在成周大牢里的卫成公，却总好像是悬在自己的头顶的一把剑，让他每日里战战兢兢过得很不安稳。在此期间，或许是由于元咺的鼓动，又或许仅仅是恨意难平，晋文公多次要求天子将卫成公杀掉，但都被拒绝了。

周襄王的理由很有等级秩序的色彩："自古以来身居高位者制定政令，臣下以令执行不违背礼义，这才是正当的秩序。君臣之间互相诉讼本来就不合礼制，如果人人都要如此效仿，君臣父子尊卑贵贱的秩序也就荡然无存了。现在叔父主持诸侯事务，让君臣对簿公堂便已经是违背礼义之举了，如今更是为了臣子要杀掉他的国君，岂不是错上加错？"

晋文公虽说跋扈，却也不会显露出咄咄逼人的态度去与周王争辩，而是私下里派人去鸩杀卫成公，这个时候就体现出宁俞的作用了。

宁俞虽免于处罚，但对晋文公也并无感激之心，还是忠心耿耿地追随国君前往成周，每日为其送水送饭，恪尽职守保护国君。他一直随侍卫成公身边，凡事都亲力亲为，对国君的保护也是全方位的，可谓是针插不进、水泼不入。当他得知晋国准备暗害国君之后，就贿赂了放毒的人，让他把剂量减小，这样卫成公有了中毒的症状又不致毙命。

被他这么一折腾，估计过不了几天，整个成周的人就都知道了卫成公的病症，这就将晋文公置于进退两难的境地：卫成公都已经成这样了，众目睽睽之下再继续投毒显然是不可能了，可是霸主的权威该如何维护呢？

就在这空气近乎凝滞的尴尬时刻，向来喜欢和稀泥的鲁僖公终于出手了。鲁国作为周公后裔、礼仪之邦，在诸侯中虽然武力不怎么样，可威望却一点也不弱。在这微妙的气氛中，鲁僖公不失时机地从自己的府库中拿出二十对玉璧，分别献给了周襄王和晋文公，恳请天王和霸主释放卫成公。

鲁僖公的这个分寸拿捏得恰到好处，这二十对玉璧一出手，既维护了霸主的面子，保全了周天子的法度，又施恩于卫，救了卫成公的命，进一步巩固了鲁卫联盟，可谓是左右逢源。

再说卫成公绝处逢生，可依然不改原先那副做派，不久之后，那个被他引为心头大患的元咺终究还是死在了他的手上。不过，由于事情安排得很周密，这次的事件并没有给人留下什么话柄，晋文公也不好发作，只好把这件事压了下去。经过了两年多的生死磨难，卫成公此时才算是重新稳固了自己的地位。

恩威并施

卫成公在成周历经劫难险些丧命，其经历不可谓不多舛。但要从家国得失的角度来看，卫国的遭遇反而要比同病相怜的曹国要好许多。

城濮之战前，曹共公奋力抵抗晋国，战败后被软禁了大半年，日子过得很不痛快。后来在诸侯伐许途中，晋文公得了一场重病，臣属们四处寻医问药却一直都不见起色，这就给他带来了一个难得的翻身机会。

当时的医学不发达，筮、史、巫、医不分家，在给病人治病的时候，不管是占卜、巫术也好，神话、预言也罢，只要能跟鬼神打上交道的，都能有幸入驻"太医院"。

曹共公的随身太监侯孺是个忠心护主的人，得知晋文公生病他突然灵机一动，买通了晋国请来的筮史，让他把晋文公得病归结为因为灭同姓的曹国而受到上天惩罚。晋文公正病魔缠身，也不管是不是神的旨意，赶紧安排让曹共公复了国。

小聪明玩一两次可以，但时间一长就不灵了。曹共公从牢狱之灾中解脱了，可他应受的惩罚却并未因此而结束。两年后的文公八年（前629年）春，晋文公病体痊愈又回过神来，便通告天下要举行典礼，从曹国分割出一大片土地分赏给诸侯。

有这样的好事，诸侯自然也是欣然前往。当时鲁国派出的代表叫臧文仲，他受命之后不慌不忙地去往晋国，半路上夜宿在一个叫重的地方。重地宾馆的仆隶知道他的来意，就私下里劝道："晋国刚刚称霸，想稳固自己的联盟，因此才肢解不臣的国家分赏给听从的诸侯，而诸侯想攀附晋国，也都会争先恐后前去领赏。晋国不会以职爵次序来进行封赏，而是谁先到谁就能拿大头，所以我劝你还是快赶路去吧！鲁国爵位高去得又早，这次的封赏还有谁能比得过你？可若是在路上耽搁了，让其他国家抢了先，这机会也就没有了。"

鲁国人平日里看起来一本正经，可心思并不简单。城濮之战之所以会爆发，很大程度上要归功于鲁国人引狼入室，而且在战争初期，他们还曾派兵入卫与晋国对抗。但因为时机赶得好，鲁国非但没有受罚，反而得到了济水以西、洮地以南的大片土地，在列国之中获利最多，这还真是不公平。总而言之，鲁国人很高兴，晋文公因为他们的奉承也感到很高兴，臧文仲大喜过望，回国后便劝谏鲁僖公将重馆的仆隶破格提拔成了大夫。

曹国处于列国的夹缝之中，土地本来就不怎么宽裕，如今更是被肢解得支离破碎，成了这场战争最大的受害者。从此以后，这个春秋早期尽管算不上强大，但也曾常年活跃在中原政治舞台上的国家渐渐黯淡无光，再也无法与周边列国分庭抗礼。

从称霸后的这些作为来看，晋文公无论如何都算不上是一个维护公平正义的人，甚至他对曹、卫等国的睚眦必报，对魏犨、颠颉、介子推等人的不思封赏，还常被人讥讽为小肚鸡肠。如果仅从人品来评判，恐怕还是太小看我们这位霸主了。

孔子评价说"齐桓正而不谲，晋文谲而不正"。晋文公在国际政坛上的所作所为，无论是赏是罚，大多都有深远的考虑。他曾经历过波折和磨难，知道今日成绩的取得来之不易，因此颇有居安思危的意识。特别是当他目睹齐桓公死后齐国霸业衰微的过程之后，为了避免这一幕在晋国重演，早早地就开始为霸业的持续发展做谋划了。

晋文公在处理卫成公一案的过程中粗暴蛮横，在处罚曹国时严厉苛责，对待郑、许等国也颇为无理，却唯独对引狼入室的鲁国网开一面，这些举动看似不近人情、不明是非，但其中都隐含着一个共同的逻辑：那就是要将"治乱世用重典"的规矩用到诸侯的身上，故意将曹国拼死抵抗的案例当作反面教材，将郑、卫等国一些细枝末节的做法有意放大，以向诸侯做出警示。

受到封赏的国家固然是欣喜万分，可也不得不为曹国受到的惩罚而感到战栗，从而死心塌地地追随在晋国的身后。这几件事所产生的效果，堪比大禹处决防风氏所带来的心理震慑作用，这对于稳固晋国的霸权显然是大有裨益的。

此外，晋国对待周边各国的态度也有一定的规律，简单概括来说便是"远交近攻"：对距离较远的国家，如鲁、陈、蔡三国，哪怕是犯下了滔天大罪也可以既往不咎，甚而还会因为他们的一时殷勤而厚加封赏；而那些毗邻晋国的诸侯，如郑、许、卫、曹等国却动辄得咎，就算是有一点点的小毛病也会被抓着不放。晋文公正是以此来告诫这些邻国，以晋国今日的实力，随时都可以对他们施加威胁，因此也就不要妄想去依附他国，破坏如今安定团结的大好局面了。

这种政治手腕在处理有关僖负羁、元咺等卿大夫事务上也有所体现，他通过抬高亲晋派贵族声誉，进一步渲染自己的"贤能"之名，同时也宣扬一种风向。榜样的力量是无穷的，这种舆论导向在晋国强大的武力加持下，也在无形中重塑了各国内部的政治势力，从而在诸侯内部形成了维护晋国霸权的利益同盟。这种联盟一旦形成，势必会长期影响各国政局和政策走向，从而为晋国霸业的经久不衰奠定了强大的政治基础。可以说，晋国的霸业之所以没有像齐国那样昙花一现，反而在此后百余年间长盛不衰，其中一个很重要的原因就在于此。

第二章
"秦晋之好"神话的彻底破灭

第一节　秦晋决裂

公元前 627 年春夏之交，正是一个草长莺飞、花繁叶茂的美好时节。在晋国南部有一个叫桃林要塞的地方，此刻也正是花团锦簇、群芳争艳，一片欣欣向荣的繁盛景象。然而与这幅景象极不相称的是，在不远处的崤山谷地，隐隐却透露出了一股肃杀之气——此刻正有两支全副武装的军队，埋伏在山谷的两侧。

位于山谷北侧的，是由晋国新任国君晋襄公亲自统领的五军将士；山谷的南侧，则是由陆浑地区的"姜戎氏"所组成的队伍。

春日里的暖阳温顺地洒落在被微风吹动的枝叶上，隐绰横斜的疏影之下，手握矛戟的将士们都凝神静气，虎视眈眈地瞭望着山谷里的一草一木，满心焦急地等待着战斗的号角吹响。

不知过了多长时间，一阵车马喧嚣终于打破了山谷中的寂静，人们的神情再次紧张了起来。紧接着，便看到有一支队形散漫的军队，从山谷的东侧缓缓进入。统领这支部队的将领有三人，分别是孟明视、西乞术和白乙丙。

这三人的名字颇为古怪，但却都是地地道道的华夏贵族。其中的孟明视，字孟明，单名一个"视"字，追其族源，乃是姜姓百里氏，其父亲正是鼎鼎大名的"五羊大夫"百里奚。西乞术和白乙丙的叫法与此类同，他们分别以西乞、白乙为字，以术、丙为名，二人的父亲据说是百里奚的同僚蹇叔。

说到这里，双方的情形便也了然了，当下进入埋伏圈的，正是来自秦国的军队。宋襄公以礼作战的几条原则言犹在耳，春秋历史上第一场以歼灭敌人有生力量为目的、以埋伏战为主要形式的战争，就在这样一种不对等的局面下悄然开启了。

但问题是：秦国原本地处河山以西，他们的军队为何会从东方进入崤山？晋国与秦国有着多年良好的姻亲关系，晋文公对秦穆公的扶立之恩更是常怀感激，又是什么原因会让缔造了"秦晋之好"的两个国家反目成仇，让晋国对素来和睦的友好邻邦痛下杀手呢？

穆公背盟

让我们把时针拨回到三年前。

晋文公七年（前630年）周历九月，在经过几次试探之后，晋文公约了秦穆公到黄河南岸相会，共同出兵围攻郑国的都城新郑。晋军驻扎的地点在新郑以北不远的函陵，而秦军则驻扎在氾水南岸，与晋军遥相呼应。

两军分立驻扎，为郑国人拆散其联盟提供了机会。郑国人对付不了晋国，便去找秦国打开缺口，而打开这个缺口的关键人物，便是一名叫烛之武的老人。

这个故事因被选入了中学教材而广为人知。说的是郑国有位叫佚之狐的大夫，在危急关头向郑文公举荐了烛之武。烛之武久不受重用，如今接到使命，不免要发几句牢骚，说："我年轻的时候尚且不中用，如今都垂垂老矣，恐怕更是无能为力了！"

郑文公很难为情地低头认错："寡人不能及早地重用先生，如今形势危急才想起先生，的确是我的过错！"随后又对其晓以利害："毕竟家国一体，如若郑国灭亡，先生恐怕也会受到拖累啊！"

烛之武也不是不通情理的人，看到郑文公言辞诚恳，便临危受命。到了晚上，这位耄耋老人在夜色的掩护下，用绳子绑在腰上从城墙上偷偷缒下，前往秦国军营。

见到秦穆公后，烛之武毫不避讳地说道："秦晋两大强国围攻郑国，郑国自知必会亡国。可若是灭掉了郑国而对秦国有利，寡君也就不敢派臣下来烦劳执事了。"

接着他站在秦国的立场上分析道：秦国与郑国之间隔着一个晋国，就算是您灭掉了郑国，也很难将郑国作为您边境的城邑来统治，只会让晋国变得更加强大，这您也都是知道的。秦晋本是可以相互匹敌的国家，可一旦晋国如愿灭郑，就等于是变相地削弱了秦国的实力。倒不如保全郑国以作奥援，将来哪天您想东进中原了，也好有个跳板。就算是碍于晋国的强大，一时半会儿您无法东进，可总是要派人来往于东方列国啊！您就当是给自己寻一个歇脚的地方，这对您也没什么坏处吧？

话说到这里，便已经点到了秦穆公的痛处。不过，考虑到近年来秦晋之间的表面关系一直维系得不错，单凭这点还不足以让秦穆公下决断，于是烛之武换个角度，挑拨道：如果我没记错的话，当年您曾帮助晋惠公取得君位，为了表示感谢，他曾许诺割让河外的焦（今河南三门峡陕州区）、瑕（今河南灵宝西北，属三门峡）等列城给秦国，可他一回国就派兵筑城抵御秦国——这件事情可是刚刚过去不久，您不会忘了吧？

围绕河外列城五引发的纠纷就发生在二十年前，这一幕幕场景仿佛犹在昨日，秦穆公当然不会忘记。可就算你说破了天，这些也都是他与晋惠公的私人恩怨，跟今天的事完全扯不上关系啊！但烛之武就有这个能耐，他把晋惠公的个人性格进行了引申，让秦穆公感觉到晋惠公之所以这么做，并非他个人意志的体现，而是晋国历代国君一以贯之的行事风格的体现。

见话已奏效，烛之武趁热打铁，进一步晓以利害：眼下晋国已然称霸中原、威服诸侯，权势威望已经达到了顶点，却依然不满足，可见他们的欲望是没有尽头的。他们今天可以向东扩张觊觎郑国的土地，那么明天就有可能向西扩张。若果真到了那一天，首当其冲的受害者除了秦国，臣下真不知道还能有谁！您勤勉治国日夜操劳，却给晋国做了嫁衣，臣下真为您感到不值啊！

一席话令秦穆公冷汗涔涔，更是不得不开始重新思考人生。

历史上人们都将"秦晋之好"作为美谈而世代流传，也常常以此祝愿一对佳偶喜结连理。然而这对于身处历史旋涡当中的利益相关者而言，所谓的"秦晋之好"恐怕很难说有多么和谐美满。特别是对于一手缔造了"秦晋之好"佳话，且全程参与了这场友好关系的秦穆公来说，以"秦晋之好"来为人送上祝福，恐怕是这个世界上最恶毒的诅咒。

每当回想起与晋国交往的种种，这些年被压抑的痛楚和不快便喷涌而出，让秦穆公如芒在背、如鲠在喉。

秦穆公即位之初便有一颗称霸中原的雄心，为此他在西方苦心经营，灭梁芮，服群蛮，拓疆千里，称霸西戎，建立了一个足堪睥睨群雄的超级大国。他征战一生、建功无数，唯一美中不足的，便是在与晋国争夺崤函通道的过程中慢人一步，终究还是让晋人抢得了先机。就是这走慢的一步，成了他一生的隐痛，使得他不得不接受晋国的联姻，不得不摆出一副公正的姿态，去帮助晋人稳固内政，最终把自己变成了一个不折不扣的"老好人"。

特别是在晋献公去世之后，秦晋两国之间的恩怨情仇可以说是剪不断、理还乱，秦穆公在与晋惠公的斗智斗勇中更是吃尽了苦头。尽管经过韩之战他扳回了一局，将河外的大片领土收入囊中，但终究还是落于下风，以至于处处被动。

晋惠公父子套路之多、诡诈之奇让他感到心力交瘁，只好把希望寄托在看似忠厚老实的重耳身上。为了得到自己无条件的支持，那个流亡公子还狠狠地拍了自己的马屁，在朝堂歌礼之上赋《黍苗》《沔水》，表达了愿意对自己言听计从，辅助自己荡平天下的意愿。

因为这份许诺，秦穆公不仅亲自带兵护送其回国即位，在他遇到危难的时候及时为其化解，还送给他三千人的护卫队作为纪纲之仆。正是依靠这三千人的强大支持，晋文公才由毫无根基到站稳了脚跟。

秦穆公如此苦心孤诣，为的就是将来有朝一日可以得到丰厚的回报，可那个表面温顺谦和的重瞳公子，究竟回报了什么呢？

晋文公二年，王子带之乱再次爆发，秦穆公满心欢喜地带着大军东进，准备在中原建功立业。可大军刚到黄河岸边，却发现晋文公派来阻拦自己的人早已恭候多时了。那个声言要辅助自己定鼎天下的重瞳公子，用尽各种花言巧语说服自己把唾手可得的尊王之功让给了晋国。

为了帮助晋文公战胜楚国，他还派出大量军队侵占鄀国，以从侧面牵制楚人的注意力。不仅如此，晋文公五年晋国侵曹伐卫、与楚决战的过程中，秦国更是派出了有生力量，为其效命。

"苦恨年年压金线，为他人作嫁衣裳。"短短几年的时间里，秦穆公生生地把那个流亡公子捧成了中原霸主，而自己却不知不觉间被反客为主，从挑大梁的主角变成了可有可无的陪衬。如今重瞳公子已然称霸，自己却还要像个跟班一样，忙前忙后给他照应着，如今更是为了他流亡期间遇到的那么一点糟心事，劳师动众前来助阵。

秦穆公不由得纳罕起来：寡人究竟是哪根筋搭错了，竟然把好端端的康庄大道走成了现在这个样子？寡人辛苦一世操劳半生，非但没能成就夙愿，怎么反倒成了他人称霸的帮手？人生的剧本经常会走样，可变成这个样子是不是也太离谱了？

想到晋国一日千里的发展态势和不可一世的骄横姿态，秦穆公更是感到阵阵寒意，他为秦国未来的道路感到担忧[①]。尤其是想到自己两鬓斑白，青年时所持理想仍如镜花水月一般可望而不可即，更是忧心如焚。

在这个幽深的夜里，烛之武的话就如同一颗火种，瞬间点醒了秦穆公，让他回到了自己雄心勃发的青春年华，回到了那个誓言要涤荡天下的豪情时刻。

人生一世，草木一秋。出生于本世纪第二个十年的秦穆公，此时已经年过五十；即便从他即位的公元前659年算起，时间也已经过去了三十年。

尽管他也早已不是当初的少年，然而这长期被压抑在心底的苦闷，终究还是在烛之武的煽动下，如烈火烹油般燃起了埋藏多年的雄心壮志。也就在这个时刻，秦穆公终于打定了主意，要结束这荒诞的剧情，开启一个崭新的"副本"。

送走烛之武之后，秦穆公紧急召开军事会议，决定在两军阵前与郑国结盟，并留下杞子、逢孙、扬孙三名大夫为郑国守城，将郑国置于秦国的保护之下；而秦军主力则在他的带领下，连个招呼也不打就撤军回国了。

战场形势发生突变，晋军上下都气愤不已。作为这次战争的组织者，狐偃更是咽不下这口恶气，他在觐见时力劝晋文公攻打秦军，但晋文公却选择了隐忍不发。看着秦军扬长而去所荡起的飞尘，他怅然若失地回应说："不必了！秦君对我是有恩的，没有他的支持，我就无法获得今日的成就。依靠了别人的力量又反过头来恩将仇报，不是仁义之举；失去了同盟的国家，不是智慧之选；因为一时意气而制造乱局，也不是勇武的表现。我们也撤吧！"

弦高犒师

因秦国中途毁约导致伐郑一役无果而终，两国之间矛盾算是彻底摆上了台面。不过由于晋文公的克制和隐忍，在此后的两年里也算是相安无事。然而到晋文公九

[①] 参见张美玲：《秦晋"殽之战"爆发的深层原因探析》，《现代语文》（学术综合版）2013年第9期。

年（前 628 年），时年不满四十五岁的晋文公突然病逝，让两国之间的本已生满嫌隙的关系又蒙上了一层阴影。不久之后，两国积郁已久的矛盾终于爆发了，而引爆两国矛盾的焦点依然是郑国。

这年四月，在位四十五年的郑文公溘然辞世，郑国的顶层权力进入了青黄不接的混乱时刻。大丧之时，人心思变，少主新立，人心未附，国内的防御力量也出现了巨大的漏洞。

驻守新郑的秦国大夫杞子认为这是一个乱中取利的好时机，于是便写密信给秦穆公说："郑国人让我掌管新郑北门的钥匙，如果速派大军偷袭，我们里应外合，可以一举拿下郑国！"

秦穆公收到信后很是激动，可是又担心晋国干预，因此不敢轻举妄动。直到八个月后的十二月初九日（周历），称霸不到五年的晋文公撒手人寰，他才终于舒了一口气，将伐郑一事提上了议事日程。然而当他就此事向大夫征求意见时，却被蹇叔当场泼了一盆冷水：秦与郑相隔千里，大军劳师远征，到了郑国之后人困马乏，根本不可能取得偷袭效果。更何况，数万人千里行军，怎么可能不走漏风声？郑国得到消息有了防备，便更难攻取。君上若只凭一时意气贸然行事，最后却落得无功而返，军人们定会产生背离之心。此事万万不可！

然而秦穆公哪里还能听得进去？称霸的雄心早已迷住了他的双眼。在他看来，成就霸业的机遇从来都是可遇而不可求的，如今晋郑两国都处于国丧期间，必然防备松弛，如此良机可谓千载难逢，若是就这么轻易放过了，下一次还不知道要等到什么时候。人生如白驹过隙，在那个人均预期寿命还不到三十岁的时代里，一个已经年届六旬的老人，究竟能有多少的时光可以从容地等待呢？

蹇叔看正面劝阻秦穆公不住，于是便换了策略，在军队出征时哭哭啼啼地去给孟明视和自己的两个儿子送行。他先是拉着孟明视的手，一把鼻涕一把泪地说道：孟明啊，这次恐怕就是咱们最后一次见面了，一路上多保重吧！

秦穆公听了之后很是生气，大军既已出征，这个时候就不要说不吉利的话了！他派人去责备蹇叔说："你知道什么？如果你只得享中寿，现在你坟头上的树估计都要合抱粗了！"

蹇叔听了不为所动，又拉着自己的两个儿子哭着说：晋人必定在崤山抗击我军，那里有两座山陵。它的南陵，是夏后皋的坟墓；它的北陵，是文王曾经避过风雨的地方。你们一定会战死在这两座山之间，老父我恐怕要到那里去收尸了！

大概是因为知道有内应，秦军将这次的伐郑之行看得过于轻松，就不把打仗当回事了，一路上嘻嘻哈哈、吵吵闹闹，完全是一副无组织无纪律的出游模样。

过了崤山，就到了周王室的境内。秦军行经成周的北门，按照惯例应该去甲束兵、下车步行以向天子行礼。秦军倒是也照办了，除了驾车的御者之外，所有人都摘下头盔下车，朝着成周的方向致敬。不过令人侧目的是，他们并没有脱去甲衣、包起兵器，而且在行礼的时候，基本上就是扶着车比画了一下，然后就马上又跳上车去，显得极其不庄重。

听说秦军路过，周襄王带了自己的小孙子王孙满在城头上观看，见此情景难免心中有气。倒是王孙满不屑地说道："秦军这是要去吃败仗了吧！"周襄王问其原因，王孙满回答说："秦军轻狂而骄横。轻狂者少谋，就会陷入险境；骄横者无礼，就会缺乏纪律。都要上阵作战了还如此自由散漫，可不就是取败之道嘛！"

秦军在到达滑国地界时，恰好有郑国商人弦高到成周做买卖，远远瞧见有一支军队开拔过来，就知道要出大事儿。慌忙之中，他赶紧派人回郑国报信，而自己则把要贩运到成周的货物都拿出来，冒充郑国使者前去犒师，他从容道："我们国君听说贵军要行经敝邑，特派下臣前来犒赏您的随从。国君还说了，敝邑虽然不宽裕，但只要您在敝邑停留一日，我们就给你们供应粮草，你们若是准备离开，我们也会一路派人护送。"

秦军将领一听这话都面面相觑：难道郑国人这么快就知道我们的行踪了？郑国一旦有了防备，仗可就没那么容易打了！三名主帅你看看我、我看看你，一时间都没主意了。

要说紧张，实际上弦高比秦军将领要紧张多了。弦高只是一个做小本买卖的生意人，此去成周所带的货物不过四张熟牛皮外加十二头活牛，而秦军则派来了三百多乘战车，合计下来少说也有上万人。虽说诸侯间送礼有"轻物为引"的传统，可你这点礼物是不是也太寒酸了一些？万一谎言被秦军看穿了，自己小命不保不说，秦军加速前进，赶去送信的人可能都会被追上，到时候一切都完了。

可秦军到底是心虚，这么明显的破绽，竟没有引起他们的怀疑。他们已经认定郑国知晓了他们的计划，这种情况下若还要去攻打郑国，那岂不是自讨苦吃？但大军千里远征，消耗粮秣不计其数，若果真空手回去了，也很难向国君交代。这个时候，他们恰好看到了滑国的都城，干脆就发兵围城，把滑国灭了了事。

再说郑国方面。刚刚即位的郑穆公子兰接到消息，起初还不怎么相信，于是就派人去杞子驻地查看，发现他们果然正厉兵秣马准备作战。郑穆公倒吸了一口凉气：真是天佑郑国，保佑我免遭灭顶之灾啊！

面对这场突发事件，郑国人丝毫不敢怠慢，他们一方面差人去向晋国求救，一方面指派卿大夫皇武子去与三位驻守新郑的秦将周旋。

皇武子到了秦军驻地，对杞子等三人说："各位久留郑国，敝邑的果肉物资都快要耗尽了，正不知该如何提起，恰好就听说你们准备离开。郑国有一处原圃（在今河南中牟境内，为郑国猎场），里面的珍禽异兽和秦国的具囿（在今陕西凤翔境内，为秦国猎场）一样丰富，你们可以到里面自行猎取一些麋鹿。你们满载而归，我们也能有个喘息的时机，您看这样可好？"

听完这番话，杞子等人心知郑人已经掌握了秦军动向，再待下去怕是连命都保不住了。但他们又不敢返回秦国，毕竟这次的计策是他们献的，大军远道而来却无功而返，秦穆公必然会责罚他们。事已至此，杞子只得逃奔去了齐国，而逢孙和扬孙则狼狈地逃到了宋国。

地缘冲突

让我们把视线转回晋国。

早在前些年秦穆公背盟而去的时候，晋文公为钳制郑国，特意要求郑文公签订盟约，将流亡晋国的公子兰迎回并立为太子，算是为控制郑国埋下了一颗棋子。到郑文公死后，公子兰继任为郑穆公。其与晋国关系本就密切，如今又知秦国欲对郑国行不轨之事，自然要向晋国求援。

得到秦国大军东进的消息，担任中军将的先轸极力主张出兵。他说："秦君贪婪不义且罔顾蹇叔的劝阻，执意劳师动众轻率东出，对我们而言绝对是天赐良机！正所谓天赐不取，必受其咎。失去了天赐的机会是为不祥，放跑了敌人会带来祸患，所以这次一定要讨伐秦军！"

下军将栾枝却有些疑虑："秦君对先君的大恩尚未报答。如今先君尸骨未寒，就想攻打对他有恩的人，你眼里还有先君吗？"

栾枝的想法或许有些迂腐，但也算是在贯彻落实晋文公在世时的指导思想。当初秦穆公把事情做绝了，晋文公都没有跟他翻脸，提出的理由之一便是有恩必偿。因此在栾枝看来，晋文公是一个知恩图报的人，如果在场诸君都还对他怀有忠心的话，就不应该在他尸骨未寒的时候，将他推入忘恩负义的道德困境。如今，秦国的恩惠还没有报答，你们就要跟他的恩人翻脸，这可是不忠不义之举啊！

我们无法臆测晋文公是不是真的如此坦荡，但若回到当时的局势，他所顾虑的恐怕还不止这些。晋文公之所以这样做，更多的还是吸取了晋惠公当年轻敌冒进的教训，故而在处理两国关系时刻意维持现状，力图通过长期的实力消长暗中与秦国角力。

这其中的逻辑在于，尽管早在晋献公在位末期晋强秦弱的态势就已经形成，但两国实力并不悬殊，晋国还没有十足的把握完全打败秦国。即便是能在一两次战争中侥幸取胜，可只要你不能做到一战而溃敌，无损于秦国的整体实力，秦国就必然会报复。如此一来，晋国就不得不与秦国长期纠缠，从而陷入战争泥潭无法脱身，这种长期战争势必会严重损耗自身的精力。局势真要发展到那一步，谁也难保齐、楚两国不会乘虚而入，从而影响晋国在国际事务上的发言权，甚至葬送晋国几代人前仆后继创造出来的大好局面，刚刚取得霸权的晋文公显然不愿因小失大。

但问题在于，地缘政治所带来的特殊性使得秦晋两国之间的矛盾总是无法调和，"秦晋之好"这种和平局面也不可能长期维系下去，晋文公对于秦国的妥协态度终究也只能是一时之策[①]。

首先是争夺地区霸权的需要。晋国始封之地在河汾以东，而秦国最初获得的土地则是在岐山以西，原本并不接壤。但伴随着疆域的不断扩张，最晚到晋献公时期，两国的势力范围便已经在河西有了很大的重合。这种一衣带水的邻里关系，无论是对于大国还是中等诸侯国，实际上都不是什么好事。所谓"一山不容二虎"，在同一区域内同时出现了两个规模相当的大国，就必然要争出一个雌雄短长。东方的齐鲁、中原的郑宋、西方的秦晋，这几对欢喜冤家在春秋几百年历史中不断争斗，便是这一地缘政治导致的必然结果[②]。

[①] 参见荣敦宁：《秦晋崤之战》，《孙子研究》2017年第4期。
[②] 参见李岩澍：《从秦晋之好到秦晋交兵——春秋时期的秦晋关系》，《大同职业技术学院学报》2002年第3期。

其次是国家安全的需要。晋国疆域素来有着表里山河的地理特征，东方列国如齐、楚，若想要威胁晋国本土，除了要穿越中原屏障之外，还必须要渡过黄河，克服太行、中条天险，这在当时的生产力条件下并不是一件容易的事。也正是因为如此，晋文公才敢在立足未稳的时候，与令中原各国战栗的楚国针锋相对，甚至赌上自己的国运，这一地缘条件是其他诸侯国都不具备的。

但话分两头说，这种优势只是相对于楚国和中原诸侯而言的，秦国却不受此法则的限制。之前我们提到过，秦晋之间有两条重要通道，一条是位于北端的龙门渡口，另一条是位于南端的蒲城、风陵渡口。这两处通道水面开阔、水流平缓，无法对规模浩大的军队形成有效阻隔。

当晋国实力强大时，可以从韩原或者蒲城发兵，扫荡河西的丰腴之地；而当秦国实力强大时，他们也可以将王城和上梁作为桥头堡，越过黄河水面直接入侵晋国。也就是说，在当时的列国政治环境下，秦晋两国都是唯一能够对对方本土构成直接威胁的国家。

秦晋之间这种"不是东风压倒西风，就是西风压倒东风"的关系，一直到战国时期仍旧发挥着作用。三家分晋之后，魏国所占据的正是晋国的传统版图，在分析秦与魏的关系时，商鞅曾做过一个比喻，说："秦之与魏，譬若人之有腹心疾，非魏并秦，秦即并魏。"反映的正是秦国与河东政权之间这种互相克制的关系。

正是在这种关系的主导下，秦晋两国的君主但凡有余力，就一定会将自己的触角延伸到黄河对岸。比如在晋献公时期，晋国便频繁越过黄河，在洛水东岸攻城略地；而在调停晋国君位归属之时，秦穆公也曾试图在河东建立据点。其目的都是为了在对方的势力范围内保持足够的战略纵深，以确保本土安全不受对方的威胁。

最后是争夺中原霸权的需要。每当人们论及战国史，崤山函谷关的重要性就不言而喻，可当提到春秋史的时候，对于同样的战略要地重视程度却远远不够。

崤函谷地既是晋国南下的重要通道，也是秦国东进的必由之路，是两国争夺中原霸权的核心利益所在。自秦穆公即位以来，两国无论是互通有无、相扶相携也好，还是刀兵相见、大打出手也罢，其核心诉求都在于此。

尤其是韩原之战后，秦穆公顺利从晋国手中夺取了崤函通道的控制权，这就给晋国争夺中原霸权增添了不少麻烦。比如晋文公平定王子带之乱时，他们本可以通过虞坂古道和茅津渡直入中原，但就因为崤函通道被控制在秦人手中，使得他们不得不重金贿赂盘踞在轵关陉内的"戎狄"才得以挺进中原。只要崤函通道还一直控制在秦人手中，即便是得到了梦寐以求的霸业，恐怕也无法真正安心。

综合以上因素我们不难发现，秦晋之间的核心利益是尖锐对立的，矛盾也是无法调和的。这也就注定了"秦晋之好"的佳话无法长存，绥靖政策不可能永远持续下去，最终的分道扬镳也不可避免。

郭偃之谋

正是因为有这么一层关系，先轸自始至终都对秦国持有强烈的戒备心理，也随时随地都在思考如何才能打破双方之间的均势。如今秦穆公不顾蹇叔的劝阻，将这么一支无组织无纪律的军队送出了国境，这难道还不是最好的时机吗？

话虽如此，可栾枝的疑虑却也不无道理。他的这句话看起来好像不难理解，但却一口气抛出了两个棘手的问题。

首先是正义性的问题。秦穆公对晋文公有扶立之恩，而到晋文公去世为止，晋国实际上都还没有报答秦国的恩惠，这个时候攻击秦军，岂不显得晋人忘恩负义了？

对于这个问题，先轸的回答简单而干脆："秦不哀吾丧而伐吾同姓，秦则无礼，何施之为？"我们国君去世了，秦人不来吊丧，这是没有把秦晋之间的友好关系放在眼里。出兵讨伐我们的同姓国家，是目中没有晋国。是他自己无礼在先，难道就因为对我们有过那么一点点恩惠，就可以坐视不理了吗？

紧接着，先轸又进一步回应道："吾闻之，一日纵敌，数世之患也。谋及子孙，可谓死君乎？"今天你念及先君的恩义放他们一条生路，说不定明天就会回来给我们制造祸患。为子孙后代谋福利，这才是对先君最好的报答，哪里不具备正当性了？

其次是合"礼"性问题。春秋时期虽说"礼崩乐坏"，可表面上的礼仪总还是要遵守的。莫说是在本国国君的丧期内，即便是出征时遇到敌国国丧，领军的将领也必须得撤军回国，以便让敌国从容地把丧事办完。晋国现在正处于丧期之内，晋文公的尸骨还未入殓，按理来说是不应该动刀兵的，否则的话，那就是真不把先君放在眼里了。

这的确是一个相当难缠的问题。秦穆公正是看准了这个时间差，认定晋国不敢冒天下之大不韪在丧期内出兵，这才敢倾尽全国之力长途奔袭郑国。这个问题若得不到解决，那么晋国即便是作战取得了胜利，也会遭受广泛的质疑。就算你们无所谓，可这事要传扬出去，老百姓会怎么看，军中将士会怎么想，其他国家又该怎么议论你们？你们就不怕众口铄金，就不担心诸侯举旗造反？

但这些阻碍对于素来不走寻常路的晋国人来说还真不是什么事：假如我们就是遵循了先君的遗愿呢？解决这个问题的不是先轸，而是有着"神算"之名的郭偃。

据说在晋文公九年（前628年）周历十二月初十日，也就是晋文公去世的第二天，绛都郊外发生了一件咄咄怪事。

那一天，天上不知有没有下起蒙蒙细雨，人们在一片哀歌之中，心情沉重地扶着晋文公的灵柩，准备前往曲沃。可队伍刚刚离开绛都，棺材里就发出了一阵奇怪的声音。据当时在场之人回忆，那声音沉闷而嘹亮，就好像是有一头牛在棺椁中号叫。

人要见鬼或许不稀奇，可如果白日见鬼，见的还是国君的鬼魂，那可就不一样了。扶灵的人们被这号叫吓得面如死灰，纷纷拜倒在地，一个劲儿地向死去的先君叩头。

正当此时，大夫郭偃突然站了出来，向众人解释道："诸位不必惊慌，先君这是在向我们发布命令，说不久之后会有从西方来的军队过境侵袭，如果出师攻击，必定会取得大捷！"

郭偃又叫卜偃，是负责占卜问神、沟通天人的神职官员，此前多以预言家的身份现身说法，在仍崇信神祇鬼怪的时代里拥有很高的威望。郭偃在晋文公时期的主要贡献，是主导了以"执秩之法"为主要内容的各项改革，是一个能与管仲齐名的贤臣，深得晋文公的信赖。正是因为他有着特殊的身份，有着与日俱增的政治声望，人们对他能够听得懂棺材中所发出的声音深信不疑，自然而然地，也就认为这真的是"先君显灵"在向人们发布命令了。

从这里其实也可以看出，晋文公虽表面上不愿与秦穆公撕破脸皮，但对秦国的防范之心却从未松懈过。早在秦晋两国尚处于蜜月期的时候，晋国对秦国的秘密工作就已经有条不紊地展开了，以致秦穆公要偷袭郑国的决定还没有出炉，散布在秦都雍城的间谍就已经将各种消息源源不断地传回了国内。也正是在有了翔实情报的基础之上，郭偃才能够临机应变，将一个人们无法理解的现象，转化为晋国对秦战争的"动员令"。

有了这样一个铺垫，在丧期内开战的伦理困境也算是迎刃而解了。接下来要考虑的，是该如何把握好这次机会，给秦军以最致命的打击。

崤山血雨

先轸是一个极富谋略的军事家，在他主政期间，所有作战都会经过精密部署，尽可能以最小的损失取得最佳的战绩，这次也毫不例外。他特意将作战地点选定在秦军班师的必经之路——崤山；作战的方式也选择了与以往完全不同的形式——埋伏战，就是要最大可能地歼灭敌方的有生力量。

为了做到万无一失，晋国五军十卿倾巢出动，总兵力接近对方的三倍。还未成年的晋襄公被五军将佐裹挟着，将白色的丧服染成黑色，以梁弘为御戎，莱驹为车右，前去伏击秦军。

即便如此，先轸还是感到不放心，他特别派人与陆浑地区的"狄人"联络，动员"姜姓之戎"与晋军紧密配合，共同对秦军的必经之路进行了合围。

一切布置完毕，晋军埋伏在崤山山谷的北侧，姜姓之戎埋伏在山谷南侧，两军严阵以待，就等着秦军前来自投罗网了。在焦急地等待了几个日夜之后，伴随着一阵轰隆隆的车马声，千里奔袭无功而返的秦军终于慢慢地走进了晋军布置的口袋阵内。

正如蹇叔所言，"勤而无所，必有悖心"。秦军因没有取得预想的战果，再加上连日来行军的劳累疲惫，此刻大都满腹牢骚，自然也就毫无防备之心。蹇叔嘱咐儿子们的那些话，估计也都被抛到九霄云外了，他们只想着能早日回归秦土，却完全没有预料到即将到来的危险。

这其中当然也免不了有其他需要考虑的问题。正如蹇叔劝说秦穆公时所言："劳师以袭远，非所闻也。"秦军以三百乘兵车跨越两千里长途奔袭，根本就无法做到完全保密。如今晋军一次性出动了五个军六万余人，同时还联络了活跃于陆浑地区的"姜姓之戎"，究竟怎么做才能确保消息不被秦军提前获知呢？秦军在出征之前，蹇叔就曾提到过，崤山山谷地形险要，有可能遭遇晋军伏击，可见秦国人也并不是完全糊涂的。如何能够让秦军如愿地走入晋军的埋伏圈，还不起防备之心呢？这些都需要下足够的功夫，不过由于史料阙如，此处就不做臆测了。

等秦军完全进入崤山谷地，晋军将士们一直期盼的号角声终于吹响了。山谷中的秦国军士完全愣了神，还没搞清楚究竟发生了什么，就见滚木礌石、矢风箭雨如飞蝗一般铺天盖地而来。

他们顿时被吓傻了！

几百年来，中原大地上发生过的战争不计其数，可还从来没有哪次是以这种方式进行的。他们所熟知的战斗方式，要么是像宋襄公所描述的两军对垒、不鼓不成列的君子之战，要么就是以城墙为依托的攻坚战、防御战。即便是自号"蛮夷"的楚国，在与中原国家展开斗争的时候，也都是按照既定的程序来进行的。以消灭敌人有生力量为目的而展开的歼灭战，这还是第一次。

也正因如此，中原各国军队都没有防备埋伏的意识。猛然遇到这种从来没有过的战争形式，哪怕是训练有素的不败之师，也都会手足无措，更何况是这支纪律涣散的疲惫之师呢？

秦军在晋、戎两军的夹击之下毫无招架之力，顿时山谷中哭喊嘶叫的声音震彻天地。军士们四处逃散，却囿于地形的限制无处可逃，人马车辆互相踩踏碾压，死伤不计其数。

由于双方兵力悬殊、地形地利选择得当，这次的战斗并没有持续太长时间，晋军也没有遇到过于激烈的抵抗。《公羊传·僖公三十三年》在讲到这场战事的结局时，语气极为平缓地叙述道："然而晋人与姜戎要之殽而击之，匹马只轮无反者。"

"匹马只轮无反"，就是这场战争的最终结果。除了走在队伍前列的孟明视、西乞术、白乙丙三员主将被晋军生擒之外，其余所有将士无一人生还。这究竟意味着什么呢？

关于此次秦军出征的人数，史料上没有给出明确的交代，我们只知道在过成周北门的时候，秦军有"超乘者三百乘"。而在战国时期秦相吕不韦所编著的《吕氏春秋》一书中，这个数量则增加到了五百乘[1]。但无论如何，三百乘都应该是秦

---

[1] 《吕氏春秋·先识览》："左不轼，而右之超乘者五百乘。"

军此番出征使用战车的下限。

依照前文所述，古代的战车上通常会有 3 名甲士[①]，分别是甲首、御戎和车右。但这并不是一乘战车的全部配置，战车之后往往还会有若干步卒跟随，称为步甲、车徒。其中的步甲大概是用作替补，故而地位要显著高于车徒。步甲和车徒的数量在不同时期差异巨大，依照西周时期的军制，车后跟随的有步甲 7 人、车徒 20 人，也就是一乘战车共配员 30 人。但到了春秋时期，随着征赋方式的变化以及步兵战术的发展，西周时期的旧制逐渐被打破，随车的步卒数量也不断扩增。到春秋中后期，这个数量甚至达到了 72 人[②]，此外还有负责后勤补给的"守车"人员 25 人，也即一乘战车所配备的兵员达到了百人之巨。

崤之战爆发之时，秦国一乘战车究竟配备多少兵力，我们没有确实的证据，但可以作为参考的是，比之更早的齐桓公时期，齐国的兵车就已经出现了 50 人的编制[③]。与之相类似的还有晋国，我们知道在城濮之战中，晋国出动的兵力是中、上、下三军，出动的兵车为七百乘。依照之前的介绍，春秋时一军的规模约在 1 万—1.25 万人之间，三军的总数便是 3 万—3.75 万人，以此来推算，晋军每乘兵车的人数恰好就是 50 人左右。

若秦国的兵制与齐、晋相仿，那么此次出动的战士人数就应该在 1.5 万人左右；而若以每乘 75 人的大数来计算，此行的人数则有 2.5 万人；而如果采信《吕氏春秋》的记载，则这一数字更是达到了 2.5 万人以上。

在数字的推算之外，我们还应该考虑的是，秦军此行的原本目的是要攻取郑国。郑国虽不及秦晋强大，却也不是省油的灯，早在八十年前晋国小子侯主政的时代，郑庄公就已经开始雄霸中原了。在其射王中肩的"繻葛之战"中，郑国更是一次性就出动了三个军的兵力，人数也达到了 3 万人以上，而彼时的晋国恐怕还很难凑齐一个军的队伍。即便是考虑到经过长期内乱，以及齐楚两国多年的打压，郑国军力大不如前，却也不是任谁都能随随便便灭掉的小国、弱国。秦穆公哪怕是再自负，

[①] 详见《晋国 600 年 1》第二章第二节"伐霍魏耿"中相关论述。
[②] 参见赵媛媛：《春秋以前和春秋时代的战车和车战略考》(《西安社会科学》2009 年第 1 期)、黄朴民：《中国军事通史第二卷：春秋军事史》(军事科学出版社 1998 年版) 中关于军队兵种以及编制的内容中亦有详细论述。
[③] 《国语·齐语》："十轨为里，故五十人为小戎，里有司帅之。"

哪怕是仗着有人做内应，恐怕也不至于天真到只派区区几千人就想占领郑国吧！

除此之外，秦军在计划泄露之后，就地灭掉了滑国，也是不应该忽视的细节。古代攻城作战是一项非常艰苦的工作，通常围城的部队数量总要大于守城的军力，否则就很难攻取。滑国虽小，却也不至于毫无抵抗力，秦军想要攻取滑国，不经过激烈的战斗也是办不到的。

因此从各个口径来计算，秦军此次出征的人数都应该在 1.5 万人之上，也就是一个半到两个军的建制。这是一个什么样的概念呢？我们知道，秦晋两国在韩原交战时，秦穆公倾尽全力所组织起来的军队，与晋国军队相比仍有一定的差距。而在当时，晋国依旧维持着晋献公时期的两个军，也即 2.5 万人的建制。这也就意味着，此次为了能够征服郑国，秦国几乎是将全国常备军力全部派了出来。

而在崤之战中，先轸以歼灭战的形式在崤山设下埋伏，致使东征的秦军"匹马只轮无反"，就等于是将秦国的有生力量全部消灭了，由此对秦国造成的影响可想而知。

这一天，是晋襄公元年，也即公元前 627 年，周历四月十三日。

第二节 穆公幻灭

拜赐之师

崤之战结束后,秦军将领孟明视、白乙丙、西乞术被押解回绛都。四月二十五日,作战归来的晋襄公着墨色丧服,郑重其事地安葬了自己的父亲。也正是从此刻开始,晋国的丧服便一律改成了黑色。

正如当年秦穆姬为了晋惠公而作势登台自焚以威逼秦穆公的旧事,如今风水轮流转,当初因政治联姻被迫改嫁重耳的文嬴,也开始为故国的命运而感到担忧了。

为了挽救秦军三帅的性命,文嬴不顾嫡母之尊,跑到宫中向晋襄公苦苦哀求:"这三个卑鄙小人离间我们两国的关系,我的父亲早就对他们恨之入骨了,就算是把他们生吞活剥了都不解气。他们横竖都是个死,倒不如把他们送回秦国,让我的父亲亲自处决,也好解他的心头之恨,你说呢?"

晋襄公当时还只是个未成年的孩子,没有太多的政治经验,更经不起"一哭二闹三上吊"的考验,一时心软就把秦军主将都放走了。等到先轸去朝见的时候,问起该如何处置秦军战俘,却听到了这样的结果,顿时火冒三丈,大骂道:"武人们拼尽全力才在战场上抓住他们,你却因为深宫妇人的几句话就把人给放了!如此毁弃战果而助长敌人的志气，我看晋国离灭亡也就不远了！"说完之后也顾不上礼节，在国君面前唾了一口，扬长而去。

面对先轸的无礼，晋襄公非但不敢发怒，反而还得乖乖地派自己的师傅阳处父去追赶。阳处父日夜兼程追到黄河边上，却看到那三人已经登上了船，正准备要渡河西去。面对这般情景，阳处父急中生智，忙解下了战车左边的一匹马牵到岸边，谎称这是晋国国君的赏赐。

秦军三帅这一路上马不停蹄地奔逃而来，就是害怕晋国人回过神来会反悔。如今好不容易虎口脱险，就算是你把黄河水抽干了也不能回去，又怎么能让你用一匹马就给骗回去？为首的孟明视于是叩头说："承蒙贵国的恩典，没有用我们的头来祭鼓，而是允许我们回国受戮，在下实在感激不尽！回国以后，若是能得寡君明正典刑，也算死而无憾了。倘若侥幸得到寡君的恩赦，三年之后必将拜谢贵国的恩赐！"

孟明视一行回国的消息传到雍都，秦穆公早早就穿着素服住在郊外迎接他们。君臣相见，涕泪交加。秦穆公对着他们号啕大哭，说："都怪孤一意孤行、鲁莽从事，没有听从蹇叔的劝谏，致使三位身受囹圄之辱，这都是孤的罪过。"

此次东征，秦国上万子弟命殒崤山，沉浸在悲痛中的国人自然会将所有罪责都归结到孟明视的身上。但秦穆公终于还是顶住了所有压力，声称"吾不以一眚掩大德"——不会因为一次的过错就彻底否定一个人，继续任命孟明视、西乞术和白乙丙执掌军政。

这都在预料之中。无论孟明视在东征途中犯下了多少错误，派兵伐郑的错误决策也毕竟是秦穆公自己做出的，他必须为此负首要责任。秦穆公主动承担起了所有的责任，既体现了其作为一名君主的开阔胸襟，以此来感化国人、收买人心，同时也有利于激发国人的向上精神，鼓舞他们同仇敌忾、奋发雪耻，这符合秦穆公的一贯做法。尽管秦国没有晋国强大，可是一旦群情激愤，斗志被激发出来，晋国未必能够占到什么便宜。也正因为如此，先轸才在晋襄公面前说："堕军实而长寇仇，亡无日矣。"

"若从君惠而免之，三年将拜君赐。"这是在黄河岸边拜别阳处父时，孟明视留下的豪言壮语。他也的确能说到做到。在秦穆公仁德的感召之下，孟明视卧薪尝胆、发愤图强，决意要洗雪前耻。复仇心切的孟明视并没有耐心地等到约定的时间，仅仅两年后，他便迫不及待地要兑现承诺了。

晋襄公三年（前625年）春，孟明视带领新组建的军队誓师东征，决意要洗雪两年前崤山之败的耻辱。得到秦军犯境的消息，晋襄公迅速整顿五军，以王官无地为御戎，狐鞫居为车右，亲自带兵抵御秦军。

不过，这场战争虽是秦国挑起的，战争发生地却是在秦国境内。二月初七，两军在彭衙相遇，秦军再次大败。由此可见，崤之战后，晋军并未放松对秦国的警惕，故而还未等孟明视进入晋国，就已经被晋军阻滞于国门之外了。

到当年冬天，晋国又以霸主身份召集了郑、宋、陈三国伐秦，一举攻占了彭衙以及附近的汪邑（均在陕西白水附近），孟明视发愤两年的结果，却是一败涂地。

对于这样的一个结果，秦晋两国百姓或许会有不同的观感。于晋国而言，他们讥讽孟明视不自量力，戏称这次伐晋的军队是"拜赐之师"，而发生在年初的那场彭衙之战，自然也就同样被戏谑为"拜赐之役"了。而于秦国而言，连续的失败让他们的信心再次遭到了重创，更加深了百姓对孟明视的愤恨。在汹汹民意面前，秦穆公还能对他既往不咎吗？

穷寇勿迫

彭衙之战的丧师失地，使得秦人对孟明视的忍耐降到了极点。然而出乎意料的是，秦穆公对其过失竟仍持既往不咎的态度，而且还继续任用其修明政事、重施于民。秦穆公德行如此高尚，胸怀如此广博，不免令儒家士子为之倾心。

有鉴于此，《左传·成公二年》借赵衰之口感慨道："念德不怠，其可敌乎？"秦国虽然战败了，可他们却能化悲痛为力量，沉下心来进一步修明德政，这样的敌人简直太可怕了，如何能够抵挡呢？假如秦军再来进犯，我们一定要避其锋芒，不可与之接战啊！

事实上，《左传》在对这件事进行评价时却有意回避了一个细节：这次战争结束后，孟明视虽在表面上仍受"重用"，但显然已经失去了秦穆公的信任。第二年（晋襄公四年，前624年）五六月间，秦国再次大举出兵伐晋，而这次带兵的主帅已经不再是一败再败的孟明视了，而是由秦穆公亲自担纲，这就已经很能够说明问题了。

其中的逻辑也很容易理解。崤之战后，秦穆公保全了孟明视等人，给了他们一个将功赎罪的机会，本指望着他能以哀兵打一个翻身仗。可最后的结果却是，孟明视伐晋的军队还没有走出国境，就被人"反推"到了家门口，导致秦国再次遭受奇耻大辱，这显然让秦穆公对他彻底失去了信心。

但为了继续感化国人，让他们将对孟明视的仇恨转化为与晋国死磕到底的决心，他只是解除了孟明视带兵的权力，并让他专心于扩充国家财政。而孟明视为了稳固自己的地位，自然要竭尽所能榨取国人财富，使得秦国的政治机器超负荷运转，以期在未来的决战中战胜晋国。

经过短暂的准备，秦穆公尽起大军，从蒲津渡强渡黄河、破釜沉舟，向晋人展示出他们必死的决心。经过之前的几次失败，秦军士气高涨、众志成城，他们沿着涑水谷地一路北上，攻城略地势如破竹，兵锋所指无人敢挡，一直打到了绛都的郊外。

在秦穆公拥护者的眼中，这场战事是胜利的一战、荣誉的一战，打出了秦军并吞山河的气势，打出了秦人不屈不挠的风格，展示了秦穆公在经历挫败后，置之死地而后生的决心和勇气……

然而，若要实事求是地回归原典，这场战争所取得的成绩却着实差强人意。秦军在晋国境内横冲直撞，除了攻取王官及郊邑（皆在山西闻喜境内）之外，并没有取得任何具有实质意义的成果。之所以会有如此反差，与晋军所采取的反击策略有莫大的关联。

《孙子兵法·行军》有云："粟马肉食，军无悬甀，不返其舍者，穷寇也。"孙武将自断后路、自陷绝境的军队称为"穷寇"。这场战争秦穆公舍弃了孟明视而亲自挂帅，在渡河之后又破釜沉舟，就是要向全体军民、向世人宣示，他早已下定了鱼死网破的决心，不达目的决不罢休——而这正是"穷寇"的表现。

正所谓"穷寇勿迫"，面对这样的亡命之徒，便是你有诸葛之智、张飞之勇，也断然不能和对方硬拼的。避而不战并不意味着怯懦，也并不表明对手就那么不可战胜，而是意味着：即便你战胜了，所付出的代价也会超乎想象。面对这样一股不顾死活的亡命之徒，你又何必跟他们硬拼呢？

除了士气的因素之外，作战场所的选择也会对战争的胜败产生影响。

现代体育比赛常常讲究"主场优势"，然而在实际的战争场景中，地理形势上的"主场作战"恰恰是兵家大忌。秦国大军深入晋地，于晋军而言是处于"散地"，士卒顾念家中的妻儿，又背靠故土自觉有后路可退，便没有死战的决心，一旦遭遇挫折就容易四处逃散。反之，于秦军而言则是"重地"，军士因深入敌境，前后左右全是敌人的城池土地，自知无退路可言便只能拼死一战。

身处"重地"的军队，因缺乏稳定的粮草补给，就需要就地抢掠粮草。克制这样的敌人，最好的办法就是坚壁清野，深沟高垒，坚守不战，令对方难以久持从而不战自溃。

晋惠公当年韩原兵败，很大程度上就是吃了不懂兵法的亏。时隔十几年，晋国人虽然还没有成熟兵法的指导，却已经懂得避敌锋芒的道理，因此对于秦军的挑衅保持了极为克制的态度。秦穆公盛气而来，带领军队在晋国的城池之间横冲直撞，没料到对手根本不吃这一套。

秦军原本就缺乏粮草补给，如今又抢不到战利品，没过几天军心便涣散了。秦穆公四处求战不得，只好悻悻然地经虞坂古道从茅津渡河，在崤山谷地为四年前阵亡的将士修筑了一座公墓才回国。

晋襄公五年（前623年），晋国军队大举入秦，重兵包围刓、新城（都在陕西澄城境内），算是对上年王官之战的报复。而秦国因复仇心切，在已经损伤全部主力的情况下，不思休养生息，反而大肆掠取民力，榨取国人财富，政治机器经过短时期的高速运转，已经失去了再战的能力，面对晋国的挑衅也只能隐忍不发。至此，崤之战后秦晋两国间的恩怨情仇，经过两个回合的交锋算是告一段落了。

英雄遗恨

崤之战后，秦穆公经过多年的运作和准备，与晋国进行了两个回合的战争，却都没有取得预想的效果。晋襄公七年（前621年），心力交瘁的他怀着霸业未成的绝望离开了人世。

《史记·秦本纪》在王官之战后叙说穆公"用由余谋伐戎王，益国十二，开地千里，遂霸西戎"。人们对此的理解大都认为是穆公见谋晋无望，于是便挥师西进，从而成就了"霸西戎"的功业。但实事求是地讲，从王官之战到秦穆公的去世，中间只有短短三年的时间，以当时的生产力水平在这么短的时间里取得如此功业并不现实。因此《史记》中的这段记载，应该是对他一生征伐"西戎"所创造功业的追叙。

事实上，秦穆公在弥留之际，心中所惦记的依旧是那未竟的争霸事业。为了在死后继续任用贤能之士，让自己在黄泉之下还能够延续生前的梦想，秦穆公死后竟用了177人为自己殉葬，其中还包括当世贤人子车氏的三个儿子奄息、仲行和针虎。

为了哀悼这些贤能之士，同时也为了表达对秦穆公丧心之举的鄙夷，秦人曾作《黄鸟》一诗，其大意是说：黄鸟时而停留在枣树枝头，时而停留在桑树干上，时而停留在荆棘丛中，"交交"的鸣叫中充满了哀伤。黄鸟的哀鸣所为者何？为的是替穆公殉葬的子车氏三兄弟鸣不平。他们都是百里挑一的俊才，都有着为人称道的德行，却不得不殉身于这阴冷的墓穴之中，怎能不让人战栗不安？如若老天有眼，我倒想问，为何要如此残忍地对待我们的良人？如若能够赎回他们的性命，只怕会有上百人都愿意替他们去死的啊！

《左传·文公六年》更是借用君子之口评论道："秦穆之不为盟主也，宜哉，死而弃民。先王违世，犹诒之法，而况夺之善人乎！《诗》曰：'人之云亡，邦国殄瘁。'无善人之谓，若之何夺之？"

秦穆公声名在外，后世儒家也大都把他作为道德楷模来供奉，甚至还要将其列入以仁义为典范的"春秋五霸"之列。但在"君子"看来，其作为非但不足以为人所效仿，反而是应当竭力远离的坏典型。

《左传》中引用了《诗经·大雅·瞻卬》中的一句诗，说"人之云亡，邦国殄瘁"，贤人的陨落，是国家的灾难。先代的圣王知道自己寿命有限，因此会在生前选拔贤能，为他们制定服制、礼仪、法度和准则等，引导他们成为万民的表率。这样一来，即便是圣王离开了人世，这些贤人也会将他们的法度传递下去，国家在这些贤人的治理下，同样可以走向昌盛。

然而，秦穆公的做法却严重背离了先圣王的教导。由于他的私心，在世的时候没有为秦国留下清明的法度；为了报复晋国，又急功近利，对百姓施加重赋，透支了秦国的经济力量。而到他去世的时候，不但没有给国家留下希望的火种，还以殉葬之举斩断了秦国多年来尚贤任能的风气，可谓自废武功。这些做法不仅称不上是有所成就，反而使得这个在岐丰之地艰难崛起的大国日渐衰落，其未能成就霸业，也是势所必然。

第三节　夷董之蒐

太傅矫命

随着一代强人秦穆公的去世，秦晋之间的连续冲突也算是告一段落了。不过，发生在晋国内部的历史大剧，似乎才刚刚拉开序幕。

晋襄公六年（前622年），也即秦穆公去世的前一年，晋国老一辈的军事家先且居、赵衰、栾枝、胥臣相继去世，卿位出现了严重的断档。在这个青黄不接的历史时刻，晋襄公决定在五军的基础上舍弃两军，重新恢复三军的建制，并于第二年春在夷地举行大蒐礼。

自晋文公四年（前622年）确立三军六卿体制以来，举行大蒐礼进行人事任免已形成了惯例，这次也毫不例外。按照晋襄公的初步设想，他计划将士榖和梁益耳直接空降为中军元帅和中军佐，其余的人选则按照原来的位次循序提拔，也就是由箕郑父和先都分别担任上军将和上军佐。

士榖和梁益耳都属于异姓大夫，在史料中留存的事迹并不多。依据当前所能知道的情况，士榖应当是晋献公时的重臣士蔿之子，在晋襄公主政时期再袭司空职务。

士榖还是春秋时期最早以大夫身份主持诸侯盟会的人，早在晋襄公三年（前

625年），晋、宋、鲁、郑、陈五国相约垂陇（在今河南荥阳东北）举行盟会，商讨伐卫事宜，士縠便是该次盟会的主持人。当时士縠并非卿士，却能主持盟会，而应邀参会的除鲁国外，其余各国均是国君亲自参会，可见其在晋襄公心目中的地位。

梁益耳虽没有什么事迹记载在册，但能够被襄公看中，属意让其担任中军佐，显然也不是寻常人等。

晋襄公提出让他们统领中军，或许有这么两方面的考虑：一来，士縠和梁益耳都属于异姓大夫，异姓族群在晋献公时期曾受到重用，到晋文公时期却被打压，晋襄公正好可以利用他们的诉求为自己赚取政治资本。二来，晋文公的改革尚未完成，任用异姓大夫为卿恰好可以平衡两方面的势力，为下一步的改革提供动力，这也算是继承了父亲的遗志。

政治是一门妥协的艺术，更是一种寻求动态平衡的艺术。晋襄公在提出这个设想的时候，恐怕也知道被全盘接受的可能性不大。可即便如此，卿大夫们顾及国君的颜面，总归还是会有所退让，最后的结果哪怕不理想，也不会坏到哪里去。

然而，理想是丰满的，现实却很骨感。晋襄公的计划刚一提出，就遭到了先克的强烈反对。

这个名叫先克的年轻人，在此前的史料中并没有什么辉煌的事迹。之所以能够以一己之力推翻国君的决定，原因其实很简单，因为他是先轸的孙子、先且居嫡子。祖、父两代所取得的功业和积攒的影响力，足够为他参政议政、影响朝局提供坚实后盾。

对于晋襄公提出的内阁人选，先克首先旗帜鲜明地表示反对，其理由听起来倒也合情合理：狐、赵两家追随晋文公多年，对于晋国的称霸事业有很大贡献，中军的人选自然应该在狐氏和赵氏中挑选。

晋襄公不服气，在蒐礼上据理力争，但因先氏背后力量过于强大，最后还是未能坚持己见，不得不同意让狐射姑出任中军元帅，赵盾出任中军佐。而他所属意的士縠和梁益耳不仅没能入主中军，反而是连六卿的门槛都没有摸到。

担任中军将的狐射姑，又名贾季、狐夜姑，是前朝大夫狐偃之子。担任中军佐的赵盾，谥号赵宣子，又被称为赵孟、宣孟，是赵衰与赤狄廧咎如部落首领之女叔隗所生的儿子。赵衰随重耳流亡齐国后，赵盾随其母滞留在狄，一直到八年后才被接回晋国。按照这个时间来推算，到晋襄公七年夷之蒐的时候，赵盾可能只是刚刚三十出头。

狐射姑和赵盾在夷之蒐之前并没有什么突出的事迹，与晋文公时期就已经开始统领军务的箕郑父和先都，以及晋襄公属意要任用的士穀和梁益耳比起来，属于是绝对的后生晚辈。然而正是这两个后生晚辈，硬是通过各种运作把他们这些"宿将"都给挤了下去，这场新人与老人之间的交锋，并没有经过太多波折就已经胜败分明。

按说先克的目的达到了，两个刚刚出道的年轻人一夜间就跻身中军行列，事情到这里是不是也就该结束了？然而并没有。因为先克真正想要举荐的并不是狐射姑，而是与先氏关系更为密切的赵盾。

而晋襄公的盘算也正在于此。既然无法为士穀、梁益耳主持公道，那就只能退而求其次，选择与相对弱势的一方结盟，以对抗先、赵两家组成的联盟。这样下来，狐射姑为了对抗赵盾，也必然要投桃报李，使得国君依然能够在六卿架构中发挥绝对影响力。

然而让他无论如何都想不到的是，就在这君臣博弈的关键节点上，自己的阵营里却出了一个重要的叛徒。这个叛徒不是别人，正是父亲在世时为自己精心挑选的太傅，一直以来被自己敬重仰慕的老师——阳处父。

彼时阳处父从卫国出访回国，刚想在温地休养一段时间，却听到夷之蒐出台了重大人事任命，自己所属意的赵盾虽跻身中军行列，却要屈居狐射姑之后。阳处父显然不满意这样的结果，于是便以太傅的身份发布命令，又在董（今山西闻喜）地重新举行蒐礼。在这次蒐礼上，晋襄公有意扶持的狐射姑落败，被迫与本已确定为其下属的赵盾进行了位置互换，被降为中军佐。

消息传到绛都，本来就已经心力交瘁的晋襄公，顿时方寸大乱。夷之蒐人事任命被人顶撞就不说了，如今的董之蒐更是被自己的师傅矫诏混乱人事布局，使得自己联结狐氏以牵制先赵联盟的企图完全落空。

这种只手通天无处不在的势力，让晋襄公深感恐惧，不免对赵盾更增敌意。董之蒐结束后不久的八月十四日，正值二十岁上下鼎盛年华的晋襄公却突然毫无征兆地病故了，这不能不让人产生联想。但不管怎么说，襄公已死，国家还要正常运转，就必须另立新君——也正是在新君人选的问题上，狐、赵双方爆发了全面冲突。

重耳情史

晋襄公去世时，留下了两个嗷嗷待哺的婴儿，一个叫公子夷皋，也即后来的晋灵公；另一个叫公子捷，是后来建立复霸大业的晋悼公的祖父。

历史上"主少国疑"通常都是危险的信号，连续两代"主少国疑"则往往是国家衰微的征兆。果不其然，在少年君主晋襄公英年早逝后，两大权臣狐射姑和赵盾便以国君之位作为棋盘，展开了一场激烈的争斗。

为了搞清楚其中的人物关系，我们需要先"插播"一段尘封已久的往事，聊一聊霸主的"浪漫情史"。

事情还要从三十多年前讲起。晋献公二十二年（前655年），时年仅十七岁的公子重耳因受申生的牵连，开始了长达十九年的流亡生涯。在这十九年间，重耳受尽了颠沛流离之苦，尝尽了人间冷暖人生百味，可唯独在感情生活上依旧顺风顺水。流亡期间，他先后娶了九名妻妾，再加上回国后从王室娶回的女子，其后宫阵容应该不会少于十位。

其中最早的，大概是一名叫杜祁的女子。按照春秋时期对女性的称谓习惯，"杜祁"顾名思义是祁姓杜氏之女，与晋献公时期的大夫士芬和杜原款应当有些亲缘关系。史料中关于杜祁的生平事迹没有太多的记载，只是从赵盾和狐射姑的争论来看，她在文公妻妾中年岁最长，而且生了个儿子叫公子雍，在诸公子中年岁也是较长的。从中我们大概可以推测，杜祁应该是与重耳青梅竹马，得知自己钟情之人被迫流亡在外，她便义无反顾地离开了自己的家庭。

重耳流亡初期，狄国与赤狄部落的一支廧咎如交战，俘获了他们首领的两个女儿，分别叫叔隗和季隗，并将其送给了晋国的流亡者。重耳娶了比自己小四岁的妹妹季隗，生下了两个儿子分别叫伯鯈、叔刘，在诸子当中应是排名老大和老三，杜祁的儿子公子雍则排行第二。

重耳在狄国居留了十二年，后因遭到弟弟晋惠公的追杀，无奈抛家弃产跑到了齐国。齐桓公为了宣扬自己的仁德，就把宗室女子齐姜嫁给了他。后来重耳在齐国乐不思蜀，还是在齐姜的帮助下，狐偃等一帮随臣才把他灌醉了骗出齐国的。不过，这样一位深明大义的女子，在重耳即位后似乎并没有去往晋国，因此在史料中也没有留下子嗣记录。

除此之外，重耳还娶了一位名唤逼姞的女子，并生了个儿子叫公子骦（一作欢），在晋文公死后即位为晋襄公。重耳迎娶逼姞的事在史料中同样没有记载，故而我们很难确认逼姞的身份。不过，考虑到姞姓诸侯本来就很少，能够得到确认的只有南燕国、尹国、鄂国、雍国、密须国等少数几个国家，且大都分布在河南东部及山东西部郑、宋、卫等国所在的地区。至于逼姞家族的氏，大概与宋国附近一个妘姓诸侯偪阳有一定的关系。根据这些条件，基本可以推测重耳与逼姞的相遇应该是在宋国流亡前后。

离开宋国后，重耳先后辗转了郑国、楚国，最后到了秦国。秦穆公有心扶植他成为晋君，就一口气送给他五名女子，其中就包含被晋怀公抛弃的怀嬴。这五名女子具体为他生了几个儿子不是太清楚，有记录的是其中一个叫辰嬴的女子，生了个儿子叫公子乐。

关于文嬴、怀嬴、辰嬴之间的关系，过去不少人认为，这或许是同一个人在不同时期的称谓：怀嬴的"怀"字是她前夫晋怀公的谥号；既然嫁给了晋文公就不应该以前夫的谥号来称谓，因此死后被称为文嬴；而辰嬴的"辰"字，则是她的本名。

不过，从晋文公初年消灭吕甥、郤芮之后又从秦国迎回夫人的记载来看，怀嬴在文公回国之前就已经被确立为夫人，也就是正妻。再加上，以夫君谥号冠以己名也是夫人才有的特权，怀嬴、文嬴同属一人，是为晋文公夫人，应当是没有什么疑问的。

至于辰嬴，按照赵盾和狐射姑的讨论，她在晋文公妻妾中位份是最低的，不太可能是文嬴又或怀嬴本人，只是随同出嫁的一个媵女。至于有人说她曾经"嬖于二君"便认定其就是怀嬴本人，这点实际上毫无依据。春秋时期公室女子出嫁，素来以一女二媵为常，即便她曾经嫁于晋怀公，也完全可以是怀嬴媵妾的身份，如果仅凭"嬖于二君"便认定其为怀嬴，这便是无稽之谈了。

晋文公即位之后不久，平定了周王室的内乱，稳定了周襄王的王位。或许就是在这次的行动之后，周襄王为表感谢而将王室的一名女子嫁给了晋文公，并生了一个儿子名叫黑臀。这名女子的身份据说并不是王子，而是王孙，因为没有名字流传，就姑且按照当时的命名习惯，称之为王姬好了。

总算下来，晋文公有史料记载的妻妾一共有十个，分别是：杜祁、季隗、齐姜、逼姞、五嬴女和王姬。众多妻妾也为他带来了不少子嗣，其中有名字记录在案的有六个，分别是：伯儵、公子雍、叔刘、公子驩、公子乐、公子黑臀。

中国古人崇信多子多福，但对于春秋早期的各国公室来说，多子未必多福，晋文公也深以为然。特别是在亲历了"骊姬之乱"，目睹了齐桓公诸子夺嫡和郑文公驱杀诸子的乱象之后，他对父亲所确立的"国无公族"政策更是深感认同。因此回国之后，晋文公尽管听从谏言，在任用官职时回归了周礼"尊贵爱亲"的原则，可在对待诸公子的态度上，却依旧把"国无公族"政策不折不扣地执行了下来。这也就意味着，那些未能继承国君之位的公子，不久后都会被遣送到国外去。

其中，季隗的两个儿子伯儵、叔刘，以及杜祁的儿子公子雍，在诸公子中最是年长，按理来说在选太子时，应当优先考虑才是，但晋文公并没有打算把他们接回来。《左传》给出的解释是，狄人把季隗送到了晋国，但要求把这两个儿子留下，晋文公感觉盛情难却，就同意了他们的请求，也算是保全了霸主的面子。至于公子雍，应当是回到了国内，但不久之后，还是依照"国无公族"的政策要求，被送到了秦国。

排行第四的公子驩，也即逼姞的儿子，后来被晋文公立为太子，晋文公死后继承了君位，也就是前文提到的晋襄公。倘若我们之前的推测不错的话，重耳与逼姞是在宋国流亡前后相遇，那么公子驩出生的时间就应该是在公元前638年前后，这也是前文认为晋襄公即位时只有十几岁的根据之一。

晋文公在世时，曾经郑重其事地为他物色太傅人选。当物色到阳处父的时候，曾向胥臣征询过意见。胥臣对阳处父的为人并不看好，因此含糊其词地表达了反对意见，但最后并未被采纳[①]。选择太子不论年齿，死后留下了一个未成年的继承人；选择太傅又不听劝谏，给太子圈定了一个并不忠心的老师——这两件事可以说是晋文公人生中最大的败笔。

除此之外，晋文公还有两个儿子，一个是辰嬴的儿子公子乐，另一个是王姬的儿子公子黑臀。他们都是在重耳回国后出生的，到晋文公确立继承人的时候，年纪都还太小。晋文公去世后，这两个孩子就按老规矩被送出国去，其中公子乐去的是陈国，而公子黑臀则被送往成周。

---

① 见《晋国600年3》第一章第二节"拔擢阳氏"。

依照狐射姑与赵盾的争论，晋文公在世时似乎还对诸多的妻妾进行过排名，其目的或许也是为了排定诸子的继承顺位，以避免未来可能出现的争端。这其中，排首位的自然是其夫人怀嬴（后来又称文嬴）。怀嬴之后，杜祁在诸多妻妾中本是最为年长的，但由于她宽厚仁慈，看到文公对逼姞母子青睐有加而不愿争宠，自愿排到了逼姞之后；由于狄国在晋国政治中的分量很重，杜祁又屈居于季隗之下，在文公的后宫中排名第四，逼姞和季隗则分列第二、第三位。其余人等我们只知道公子乐的生母辰嬴位居第九，因此猜测王姬有可能位列第五，剩下的三位秦国媵妾分列六到八位。

狐赵之争

有了这个基础之后，我们再回过头来看赵盾与狐射姑的争端。

晋襄公去世之后，本来是嘱咐他们要安心辅佐公子夷皋即位的，但为了争夺权势，他们不约而同地以国家危难、宜立长君为由，排除了襄公幼子夷皋的继承权，并决定要在晋文公的诸公子中另立新君。

在确定支持对象时，赵盾先声夺人选择了杜祁的儿子公子雍。他的理由很清楚，公子雍乐善好施，在诸公子中最为年长，且深受晋文公的喜爱，如今更是在我们的老朋友秦国生活，算是集齐了善、长、爱、旧四大优势。所谓"置善则固，事长则顺，立爱则孝，结旧则安"，有了这四项"德行"，还怕不能安定晋国吗？

狐射姑大概是反应慢了些，猛听到赵盾已经抢先发言，不由得感到有些紧张。他眼睛骨碌碌转了半天，脑子里迅速地把诸公子的资料过了一遍，似乎也没有什么好选的了，只好忙不迭地搬出了公子乐作为棋子："我看还是立公子乐最好，他的母亲辰嬴先后侍奉过两位君主，立了他有助于维护国内团结。"

狐射姑提出的理由要说完全没有根据倒也不尽然，只不过在如今的这个场合实在有些站不住脚，反而容易被对方抓住把柄，而这恰好也正是赵盾用心之所在。

晋文公的诸公子中，除了伯儵、叔刘之外，就属公子雍最为年长了，剩下的公子乐和公子黑臀在当时都还未成年。在赵盾抢先选择了公子雍之后，狐射姑实际就已经没有更好的选项了，这个时候无论他选谁，恐怕都比不上公子雍更能够立得住脚。因此，对于狐射姑来说，最明智的做法就是不要被赵盾牵着鼻子走，与其选择公子乐，还不如直接转头支持晋襄公的太子夷皋，至少还能落下一个尊奉先君的名声，并借此笼络一批拥护晋襄公的力量。最后即便是赢不了，也不至于会败得那么惨。

然而，狐射姑对此显然毫无准备，仓促之下一个不小心，就落入了敌人的圈套。果然，他的话刚说出口，赵盾就反唇相讥，说："辰嬴地位卑微，在九位夫人之中排名最末，且侍奉过两个君主，是为淫；公子乐出居的是远在天边的蕞尔小国陈国，不能作为倚靠，是为辟。综合起来就是'母淫子辟，无威；陈小而远，无援'，如何能够安定呢？"

反过来你看看我选的人："杜祁为了后宫团结先后相让于逼姞、季隗，最后名列第四，是为大义！公子雍，先君正是因为疼爱他，才让他出居秦国。而他自己也不负所望，在秦国兢兢业业，如今已经位列亚卿。他们二人'母义子爱，足以威民'，这不就是新君的最佳人选吗？"

至于狐射姑又是怎么反驳的，《左传》没有继续往下写，反正是你来我往争执不下，谁也不肯相让，这可怎么办呢？两个人不约而同地启动了"速度与激情"模式，开始抄袭齐国公子纠与公子小白驾车赛跑的老故事。

赵盾派出的使者，一个是在六卿中有一席之地的先蔑，另一个则是曾担任过晋文公车右的士会，两个人接到命令，马不停蹄就奔往秦国去迎接公子雍。狐射姑也派了人去陈国迎接公子乐，至于所派何人，史书上没有具体说明，但想必身份也不能太低。

这原本是一个比谁快的游戏，可偏偏赵盾不按套路出牌，私下里破坏了游戏规则。他效仿管仲射杀齐桓公的故事，派人在郫地（今河南济源西邵原镇）截杀了公子乐，导致狐射姑顿时失去了手中的王牌。

仓皇之下，狐射姑首先想到的竟然不是该如何化解危机，而是怨恨阳处父改变了自己的地位。他安排自己的族人狐鞫居（续简伯）扮演了一回刺客，杀掉阳处父以解心头之恨，而这更是给赵盾带来了打击报复的理由。

不久后，赵盾首先诛杀了狐鞫居，又迫使狐射姑逃奔赤狄潞氏，狐氏集团在这场权力的游戏中彻底落败。驱逐了狐射姑后，赵盾让自己的好搭档先克担任中军佐；箕郑父为上军将，以原来曾担任过中行将的荀林父为上军佐；先蔑和先都统率下军，新的三军六卿格局初步定型。

这个时候已经是晋襄公七年的十一月了，从年初举行夷之蒐开始，到狐射姑最终出奔赤狄，这场政治斗争前后持续了将近十个月。事情发展到这个地步，若是按照常规的剧本，本应该尘埃落定了，可偏偏赵盾不是一个遵循套路的人。就在大家翘首期盼新君回国的时候，赵盾却突然改了主意，结果又生出了不少事端。

第四节　再起波澜

令狐之战

原来，当狐、赵二人斗得不可开交的时候，晋襄公的遗孀穆嬴得知自己的儿子将被废弃，便不依不饶地抱着公子夷皋在朝堂上大哭大闹。众大夫议事完毕退朝，她就继续抱着孩子到赵氏宫中，哭责赵盾背离先君遗言，废嫡立庶、败坏纲常。在穆嬴的死缠烂打之下，赵盾最后还是改变了主意，决定要重立夷皋为君。至于他改变心意的原因，可不是要顾念先君的托孤重任，而是另有盘算。

首先，站在个人立场上看，赵盾跟公子雍虽说都在狄国流亡过一段时间，但却未必会真心希望公子雍回来。他之所以提出国家有难、宜立长君，无非是想借此跟狐射姑斗法，如今目的已经达到了，就没有再继续坚持的必要。

其次，赵盾在夷之蒐和董之蒐中先后借助先克、阳处父之手更改国君的决定，这对于任何君主来说都是无法容忍的。假如他真的把公子雍迎回来立为国君，那么他在朝中的地位，就跟当年的里克、丕郑，以及吕甥、郤芮没有什么区别了。新君必然会把他当成眼中钉、肉中刺，必欲除之而后快，这对赵盾实在不是什么划算的买卖。反过来说，一个幼弱的君主显然要比年长的君主更容易控制，就算是想要闹情绪，也得等到十几年之后才有可能具备这个能力，这对于赵盾来说显然是极大的利好。

再次，晋襄公正值青春年华却突然暴毙，这件事传到其他人的耳朵里，总会感觉有些蹊跷。就算是因为晋襄公身体不好，或者得了什么不治之症，可那些富于联想的人们，总会不由自主地从阴谋论的角度去揣度，这种事情你是说不清的。也只有遵从先君遗愿立夷皋为君，才有可能洗脱嫌疑。

最后，从过往的经验来看，晋国的惠、文二君都是在秦国的支持下回国即位，外来的君主难免会跟自己的恩主达成某种协议，这就使得晋国在处理内外关系的时候，总要考虑秦国的感受。而秦国在扶植晋君时为了达成所愿，也总要派出大量的军队进入国境，向国内的大夫施压，从而令晋国贵族备感耻辱。尤其是有了之前的几次教训，秦国的继任国君秦康公为了杜绝权臣逼君的故事重演，更是郑重其事，派出几万大军护送公子雍入境。还说什么："当年晋文公回国的时候，就是因为没有人保护，所以才有了吕甥和郤芮的叛乱。"为此，他特意效仿秦穆公故事，给公子雍加派护卫，其指向再明确不过了。

总之，在对内外形势进行再三权衡后，赵盾终于决定还是"遵从"先君的指令，将太子夷皋送上国君的宝座，从而结束了晋国长达半年的无君局面。这个被扶上君位的幼子就是后来的晋灵公。

可问题是，赵盾改变心意的时候，秦国军队已经沿着当年晋文公回国的路径，渡过黄河进入了晋国境内。事情发展到这种地步，想要好言好语地把秦康公劝回去，显然是不可能了。那该怎么办呢？要说起来，赵盾这个权臣的角色绝非浪得虚名，只要能够达成目的，他并不在乎别人怎么看待自己。既然秦国人是他请来的，如今自然也得由他来善后，而他善后的办法简直不要太粗暴，甚至出乎所有人的意料。

晋灵公元年（前620年）三月底，赵盾命上军将箕郑父驻守绛都，自己以中军将的身份，以步招御戎，戎津为车右，亲率三军至堇阴（今山西万荣西南）驻扎。当时秦军还不知晓这几日晋国内部发生了什么，更不知晓晋军此行的目的是什么，因此防备很是松懈，却不料遭到了晋军的突然袭击。

四月初一日夜间，正是朔月时分，赵盾发布战前动员，说："秦国人虽然是我们请来的，可我们要接受他们，他们就是客人，如果不接受，他们就是敌人。如今既然已经决定不再接受他们，就不要再犹豫，要兵贵神速、先声夺人，不能给他们喘息的机会！"

随后赵盾利用信息优势，趁着夜色突袭驻扎在令狐（今山西临猗境内）的秦军。秦军猝不及防，全军溃败，在漆黑的原野上一路奔逃到刳首（今山西临猗西）才停下脚步。

随着秦穆公和晋襄公的相继去世，秦晋两国的争端本来已经告一段落了。然而由于赵盾在令狐突然背信、不宣而战，再次以野蛮行径重创秦军，引起了秦康公的极大震怒。与晋惠公的背信弃义以及崤之战的不宣而战比起来，赵盾在令狐之战中的所作所为显然更加令人发指。这也使得秦晋两国旧怨未平，又添新仇，本来已经平息的秦晋冲突便不可避免地再次上演了。

河曲之战

令狐之战爆发的次年，也即晋灵公二年（前619年）夏，秦军大举伐晋，攻取位于河西的武城（今陕西华县），掀起了秦晋之间第二轮冲突的高潮。两年后的灵公四年（前617年）春，晋国又起兵报复，攻取秦国的少梁（今陕西韩城，原梁国都城）；同年夏，秦国又反过来讨伐晋国，夺取北征（今陕西澄城南）。

晋国与秦国战事不断，内部又出现了混乱，无暇东顾，让楚成王的儿子楚穆王看到了希望，于是便趁机北上中原，迫使郑、陈屈服。随后又通过外交手段，诱使宋、蔡、许等国就范，城濮之战后一度归于平静的中原局势又出现了不小的波澜。

中原各国惶惑，晋国霸业岌岌可危，秦康公更是浑水摸鱼，接连向东方派出了使者，试图趁机耸动诸侯背叛晋国，在报复晋国的同时达成秦国入主中原的宏大叙事。

比如晋灵公三年（前618年），秦人到鲁国"归僖公、成风之襚"。所谓"归襚"是对已故之人赠送衣物、车马等随葬品的一种礼仪，通常都是在吊丧时进行；丧事结束之后再去馈赠，难免会有些不合时宜。而秦国到鲁国去归襚时，已是鲁文公九年，他们所要吊唁的鲁僖公去世已然十年，这就显得尤为突兀了。

《左传·文公九年》在叙述这件事的时候多少也有些难为情，不过考虑到秦国路途遥远、消息闭塞，且与东方诸侯之间的外交往来较少，因此尽管来得晚了一些，却也算是记挂着两国之间的友好关系，便只好说这件事是合于礼的，应该予以记录。

通过这次"归禭"的试探，秦康公自觉鲁国并不排斥自己，于是便于三年后派西乞术再访鲁国，正式行聘问之礼。在鲁国这样一个崇尚周礼的国度，西乞术恐怕也不忘投其所好，历数晋国这几十年来各种违礼的举动，以拉拢鲁国与其一同讨伐晋国。

但秦国的努力似乎并不成功。鲁国大夫东门襄仲对西乞术不忘先君时的友好，不远千里到访、展示互信的举动表示十分感动，对其聘问期间所展示的礼仪也给予了很高的评价，临走时还以厚礼馈赠，但却刻意回避了其联合伐晋的提议。

作为一部以鲁国为第一视角的史书，《春秋》记录秦国对鲁国的聘问是理所当然的，但并不代表西乞术此番出行就仅仅拜访了鲁国。而与鲁国的表现类似，东方诸国当时受到楚国的胁迫，仍需有霸主为自己主持公道，自然也就不愿意顺从秦国挖晋国的墙脚了。

秦康公瓦解东方联盟的努力未果，只好于晋灵公六年（前615年）冬独自出兵讨伐晋国，攻取了位于河东的羁马。不久后，赵盾统率三军六卿悉数出征抵御秦军，双方在河曲（羁马、河曲均在今山西永济境内）拉开了阵势。

在进行作战部署时，上军佐臾骈认为秦军远道而来，利在速战，建议赵盾筑垒固守以消耗对方。秦康公求战不得，果真焦虑不已，只好向令狐之战后流亡到秦的晋国大夫士会询问对策。士会对晋国内部的人事极为熟悉，他一眼就看出这是臾骈的计策，于是就建议秦康公派人到赵穿的阵前挑战。

赵穿属赵氏旁支，同时也是晋文公的女婿，既有赵盾的照顾，又有外戚的光环，因此多少有些跋扈。按照士会的说法，是"有宠而溺，好勇而狂"，严重缺乏军事素养。更重要的是，赵穿为人孤傲，与上军佐臾骈素有嫌隙，秦军到他阵前挑战，他必定会中计。

十二月初四日，秦康公依计派人到上军赵穿所部阵前挑战。赵穿受不得激，当时就带兵出营追击，但无奈秦军跑得太快，最后竟一无所获。回来之后，赵穿不住地埋怨臾骈懦弱怯战。这个时候有人多嘴劝了一句，说："我们这是在等待战机啊！"这句话反而更激起了他对臾骈的逆反心理，遂不顾将令率部出战，结果又因部属太少，很快就被秦军包围了起来。

消息传到营中，可把赵盾给急坏了。一直以来，赵盾都对赵穿寄予了厚望，此时又生怕他有个什么闪失，于是也就顾不得深沟高垒了，果断下令全军出击，还说："秦国人如果抓住了赵穿，就等于是抓住了我们的一个卿，如果就这样让他们得胜而归，我们的脸面还往哪儿搁？"

这次的交战，两军都是点到为止。晋军在救回赵穿之后，就撤军回防了。而秦康公经过与晋军短暂的接触，也意识到自己不是晋军的对手，便下定决心要撤军回国。但他又担心晋军会趁机追击，于是就派出使者假意向晋军约战，说："今天这仗打得不过瘾，明天我们再战一场如何？"

《孙子兵法》说："辞强而进驱者，退也。"上军佐臾骈深悉兵法奥义，他看到秦国使者心神不宁、声音失常，就断定秦军一定是惧怕晋军，想要连夜退却，如今派使者前来约战不过是虚晃一枪。臾骈因此建议不如将计就计，趁他们夜间撤军的时候再来一次突然袭击，将其逼到黄河岸边好一举击溃。

可赵穿这人，也正如士会所说的那般，似乎就是成心跟臾骈过不去。听说臾骈要对秦军落井下石，他立刻就拉着下军佐胥甲一起挡住营门，大喊说："那么多死伤的兄弟还没有得到妥善安置，你们就把他们丢弃了，是不够仁慈。明明已经跟对方约定好了作战时间，却非要提前把人逼到险地，这是不勇敢！"总之就是不想让臾骈的计策得逞。

一群人好说歹说，可赵穿就是那么任性，死活就是挡着不让追击。遇到这样的"猪队友"，赵盾也实在没办法节制，只好眼睁睁地看着秦军趁夜逃走，河曲之战就这样草草收场了。

封堵政策

秦晋关系可以说是春秋历史上最难破解的局。与秦、晋之间的明争暗斗比起来，晋、楚之间的纠纷简直就是过家家。两者区别在于，秦晋两国是山水相依的邻邦，其矛盾是关乎核心利益的生死之争，所爆发的冲突也与仅仅争夺势力范围的争霸战争有着天壤之别。

人类早期文明充满了野蛮和蒙昧的味道，但在一个文明共同体的内部，采取有限度战争素来都是各个文化圈内的共识。至少在春秋前、中期，中原诸侯内部乃至于与楚国之间的战争，大都能很好地遵循宋襄公作战四原则。在这个以贵族为主要兵力来源，作战注重礼仪规则的时代里，战争所造成的伤亡通常都不会太严重。即便是在晋楚担纲唱主角的一百年间，两国为了角逐中原政治的主导权拼得你死我活，多数情况下也能点到为止，胜利一方通常都不会对失败者赶尽杀绝。

但对待秦国，为了压制这个最致命的敌人，晋国先后开启了埋伏歼灭战、夜袭战等各种突破了当时人们认知底线的战争形式，可以说是无所不用其极，大有不把对方当自己人、将其排斥在中原文化圈之外的意思。

尤其是崤之战，晋国以埋伏战的形式全歼秦军有生力量，如此战争形式在整个春秋历史上都是空前绝后的。秦军一战损失将近两万人的军力，这个数量在战损不过百余人的春秋时期几乎是不可想象的。

如果要在战国时期找一场同等性质的战争的话，那就只有秦国攻打赵国的那场著名的长平之战可以与之相提并论了。与赵国主力尽丧后一蹶不振的命运类同，经此一役，秦国军力遭受到了毁灭性的打击，秦晋之间实力的天平开始彻底倾斜。此后直至春秋时期结束，秦国在与晋国的对峙中都没能再次占到上风。

这场战争宣告了一直以来貌合神离的所谓的"秦晋之好"正式终结。从此以后，秦晋两国就从表面欢好的亲家变成了不共戴天的仇敌，掩藏在暗潮之下近二十年的秦晋利益冲突终于撕破了最后一层遮羞布，被正式摆上了台面。

将一个文明国家贬斥为野蛮，将一个文化人鄙夷为粗坯，恐怕再也没有什么能比这样的羞辱更能激起仇恨了。晋国对秦国的蔑视以及对秦战争的不择手段，使得秦人对晋人的怨念和敌意，比所谓的国仇家恨要深许多个数量级。

在此后的岁月中，不管各国间局势如何变化，秦国都始终坚持与晋国死磕到底的基本国策几百年不动摇。甚至于当晋国被一分为三，历史进入了攻城拔地的战国时代，秦国与继承了晋国衣钵的三晋之间也一直处于敌对状态。这种持续了将近三百年的蚀骨仇恨，也从一定程度上构成了秦国后来得以快速发展的内在驱动力。

晋国人亲手打下的死结，也终于成了他们自己的噩梦。河曲之战后，秦康公见识了晋国军力的强盛，也亲身领会了晋人在战争中展现的智谋——抑或阴谋。他自知已经无法与晋国相抗，于是便放弃了以往大军团直接冲突的方式，转而采取了类似于合纵连横的斗争策略。

一方面，他将早先侵袭鄀国时俘获的楚大夫斗克等人送还楚国，在楚庄王伐灭庸国的过程中也出兵相助，从而在晋楚对峙的国际秩序中彻底倒向楚国一方，共同对晋国的中原利益构成挑战。另一方面，则是联络晋国西、北方向的"白狄"，与东部山区的"赤狄"遥相呼应，通过小规模、多频次的袭扰，全方位、多角度地对晋国的边境安全构成直接威胁。

来自四面八方的侵袭让晋国不堪其扰，无心集中精力在中原施展影响力，其存续了二十多年的霸业也出现了空前的危机。为了能够缓解边境地区受到的压力，赵盾曾听从赵穿的建议，打算"以战促和"，缓解与秦国的矛盾，但却遭到了秦国的断然拒绝。晋国热脸贴了冷屁股，不仅没能达成和解的目的，反倒是提醒了秦国，让他们反过头来配合楚庄王在东方的行动，对晋国掀起一场全面战争的高潮，这也就为后来晋国在邲之战的失败埋下了伏笔。

议和之路行不通，晋国只能转变策略，从拉拢利诱改为全面封堵。首先是在晋灵公七年（前614年），因秦国曾多次从瑕地（今河南灵宝西北）入侵，晋国派詹嘉驻守瑕地，扼守桃林要塞以实现对秦国的严防死守，开启了据守关隘进行阵地防御的先河。

晋国的封堵政策从当时来看应该是取得了一定的成效。秦国所占据的丰镐地区原本是宗周故地，在西周时期算是中原科技文化最为发达的地域。然而到了春秋时代，由于受到了晋国的封锁，丰镐地区的科技文化却止步不前，最为直观的证据，就是当地出土的青铜器物较之东方各国有着不小的差距[①]。

而就在同一时期，东方各国在激烈的军备竞争和互通有无的过程中，出现了一小波"技术革命"的浪潮，科技进步速度加快，文化观念日新月异，生产发展欣欣向荣，艺术成就层出不穷，各方面都在跨越式发展中取得了巨大的成就。

这个局面一直到战国时期才被打破。在政治上，原本盛极一时的晋国被一分为三，从晋国分离出来的魏国以其一己之力封堵秦国几十年，却终究因错综复杂的利益关系而将政治重心东移，进而使封堵秦国的防线出现了松动。

在文化上，中原地区百花齐放、百家争鸣，大量士人游走于诸侯之间。当他们的观念无法为其他诸侯接受的时候，便纷纷将目光投向了相对落后的秦国。而秦孝公为了富强图霸，相比于文化繁荣、经济富庶的东方诸国，更有决心和动力破除

[①] 参见韩钊：《春秋时期的秦国社会经济》(《西北大学学报》(哲学社会科学版) 1981年第1期) 所引杨锡璋、李经汉：《从考古学上看秦和东方各国的社会差别》(《考古》1974年第5期) 等文。

固有观念招揽天下英才。这也正契合了这些士人的内在需求，为他们建功立业提供了一块难得的价值洼地。

这些到秦国镀金的人才，不仅包含商鞅、张仪这样的饱学之士和郑国这般的能工巧匠，更有诸多籍籍无名的普通学者和不那么出类拔萃的普通工匠。他们在整个中原大地或许不是最优秀的，但由于秦国相比于东方诸侯有着更为巨大的后发优势，即使才学不那么突出的人也较易在这块洼地上取得成功。这也在一定程度上增强了秦国的向心力，从而构成了秦国最终走向强盛的外在动力。当然，这些都是后话了。

第三章
晋国的中原霸业中衰

第一节　无为霸主

赵盾执政的二十年间，秦晋争斗不休，国内政局变幻莫测，周遭势力虎视眈眈，怎一个乱字了得。然而，如果要站在更为广阔的国际视野上，或许这二十年还算得上是一个"最好的时代"。

在他开始执政之前，晋文公成功地通过平定王子带之乱和城濮之战，先后完成了尊王、攘夷的两大功业，从齐桓公手中接过了霸主的旗帜，从而开启了晋国霸业的先河。崤之战后，晋国又以一国之力单挑两大强国而立于不败之地，更是让列国叹为观止。在晋国强大武力的震慑下，在恩威并施手段的引导下，天下政治秩序变得井然有序。

与此前乱哄哄的景象不同，文公称霸后的三十年间，中原大地呈现出了一幅截然不同的面貌：

一度威逼中原令人战栗的楚国，尽管并未丧失战斗力，却也因北伐受挫消停了不少；"北狄"侵扰的情形虽时有发生，但在中原诸侯的合力围剿之下，也渐有偃旗息鼓之势。

诸侯国间以大侵小的现象虽然无法全然禁止，但战争的烈度已显著降低了，以"灭国绝嗣"为目的的战争暂时退出了中原政治舞台，各国间互相攻伐的情形也明显减少。

各诸侯国内部也呈现出欣欣向荣的安定局面，以子弑父、以臣弑君的现象不再是各国政治的主流，偶尔出现那么一些小波澜，也能够迅速得以平息。

从这些成绩来看，晋国虽说在自身建设上有所欠缺，却也算是完满地履行了中原霸主尊王攘夷、定纷止争等各项使命。但若以造成的影响而论，赵盾执政的这二十年则不仅是失败的，而且还为此后晋国政局的长期动荡埋下了深重的隐患。

襄公霸业

崤之战爆发后，由于秦穆公屡番兴兵报复，晋国的精力在很大程度上受到了秦国的牵制，故而在中原霸业上用力稍显不足。再加之按照以往的经验，中原霸主很少有能够"连任"的，尤其是在晋文公去世之后，晋襄公年少即位难以服众，使得人们难免会产生晋国霸业也无法长期存续的想法。在这种消极预期的引导下，一些原本就对晋国有所怨言的诸侯国便产生了叛逆的念头，其中最为突出的当数卫国。

卫国在春秋早期也算是一个颇为活跃的国家，但由于卫宣公不知节制，制造出一场影响深远的"新台丑闻"，其国势也就渐渐衰弱了，及至晋献公在位中期，更是因遭受外族蹂躏而险些灭国。在齐、宋等友邦的支持下，卫国得以在楚丘复立，又经卫文公的励精图治，国势才振作了起来。

然而就在卫国实现跨越发展的关键时期，城濮之战爆发了。卫国因在晋、楚之间站错了队，于战前受到晋军荼毒，再次遭受了重创，以至于后来在"狄人"不断侵扰下，不得不将都城迁往帝丘。而在践土会盟之后，晋、卫两国在关于卫成公地位的问题上又闹了不少矛盾，让卫成公备受折辱，这就使得他在内心里很难真心服从晋国的领导。

事实上，早在晋文公尚在位时，卫国对晋国的虚与委蛇就已经显现了出来。当时诸侯纷纷前往晋国朝见，可卫国不仅不肯履行朝见的义务，甚至还不经请示就派大夫孔达侵扰郑国，公然挑战霸主的权威。

为了防止卫国的叛逆行径引发"破窗效应"，晋襄公于即位次年（前626年）通告诸侯伐卫。而为了突出战争的正义性，在时任正卿先且居的建议下，晋襄公先行在温地朝见了周襄王，以为天下诸侯做出表率。

五月初一日，先且居、胥臣带兵包围卫国重镇戚邑（位于今河南濮阳以北），经过一个多月的战斗，大军占领戚邑并俘获其守将孙昭子。

面对大国的讨伐，卫成公束手无策，只得派出使者向陈共公求救。陈国本就是一个小国，地狭土偏又常受楚国威胁，陈共公自然不敢贸然派兵与晋国对抗。但念及陈、卫两国长达百年的友好关系，也只能急公好义方显英雄本色。他思忖了半天，最后出了这样一个主意：让卫国出兵反攻晋国。卫成公与陈共公心有灵犀，当即就煞有介事地派出大夫孔达，带兵悍然对晋国发动了袭击！

是可忍孰不可忍！晋国无论如何都不能容忍此等挑衅，因此立刻就采取了反制措施。当年秋天，晋国首先号召诸侯要分割戚邑的土地。到了第二年，又派司空士縠邀合宋、陈、郑等国的国君，以及鲁国大夫公孙敖在垂陇（郑邑，在今河南荥阳东北）举行会盟，以声讨卫国的不臣之举。

正当卫国生死存亡的紧要关头，去年给卫成公出主意的陈共公终于出手了。他特意到卫国走了一遭，将去年侵略晋国的大夫孔达抓到了盟会现场，以向晋国说明情由。其意大概是在表明，过去伐郑侵晋的举动都是孔达一手造成的，跟卫成公没有丝毫的关系。

这么一来，卫成公既不需要低头，也不需要认错，就把责任撇得一干二净。在座诸侯见既然抓到了罪魁祸首，也就没有了征讨的理由，不解散还等什么？

在对卫国用兵的同时，晋国还不忘敲打一下鲁国。

鲁国早年与楚人过从甚密，在城濮之战时又左右摇摆，意志很不坚定。可在瓜分曹国土地的时候，却因为积极争取，反而得到的好处最多，这件事也让鲁人颇为沾沾自喜。

就地缘政治而言，鲁国夹在齐、楚之间，向来缺乏安全感，三心二意倒也是常事。等到晋文公过世，鲁国以为天下又要易霸主了，于是便急不可耐地讨伐邾国，大概是想趁这个权力的空窗期充实一下自己的力量。

诸侯之间互相攻伐是对盟约最大的蔑视，未经霸主允许便私动刀兵更是对其主持订立盟约的公然践踏。而与此同时，更让晋国恼火的是，晋襄公即位之后，鲁国不仅没有前来朝见，反而是三番五次地与齐国联络感情，这未免也太不把继任的霸主放在眼里。

为了对鲁国的三心二意表示惩戒，晋国于襄公三年（前625年）以鲁文公即位后不来朝见为由派人前去责问。鲁文公受到责难不敢反驳，只好硬着头皮去朝见晋君，可晋襄公偏又避而不见，只派了自己的太傅阳处父与之结盟，且不允许他参加伐卫的垂陇之会，很是将鲁国羞臊了一番。

好在这种关系持续的时间并不长，到晋襄公四年，秦晋之间的冲突进入白热化阶段。秦穆公准备要与晋国决一死战，使得晋国国内弥漫着一股山雨欲来的紧张气氛。晋国担心一味用强会导致诸侯离心，便主动向东方诸侯求取和解，同鲁、卫两国重修旧好。鲁文公再次赴晋改立盟约，受到了隆重的款待；而卫国被用来"背锅"的孔达也得以顺利回国。此后的两年，晋国内部发生变故，有关鲁、卫的事务也就暂时搁置下来。

泜水诟敌

尽管晋国与秦国的战争如火如荼，但在整个列国政治版图上，晋国最大的对手当还是楚国。城濮之战后，晋楚关系跌到了冰点，有那么好几年两国都没有什么往来。直到晋文公九年（前628年），楚国派斗章出使晋国，两国关系才出现了和缓的迹象。

然而到晋襄公即位后，与楚毗邻的许国因担心晋人无法提供庇护，先行一步与楚国结盟。此举引发晋国震怒，于是就邀合陈、郑等国，于晋襄公元年冬出兵伐许，试图将其重新拉回到自己的阵营中来。

楚成王显然也不肯示弱，当即派出了令尹子上起兵围陈救许，迫使陈、蔡两国与楚议和。之后楚军又转而攻打郑国，试图把流亡在楚的公子瑕立为郑君，以改变郑穆公子兰的"一边倒"政策。

但没承想，大军在攻破郑国都城远郊的桔柣之门的时候，公子瑕的战马受惊，拉着战车直接冲入了池塘中。满怀着雄图大志的公子瑕乘兴而来，结果还没进入新郑的城门，便在一场意外中殒命，这也直接导致楚人更立郑君的计划完全泡汤。

尽管在郑国的行动出师不利，楚国到底还是在陈、蔡的战场上稳住了局势。为了能扳回一局，晋国统帅阳处父带兵伐蔡，却不意与回师救援的令尹子上相遇，双方在泜水（今河南平顶山市境内沙河）两岸夹河对峙。

阳处父只是晋襄公太傅，并非五军十卿的核心成员，故而所带兵力较弱，与令尹统率的楚军主力自不可同日而语。他不敢贸然与楚军接战，但为了晋国的颜面又不能轻易认怂，于是便虚晃一枪，故意派人去向楚人下战书说："常言道'文不犯顺，武不违敌'。如果你们要打，我就回退三十里，给足你们渡河列阵的空间，什么时候开打就全听你的了。可要是你不愿意打，就让我缓口气吧，大家也别在这儿空耗钱粮了，这对谁都没有好处！"

假如对面列阵的是宋国军队，楚军肯定二话不说就要渡河列阵了，可如今面对的偏偏是以狡猾著称的晋军，事情可就没那么简单了。正当子上打算渡河列阵之时，一旁的大孙伯急忙劝阻说："晋国人一向诡计多端，不讲信用，万一趁我们渡河时搞突然袭击，到时兵败如山倒，再后悔就来不及了。不如就让他们缓口气吧！"

令尹子上（斗勃）在城濮之战中曾担任右军统帅，而他的助手大孙伯（成大心）则是子玉的儿子，两个人都亲历过晋军"退避三舍"的旧事，自然不敢相信对方会老老实实地待在原地。听了大孙伯的一席话，令尹子上不由得冒出了一身冷汗，于是就下令全军后退三十里，其意在告诉阳处父：这次我们来腾地方，你们渡河列阵可好？

可子上毕竟还是太淳朴了，他虽曾见识过晋人的狡诈，却不知道他们的狡诈是要"逆天"的。楚军刚开始后撤，河对岸的阳处父就向各处宣扬："楚国人不敢与我们交战，他们逃走了！"——然后就以一副凯旋的姿态撤军回国了。

商臣弑父

双方这次接触，子上实际上是建了大功的，不但达到了救援许国的目的，还迫使陈、蔡与楚结盟，从而在晋国霸业版图的完美曲线上划开了一道醒目的缺口。而阳处父则不然，他除了在口头上占了点便宜之外，军事上可以说是毫无建树。反而是因为他的出征，让晋国在失去许国的同时，又丧失了抵御楚国北上的两个重要盟友。

然而意外的是，战争结束后，阳处父还是那个阳处父，令尹子上却不再是原来的子上了。而这一切的缘由，还要从久远以前的一段旧事开始说起。

公元前 672 年，也即晋献公即位的第五年，当时还只是一名公子的楚成王弑其兄堵敖，即位为王。楚成王年轻时妻妾成群、儿女众多，但唯独对商臣宠爱有加，于是就想将其立为太子，为此还特意向众臣征询过意见。

当时还只是一名普通大夫的子上对此不以为然，曾直言劝谏说："王上现在正值青春鼎盛，宫中宠爱的妃子又多，实在不宜早立太子。何况按照楚国的习俗，一向都是立年轻的公子，即便不考虑这些，万一哪天您有了新宠想要改立幼子，就很容易引发祸乱啊！"

以上进言尚且中肯，但子上接下来所说的话则直接表达了他本人对商臣的不满："商臣眼睛像胡蜂，声音像豺狼，生性残暴不仁，不适合立为储君！"

子上的直言不讳并没有改变楚成王的决定，却实实在在地为自己招来了仇恨。此番泜水之战子上无功而返，商臣正好利用国人对若敖氏的不满，派人大肆造谣传谣，说子上之所以避敌不战，是因为收了晋人的贿赂。为了一己私利使楚国遭受耻辱，简直是罪大恶极！楚成王早就为城濮之战时子上的无能感到恼火，如今听了商臣的说辞更是深信不疑，一怒之下竟然把子上杀掉了。

不过，子上虽然死了，但他早年劝说楚成王的那些话到底还是应验了。到泜水之战爆发的公元前627年，楚成王在位时间已达四十五年，年龄更是到了七十岁上下。年老的楚成王有了新欢便忘了旧爱，果然萌生了废长立幼的念头。商臣听到了一些风声，但又无法辨别真伪，只得去找他的老师潘崇询问对策，而潘崇则建议他从姑姑江芈那里套套消息。

江芈是楚成王的妹妹，早先曾嫁到江国去，据说是因为江国与秦国结好，楚国为了报复打算将其吞并，于是就提前把江芈召了回来，可见楚成王对她的关爱。按照潘崇的嘱咐，商臣设宴款待江芈，并故意在宴会上羞辱她，惹得江芈暴跳如雷，说话也就无所顾忌了。她厉声怒喝道："你这个贱种，难怪王兄要杀掉你立公子职为太子！"

这句话信息量很大，既把商臣骂了个狗血淋头，又把他想要了解的事情交代了个清清楚楚。商臣挨了一顿骂，好歹弄清楚了父亲的用意，于是就在潘崇的鼓动下起兵造反了。政变爆发时，楚成王正在大殿上用餐，看到自己的儿子满脸杀气，知道是躲不过去了，于是便哀求道："让我吃了熊掌再去死，可以吗？"

商臣害怕父亲故意拖延时间，于是断然拒绝了这个并不算过分的请求。楚成王潸然泪下，满怀悲愤地在大殿中悬梁自尽，据说死后还差点被冠以"灵"这样一个"乱而不损"的恶谥。

通过杀父弑君篡位的商臣就是后来的楚穆王。楚穆王即位之后，先后灭掉了江（位于今河南息县）、六（位于今安徽六安）、蓼（位于今河南固始）等国。晋国也曾南下救援过江国，并进逼沈国（位于今河南上蔡），但由于冲突范围大抵都在楚国的势力范围内，晋国的救援很难奏效，事情也只能作罢。倒是在楚穆王的威逼之下，原本归附了楚国的陈、蔡、许等国因担心遭到灭国之祸，又纷纷投入了中原联盟的怀抱，算是给晋襄公霸业的完满做出了应有的贡献。

结好诸侯

晋襄公去世前后，晋国诸卿大夫围绕六卿权力归属展开了激烈争斗，国内局势一地鸡毛。因国内斗争不断向外扩展，又催生了令狐之役的不宣而战，进一步将晋国拖入了无休止的战争泥潭。再加上狐射姑怂恿下的"赤狄"蠢蠢欲动，北方"白狄"时时寇边，将晋国边境也搞得鸡飞狗跳。这些变故极大地消耗了晋国的精力，使得他们在调停列国纷争时多少有些乏力。

在此情形之下，楚国大夫范山敏锐地觉察到"晋君少，不在诸侯"（《左传·文公九年》），力劝楚穆王经略北方。楚穆王遂于晋灵公三年（前618年）从狼渊（今河南许昌西）出兵北犯郑国，俘公子坚、公子龙和乐耳，又接连攻伐陈国，迫使郑、陈两国与楚结盟。

晋灵公四年，志得意满的楚穆王邀集已经归附的陈、郑、蔡三国分别在息地和厥貉（今河南项城西南）举行会见，扬言要大举讨伐宋国。眼看楚人气势汹汹，局势迫在眉睫，宋昭公无法招架，只好听从司寇华御事的建议，乖乖地带上礼物亲自登门慰劳楚军。

宋国人的谦恭态度更激发了楚穆王的骄纵之心，遂又带着这几个国君到宋国的孟诸（亦作孟潴，古大泽，在今河南商丘东北、虞城西北）行猎。而在行猎期间，楚穆王还变本加厉，让郑穆公和宋昭公分别在左右两侧圆阵，此举无疑是将宋、郑两国当成了自己的臣属而非独立的国家，令两国君臣都倍感屈辱。这还不算，在行猎当天，因宋昭公不愿以臣属身份接受命令，楚穆王更是令左司马文之无畏当众鞭打他的仆人以示羞辱，让堂堂一国之君颜面无存。

人在矮檐下，不得不低头。当此晋国深陷对秦战争泥沼之际，郑、宋、陈、蔡的国君受尽屈辱，可苦于找不到可以为他们做主的强权，也只能打碎了牙齿和血吞，任由楚人作威作福。

楚国的蛮横令诸侯深感不安，晋国对列国事务的无所作为更让他们倍感失望，一时间天下局势又现出了云谲波诡之势。在《左传》的记载中，鲁国就先后与秦、楚两国有过被动的接触，其他国家恐怕也不能免俗。不过出于谨慎起见，大多数国家都还在观望，并没有立即表明立场，但这也足够令晋人心惊了。

为了维持霸权地位，防止有人趁机朋比为奸，破坏好不容易达成的霸业联盟，赵盾扶持晋灵公继位后不久，便召集了齐、宋、卫、陈、郑、许、曹等诸侯在扈地（郑邑，在今河南原阳西）举行会盟，这也是赵盾以大夫身份主持诸侯会盟的开始。

由于鲁文公在扈之盟时没能及时赶到，且早先曾私自讨伐邾国，晋国派人到鲁国责问，迫使鲁文公派东门襄仲到衡雍（郑邑，在今河南原阳西，践土东北）与之结盟，算是立威。而为了取信于诸侯，在郤缺的建议下，晋国同意将晋襄公时期占领的卫国匡（今河南长垣）、戚之地归还卫国，将申地一直到虎牢的土地归还郑国，是为施恩。

但即便如此，诸侯在配合晋国协同作战方面仍表现得颇为迟疑。比如晋灵公三年（前614年）楚国伐郑之时，赵盾曾联合鲁、宋、卫、许等国前往救援，但因各国吃不准晋楚局势的未来走向，故而行动都极为迟缓，等联军抵达郑国时，楚军早已得胜班师。晋灵公五年（前616年），因四国从楚，晋国曾让郤缺和鲁国的叔仲惠伯在宋国的承筐（今河南商丘睢阳区）相会，但会谈似乎也没有什么结果。

直到晋灵公七年（前614年），随着河曲之战后晋国对秦战略的转变，赵盾才终于抽出手来，开始顾及东方局势。而也恰在此时，一心图谋北上的楚穆王突然去世，又给晋国收服诸侯提供了极佳的机会，各诸侯国鉴于形势的逆转，便也纷纷向晋国示好。

晋灵公七年冬，嗅觉灵敏的鲁文公率先朝见晋君，其后卫、郑等国也纷纷寻求鲁文公的帮助，借由鲁国的关系与晋国重新结盟。到晋灵公八年的新城之盟时，除蔡国因毗邻楚国而没有参会外，其余在穆王威逼之下叛晋服楚的诸侯又纷纷回归。

伐宋无果

在结好诸侯的同时，晋国还忙里偷闲解决了一次王室的纠纷。

这次纷争在史料中没有具体的展现。我们只知道在晋灵公八年（前613年）春季，因周顷王去世，周公阅和王孙苏两人争夺权柄，相持不下。直到半年后官司打到了晋国，在赵盾的调解下，双方各归其位，事情才算是落定了。

此次事件虽影响不大，但其中透露出的意味却足够深长。王室内争需要借由诸侯国大夫之手才能解决，这恐怕也是开天辟地的第一回，可见王室的权威已经无法挽回地衰落了。

尽管局势看起来一片大好，可晋国重新东略时的表现却总让人感觉不怎么用心。比如晋灵公八年的邾国内乱，邾文公去世后，邾人立了齐姜所生的太子貜且为邾定公，却把晋姬所生的捷菑驱逐出境。为了给国君亲戚讨回公道，赵盾在新城举行会盟，随后亲率八国近八百战车前往征讨，最终却因为名不正言不顺而撤军。

如果说对于邾国的讨伐，还是"起乎情止乎礼"的话，那么接下来对于齐国和宋国的两次征讨都无功而返，就有些说不过去了。

宋国的内乱发生在晋灵公十年，不过其内乱的因子却是早就种下了的。泓水之战后，宋襄公因伤病不治，于晋惠公十四年（前637年）去世，其子王臣继位，是为宋成公。宋成公继位之后，背楚而亲晋，引发楚国的声讨，拉开了晋国称霸中原的序幕。

到晋灵公元年（前620年），宋成公去世，其弟公子御杀掉了太子及大司马公孙固自立为君。后来宋成公的幼子杵臼又联合国人杀掉了宋公御，继位为宋昭公。

宋昭公本来很有人望，但经历了这么一场变故后，对公族的态度也发生了转变。他担心群公子会像叔父一样威胁到自己的地位，于是便想效仿晋献公诛杀"桓庄之族"的故事，在国内展开大清洗。然而让他始料未及的是，计划还没有开始实施就被泄露了，得到消息的穆、襄后裔迅速包围了公宫，迫使当时的六卿出面，代表公室与公族进行和解。

公族之所以能够在短期内就得知消息并对公室取得胜利，恐怕离不开宋襄公夫人（周襄王姐姐王姬）的支持。或者我们也可以这样说，宋襄夫人本身就是公族势力的幕后操纵者。因为她对宋昭公从来都不甚满意，反而对宋昭公的弟弟公子鲍青睐有加。

据史料中的提法，公子鲍为人乐善好施，对下喜欢慰劳孤寡老人和灾民，对上则与桓公以下的公族和执政的六卿关系紧密，简直就是一个有为青年的美好典型。此外，公子鲍还是一个十足的美男子，以至于连身为君祖母的宋襄夫人都有些按捺不住。即便公子鲍一再拒绝其暧昧请求，可还是能让她死心塌地地帮助他夺权。

此番宋昭公与公族虽达成了和解，但宋襄夫人的背后运作却并没有止步。第二年，她又以宋昭公对自己不敬为由，联合戴氏发动叛乱，杀掉忠于宋昭公的襄公之孙孔叔、公孙钟离和大司马公子卬，得知消息的司城荡意诸则挂印出逃去了鲁国。

这次事件究竟是如何摆平的，我们已不得而知。但总之，此后的几年间，宋襄夫人一直都与宋昭公处于明争暗斗之中。到晋灵公十年（前611年），宋襄夫人彻底掌控了宋国的军政大权，于是就设计准备在宋昭公到孟诸打猎的时候将其杀死。

宋昭公虽不掌握实权，但对此事也并非一无所知。然而，他似乎早就厌倦了这尔虞我诈的生活，知道自己已经无力反抗，便干脆将公室的所有宝物都分给了忠于自己的臣子，让他们都尽快离去，以免受到牵连。失去左右保护的宋昭公依旧按照原先的日程安排到孟诸打猎，行走到半路的时候，被君祖母派来的刺客帅甸攻杀。政变成功之后，宋襄夫人立即扶持公子鲍继任君位，是为宋文公。

宋国发生的政变是公然违反君臣秩序的重大事件，作为中原霸主的晋国自然不能袖手旁观。第二年（前610年）春季，赵盾派自己的副手荀林父与卫、陈、郑等国组成联军伐宋，大军浩浩荡荡，气势蔚为壮观，让宋文公好不惊惧。然而仅仅几个月后，凶神恶煞的"执剑人"竟然与他握手言和，在众多诸侯面前承认了宋文公地位的合法性，其弑君篡位的罪行就这样不了了之了。

讨齐无功

齐国的内乱要比宋国早两年，其爆发的原因也更加复杂。简单来说，这次君位之争实际上还是齐桓公去世后的历史遗留问题。

早年，齐桓公的六位如夫人给他留下了六个儿子。其中，公子无亏与内侍勾结饿死了亲爹并矫诏即位，但不久后就被其他公子杀死。公子昭在宋襄公的协助下，即位为齐孝公。齐孝公在位不到十年，于城濮之战前不久去世，其子被卫公子开方杀死，公子潘被立为齐昭公。而公子雍则在战前投靠了楚国，准备借势夺位，但在楚军战败后就不知所踪了。到晋灵公八年（前613年）五月，在位二十年的齐昭公去世。与之前的剧本一样，齐昭公的儿子——齐君舍刚刚即位，就被公子商人杀掉了。

到此为止，齐桓公的六个公子就只剩下了公子商人和公子元了。公子商人杀掉自己的侄子，担心公子元将来会有样学样套路自己，因此假意要出让君位。但公子元根本不吃这一套，他对商人的打算早就心知肚明，也看不惯他那副惺惺作态的嘴脸，故而回应道："你觊觎君位都这么久了，又何必推辞？若是我保证能安心侍奉你，你能免我一死吗？"

得到了公子元的保证，公子商人随即宣布即位，是为齐懿公。公子元也履行承诺没有继续为乱，只不过出于对其人品的厌恶，他从来不以"公"相称，而是将其称为"夫己氏"，也就是"那个人"。

齐懿公即位后，很快就因为前任国君齐昭公夫人子叔姬的安置问题，给自己惹来了一桩大麻烦。子叔姬是鲁国宗女，齐昭公在世时便不怎么受宠，如今唯一的儿子也成了权力斗争的牺牲品，再留在齐国显然已经没有意义了。大约是接到了子叔姬的请求，不久后鲁国便派人前来迎其回国，可齐懿公却并不想放人。无奈之下鲁国只好向周天子提出请求，希望能以天子的道德权威，说服齐国将其放归鲁国。

彼时天子在成周正好无事可做，就应了下来，特意委派单伯到齐国说情。可意想不到的是，齐国压根就不给天子留面子，单伯刚到齐国便被扣留了。鲁国一看坏了，这连周天子的话都不管用了，怎么办呢？这个时候，他们才想到去找当时的霸主晋国主持公道。

霸主一出手，就知有没有。齐国慑于晋国的武力，勉强同意释放单伯，但子叔姬仍旧被扣留在齐国。不久后，齐懿公大概是埋怨鲁国到处告自己的黑状，故而出兵攻打鲁国，鲁国只好再次派季文子到晋国去求救。

接到鲁国的求援后，晋国终于要动真格了。晋灵公九年（前612年）十一月，晋灵公亲自出马，召集了宋、卫、蔡、郑、许、曹等国国君在扈地举行会盟，图谋声讨齐国的无礼行径。然而，这次讨伐联军气势汹汹而来，最后却灰溜溜地走了。至于其撤军的原因，据说是因为晋灵公收受了齐国的贿赂——这未免也太儿戏了。

这次事件更加激发了齐国的野心，在此后的几年里，齐懿公接连侵伐鲁、曹等国，晋国皆无所作为。晋灵公十二年（前609年），齐懿公被大夫杀死在申池（在今山东淄博临淄区齐故城小城区）；鲁文公去世后，其次妃敬嬴与东门襄仲合谋杀嫡立庶、排除异己，晋国也同样无动于衷。

两次征召诸侯联军皆无功而返，对齐鲁两国发生的乱局又视若无睹，这些都对晋国的公信力造成了致命的伤害，晋国的霸业就在这样一种不温不火的状态下走上了衰亡之路。当此之时，楚国却在一代强人的带领下蒸蒸日上，一个触底反弹的神话开始渐渐浮出水面。而带领楚国走出低谷的不是别人，正是在诸多"春秋五霸"排行榜中都占据一席之地的南方霸主——楚庄王。

第二节　问鼎中原

一鸣惊人

楚庄王即位于晋灵公八年（前613年），按照《史记》的记载，庄王继位初年，不仅在进取中原方面毫无作为，反是因耽于酒色而成为名噪一时的坏典型。

为了把享乐主义进行到底，他还下了一道死命令，如果敢有犯颜直谏者杀无赦。可朝中关心家国命运的正直人士实在太多，区区这么一道诏令显然挡不住他们的进谏之路，这其中就包括伍子胥的祖父伍举。

伍举进到王宫的时候，朝堂上钟鼓之声不绝，莺歌燕舞不断，楚庄王左拥右抱，大殿之上一片淫靡之色。见此场景，伍举只觉周身不适，但还是硬着头皮说道："最近有人给我出了一个谜语，臣才疏学浅实在猜不出来，所以想讲给大王听。"不等楚庄王发问，他就接着说道："说是土山上落了一只奇怪的鸟，三年不鸣不飞，这究竟是什么鸟呢？"

楚庄王听了之后很是不屑地笑道："三年不飞，一飞冲天；三年不鸣，一鸣惊人。我明白你的意思，你退下吧。"

听了这番话，伍举心里顿时敞亮了许多：原来大王也不是什么糊涂人啊！于是便心满意足地回去了。

可让人大跌眼镜的是，事后楚庄王并没有要改过自新，反而更加放浪了。要照这种做派发展下去，楚庄王恐怕也要走上晋灵公的道路了。大夫苏从看到伍举这来软的不行，就干脆来硬的。他直接就跑到朝堂上搅乱了歌舞奏乐，搞得楚庄王很不开心，怒声斥问道："你难道没有听到我的命令吗？"

苏从早就抱定了必死的决心，他镇定自若地回答说："君上的命令微臣自然知道，但如果我的死能够让吾王幡然悔悟，臣哪怕是万死也毫不足惜！"

或许是因为苏从外挂了主角光环，听了这番话，楚庄王不但没有恼怒，反而自觉地停止了歌舞作乐，开始一本正经地处理国政。从此以后，他尚贤任能，诛杀佞臣，修整国政，普惠百姓。没过几年，楚国便被治理得井井有条。他先后灭掉了庸国，打败了宋国，征伐陆浑之戎，观兵于周疆，成为一代雄主。

这个故事很有戏剧性，生动地刻画了楚庄王韬光养晦时的精彩画面，给人们提供了丰富的想象空间，这也是《史记》叙事的独特之处。但若要从实际历史去考量，书中描摹的场景却并不真实。

因为一来伍举主要生活在春秋的后半段，直到公元前533年，《左传》中还有他向许国国君授田的记载，而那个时候距离楚庄王即位已经过去了八十年。事实上，不仅伍举本人不可能出现在楚庄王初年的朝堂上，就连他的父亲伍参在当时也只是一个不入流的小角色，这样的故事显然不会发生在他们父子身上。

而从另一方面讲，"一鸣惊人"的故事也并非楚庄王的专属。在《史记·滑稽列传》之中，太史公就将同样的故事又讲述了一遍，而这次故事的主角却变成了战国时期的齐威王和一个叫作淳于髡的赘婿。可见连太史公自己都已经搞不清楚，这样的故事究竟该套在谁的头上了。

依照《左传》的记载，楚庄王即位时面临的内外局势，要远比《史记》所描述的还要凶险得多。其时楚庄王的年岁尚不满二十，而他面临的却是一个内外交困的局面。对内有若敖氏对君权的侵蚀和压迫，对外则有周边"蛮族"的虎视眈眈，其从韬光养晦到励精图治的道路更是充满了艰险。

首先我们来看外部环境。

就在楚庄王即位的当年，周边的"群舒"就开始闹起了叛乱。屋漏偏逢连夜雨，到第三年，也即晋灵公十年（前611年），"群舒"的叛乱还未摆平，楚国腹地又遭遇了一场大饥荒，与楚毗邻的"群蛮"和"百濮"大抵也都受到天灾的影响，他们在庸国、麇国的鼓动下群聚起来，兵分四路到楚国"打草谷"、抢粮食。正当楚人焦头烂额应对不暇的时候，早先被晋惠公安插在秦岭地区的"陆浑之戎"也开始趁火打劫。

各路敌军从不同的方向蜂拥而来，让以往不可一世的楚国猛然陷入了绝境。为了避免"戎族"侵扰带来亡国之祸，楚国只好紧闭申息二县北门，并打算把郢都所在的沃土全部丢弃，将都城迁到阪高（今河南当阳西）。

若果真如此的话，楚庄王恐怕就要变成第二个周平王了，他在历史上的那些丰功伟绩也将不复存在。好在楚国人才济济，还有人时刻保持着清醒，这个人就是当初批评令尹子玉"刚而无礼"，如今正担任工正一职的芳贾。他对那些持逃跑主义论调的人提出了严厉的批评，并说出了一句振聋发聩的名言："我能往，寇亦能往。"

这句话与电视剧《汉武大帝》那句"寇可往，我亦能往"正好相反。对于这句话人们通常有两种理解，一种相对积极的解释是：既然我们的地盘"蛮族"能来，那么"蛮族"的地盘我们也可以去。但如果结合现实处境来看的话，这种理解多少有些不太合宜。芳贾此言是为了断绝人们想要迁都的念头，因此他的意思更有可能是说：我们能跑到的地方，"蛮族"也能追过去，与其来回迁都躲来躲去，倒不如背水一战予以坚决反击。

在他的坚持下，楚国放弃了迁都的念头，转而出兵抵御南部"蛮族"。果然不久之后，以"百濮"为首的南方"蛮族"就纷纷散去了。

三路"蛮军"退却，接下来需要集中全力对付的，便是最难啃的庸国。庸国位于楚国的西北方向，其国都上庸大致在今湖北竹山一带，是位于秦、楚、巴、蜀之间的一个大国，早先与楚国恩怨不断的麇、夔等国原本都是其附庸。

为了能够一举击溃庸国，解除周边邦国对楚国的威胁，楚庄王可以说是倾尽了全国之力。与此同时，楚人还与秦国、巴国取得了联系，共同对庸国构成了合围之势。

战斗正式打响之后，在潘汪建议下，楚庄王采用了先祖楚厉王征服陉隰时使用的骄兵之计。他让楚军不断地和庸人接战，但每次交战都只许败不许胜，让对方以为楚军疲弱便不再设防。多次败退之后，庸人骄横而楚人激愤，楚庄王便在临品（今湖北丹江口）会师，与秦、巴两国一道对其发动了最后的总攻。于是，这个在江汉流域盘踞上千年的大国，终于在三国围剿下宣告覆灭。

邲之战

"灭庸服群蛮"的战事发生在楚庄王即位的第三年，这大概也是所谓"三年不飞、三年不鸣"的灵感来源。然而事实上，与内部的敌人比起来，所谓的"群蛮"还只是癣疥之患，此时楚庄王的处境并不比晋灵公更好，他手中的权势更是远远没有达到可以一鸣惊人的程度。

楚庄王在国内面对的最大敌人，是所谓的若敖氏家族，也就是楚国早期君主若敖的支系子弟及其后代形成的势力。他们长期垄断着令尹与司马两个重要职务，不仅其他家族无法插手，就连国君也往往受到他们的牵制。

最早在楚厉、武王时期，若敖氏便已经显山露水，先后有斗祁和斗伯比出任令尹。楚成王即位后，令尹的职务传承到了斗伯比的儿子斗穀於菟（子文）和成得臣（子玉）手中。城濮之战后，斗穀於菟的儿子斗勃（子上）、斗般（子扬），成得臣的儿子成大心（大孙伯）、成嘉（子孔）等人前仆后继，都担任过令尹这一要职。至于司马的职务，则是由斗穀於菟的弟弟子良，以及子良的儿子斗宜申（子西）、斗椒（子越）全盘掌控。

除了垄断令尹、司马的职权，若敖氏家族还占据了楚国最重要的两个据点——申、息二县。这两个县位于如今河南南阳境内，大约在楚文王时期设立，是中国历史上最早出现的县级行政单位。

当时楚国擅自称王，对标的是坐在王城里的周天子，其所设立的"县"大致是与中原的"国"同级，因此县的长官通常被称为"县尹"或"县公"。但与周王室治下的国不同，楚国的县由楚王直接控制，县里的军力和财政都由中央支配调遣，县公并非世袭罔替的封君。

申、息两县靠近中原，既是楚国北上中原的桥头堡，又是抵御诸侯南下的北大门，在楚国的地位非同一般，自然也很受若敖氏的偏爱。在若敖氏掌控政局的几十年里，申、息两县的县公虽也常年轮换，但大抵都是在若敖氏家族内部流转，申、息两县的武装基本上也就成了若敖氏的私家武装。

若敖氏权倾朝野的煊赫之势，恐怕是晋国的六卿合起来都不敢比的。他们垄断朝纲，目空一切，天然就是有着集权冲动的君主们的眼中钉。而他们恃权傲物、恣意妄为的行径，又进一步激化了君卿之间的冲突，一场关乎未来权力走向的生死决战也就在所难免了。

这场冲突最早在成得臣为令尹时就显露无遗。成得臣屡屡违逆上意，楚成王却无法约束，只能任由其在中原战场上丧师辱国。城濮之战后，楚成王借机逼死令尹子玉，裁撤司马子西的职务，试图依靠以蒍氏为代表的老牌贵族向若敖氏发难，却还是没能阻挡若敖氏家族继续掌控朝政的大势。

到楚成王后期及楚穆王主政时，君主与若敖氏之间的权力争夺更趋白热化。先有令尹上（斗勃）与阳处父接战无功，被楚穆王大做文章诬杀而死；后有与斗勃搭档的原司马子西（斗宜申），因城濮战败遭到贬谪而心存不满，多次欲起事谋弑国君，终因事情遭到泄露而被杀。

不过，在这场权力的游戏中，垄断一切的若敖氏也并非铁板一块，在与王室斗争的过程中，其家族内部也出现了剧烈的分化。先是在城濮之战后，斗穀於菟的儿子斗勃接任令尹，引起成得臣之子成大心的觊觎，后者遂与当时的太子商臣合谋诬杀了斗勃而接任令尹。

楚庄王即位当年，成大心的弟弟成嘉（字子孔）担任令尹。因群舒发动叛乱，成嘉与太师潘崇引兵出征，造成了国内兵力空虚。受命驻守郢都的公子燮和斗克（字子仪）因与成嘉等人有怨，派人尾随大军到前线刺杀成嘉。事情泄露之后，二人惊慌失措，竟然将刚刚即位的楚庄王劫为人质。

斗克等人劫持楚庄王离开郢都，在逃经庐邑（今湖北襄阳西）时，被庐地大夫戢梨及其助手叔麇诱杀，劫持事件很快得到平息，但还是把涉世未深的楚庄王吓得够呛，让他萌发了要彻底整肃朝纲的想法，这大概也是楚庄王采取韬光养晦策略的直接诱因。

成嘉死后，令尹的职位又回到了斗穀於菟的儿子斗般（字子扬）的手中，司马的职务则由子良的儿子斗椒（字子越，又称斗越椒）担任。但这位司马对于家族世袭的职务似乎并不满意，总想更上一层楼，于是就联合时任工正的蒍贾（字伯嬴），诬杀了自己的堂兄弟令尹子扬，终于一跃攀上了令尹的大位。

事情发展到这里也就进入了高潮。早在斗越椒出生之时，据说也有"熊虎之状""豺狼之声"，斗穀於菟曾预言其会给若敖氏带来灾难。待斗越椒坐上令尹之位，或许是与司马芳贾分赃不均，两人很快又爆发了全面冲突。公元前605年（晋成公二年），也即楚庄王即位的第九年，令尹子越率先发难，带领若敖氏族人攻杀芳贾。然而，双方的斗争并未因芳贾之死而停止，反而是打击面越来越大，战火不知不觉间就烧到了楚庄王的头上。

面对楚王斗越椒也毫不含糊，他进一步驻军烝野，拉开阵势向楚庄王发起了挑战。楚庄王手中兵微将寡，自然无力与其抗衡，只好央求用楚国三代君王的后代做人质以寻求和解，谁知却被其断然拒绝了。

无奈之下，楚庄王只好整合了全部力量，在皋浒（今湖北襄阳西）与若敖氏展开决战。战斗中，斗越椒远远地向楚庄王连射两箭，一箭从楚庄王的车辕上掠过，穿透了鼓架，又钉在了铜钲（青铜铸造的随军乐器）之上；而另外的一箭则直接穿透了车盖。

《史记》中说："强弩之极，矢不能穿鲁缟；冲风之末，力不能漂鸿毛。"可令尹子越却端是力大无穷，从战场另一端射来的箭，到达庄王车驾时力度不减，在穿透鼓架之后竟然还能钉在铜钲上，把庄王左右的将士全给吓蒙了。

见此情景，楚庄王忙激励将士们说："当年先君文王攻克息国的时候，得到了三支神箭，斗越椒偷去了两支，刚才他已经都用完了，还有什么好害怕的！"楚庄王精彩的阵前演讲，成功地让随从的将士们打消了退却的念头，他们一鼓作气、奋勇杀敌，终于击败了斗越椒。

皋浒之战后，被压抑多年的楚国贵族终于得见天日，众人一怒之下几乎将整个若敖氏全族屠灭。留在楚国的只剩下两支后裔，在此后湮灭于历史长河中。而斗越椒则有一个儿子逃到了晋国，被封到苗邑，故而被称为苗贲皇，在后来晋楚争雄的过程中发挥了重要的作用，此为后话。

楚庄王即位初年，内有天灾人祸，外有群舒和百濮的叛乱，时局可谓是多灾多难。特别是若敖氏的叛乱，险些让准备"一飞冲天"的楚庄王折断了羽翼，也险些将楚国拉入崩溃的边缘。但也正所谓"多难兴邦"，多灾多难的斗争形势终究还是激发了楚人走出困境的惊人斗志。楚庄王正是以此为契机开展了一系列的改革，使得楚国上下团结一心、众志成城，为接下来北伐中原建立功勋铺平了道路。

而这个时候，恰好也是晋国在和平安定的局面中渐渐出现"世卿世禄"苗头的关键节点。这两个实力相当的大国，此时就像是两列相向而行的列车，在这一刻的擦肩而过后，又匆匆地走向了相反的方向。自此以后，楚国开始朝着周礼规范的方向亦步亦趋，而晋国则在"礼崩乐坏"的道路上越走越远，其中的意义的确耐人寻味。

郑国叛晋

春江水暖鸭先知。在晋楚争雄的历史上，郑国就像是一个监测晋楚"输出能力"消长的晴雨表，总能敏锐地捕捉到风向的细微变化，并显示在其外交态度上。假如在没有受到威胁的情况下，郑国突然宣布转变立场，往往意味着一个转折点即将来临。

当晋国躺在晋文公的功劳簿上享受霸权带来的红利时，当赵盾带领众卿在两线作战的压力之下东奔西跑的时候，楚庄王"灭庸服群蛮"的风声就已经飘然北上，深深地牵动了郑国人惶惑的内心。

或许于众多诸侯而言，晋国是他们生活的这个大杂院中一个严厉的大家长，楚国则是一个持枪闯入敲诈勒索的暴徒，跟随在晋国的身后对楚国奋起反抗，带给他们的既是温暖也有荣耀。但对于夹在大国之间常年受人欺凌的郑国来讲，与一个有时也会展现出温情一面的暴徒比起来，行为暴虐的家长并不更值得敬重和爱戴，朝晋暮楚是他们不得已的选择，也是他们无法逃脱的宿命。当晋国这个大家长因无力承担其使命而威信尽丧，甚至开始喜怒无常的时候，郑国就打定了要"离家出走"的主意。

晋灵公十一年（前610年），或许是因为晋国在伐齐、伐宋两次战争中的无力表现，郑穆公预感到晋国已经衰弱，无法为自己抵挡来自楚国的威胁，其对待晋国的态度便出现了摇摆。晋国显然意识到了这一点，因此在当年谋求平宋的扈之盟上有意冷落郑穆公，以此来向郑国提出警告。后来还是郑国大夫子家致信赵盾据理力争，希望晋国能够设身处地理解郑国夹在大国之间的艰难处境，这才说动了赵盾同意与郑国交换人质以示互信。

就在他们互换人质的第二年，齐国懿公被杀、鲁国东门氏杀嫡立庶、宋国武氏之乱等异常事件接连爆发。这本该是晋国重塑霸主形象的极佳时机，郑国更是巴望着晋国能有所表现，也算是能给自己吃颗定心丸。然而晋国似乎根本就没有要干预的打算，这就不能不让郑国大失所望。于是到晋灵公十三年，他们便再次背弃了盟约，主动向楚国示好。

这样的背叛显然是不能容忍的，赵盾也不允许在自己的治理下让国家失去霸主的光环，于是便开始软硬兼施，试图挽回郑国早已凉透的心，一场围绕郑国归属而展开的霸权争夺战开始上演了。

这场争夺战持续了十年时间，晋楚之间也拉锯了四五个回合。其中的第一回合始于晋灵公十三年，也即公元前608年。郑穆公主动与楚国结盟，楚国此后又北上讨伐陈、宋两国。赵盾为救援两国而带军伐郑，与楚国大夫芳贾在北林相遇，晋军遭遇了与楚军直接对抗以来的第一次失败，其将领解扬也被楚军俘获。

楚军凌厉的攻势让晋国感到十分不安，为了缓解多线作战的压力，赵盾听从了赵穿的建议，出兵讨伐秦国的附庸崇国，以图在秦国救崇的过程中与其结盟。然而此举不但没有达成和解的目的，反而促成了秦楚之间的进一步联合，晋国的对外政策遭遇了空前的失败。

晋灵公十四年（前607年），楚国发动盟友对晋国开启了大规模作战。第一方面军由郑国公子归生带领，在大棘（今河南柘城一带）打败了宋军，一战缴获战车四百六十乘，俘虏二百五十人，并斩杀了乐吕、俘虏了宋军主将华元，还割去一百名战死者的耳朵。第二方面军，由秦人从侧面策应楚人在中原的行动，出兵攻占晋国的焦邑。楚国主力部队则是在斗越椒的带领下，驻扎在郑国边境，以逸待劳等着晋军自投罗网。

这一轮攻势着实是眼花缭乱，让赵盾左支右绌，失去了应有的优雅风度。他先是出兵河外，解了焦邑之围，又从阴地（晋地，在今陕西商州至河南嵩县，黄河以南、熊耳山脉以北一带）会同诸侯攻打郑国，等到他师老兵疲的时候，却瞅见斗越椒正饶有兴致地等着自己。

面对敌军大旗，如果避之不战，很容易被人讥讽为胆小鬼；可在敌逸我劳的形势下，如果继续深入与对方接战，晋军必败无疑。面对两难局面，在荣誉与生死之间，赵盾毫不犹豫地选择了后者。而为了挽回颜面，他以助长若敖氏为乱为由下令撤军回国。到第二年（前606年）晋成公继位后，晋国才又趁楚国攻伐"陆浑之戎"的机会，强行将郑国拉回到自己的战线上。

观兵周疆

但好景不长，仅仅几个月后，楚国就打败了晋国引以为屏障的"陆浑之戎"，第二回合的争斗就此开始。

这一战楚庄王追亡逐北，驱赶着"戎兵"抵达洛水，并在成周郊外举行了一场盛大的阅兵仪式，以向龟缩于王城的天子耀武扬威。更让当时中原诸侯感到难堪的是，当天子派遣王孙满出城劳军的时候，楚庄王竟然盛气凌人地问起了九鼎的轻重。

九鼎是王权的象征，楚庄王问鼎的轻重，就是在赤裸裸地挑衅天子，表达其欲取代周王室而主宰天下的雄心伟愿。二十年前曾预言过秦军必败的王孙满，如今已长成一名善于外交辞令的官员，他在慰劳楚军时不卑不亢地回应道："天命在德不在鼎。以前夏后有德的时候，让九州的官长进贡铜器铸成九鼎，以鼎作为德的依托来护佑百姓，并接受上天福佑。夏桀昏乱失德，商人受德，鼎自然也就迁到了商朝；商纣暴虐失德，周人受天命，九鼎就迁到了周朝。如果有德行为依托，就算是鼎再小，也是重的；若无德昏乱，就算有再大的鼎也是轻的。天授明德，是有固定期限的，当年周成王定鼎于郏鄏（今河南洛阳）时曾进行过占卜，天命曰周人可传世三十代，享国七百年。眼下周人之德虽然已经衰微，但仍有天命庇佑，鼎的轻重，还是不要问为好！"

这段话是王孙满在紧急情况下随机应变做出的回答，从一定程度上反映出了周人的天命观，但能否说动楚人就不得而知了。《春秋》经传为了维护周王室的尊严，对楚人后来的反应并没有再作描述，但周人割肉安抚楚人恐怕也是必然的。

楚庄王在成周所表现出的骄横姿态，陡然激发了郑国人潜藏心底的"华夷观念"和反抗意识，使得楚国好不容易建立起来的武力优势无法彰显，也为随后的争夺战平添了不少的阻力。再加上此后几年间，楚国爆发了"若敖氏之乱"和"舒、蓼"的叛乱，而郑国则是在郑穆公死后出现了短期的动荡，使得楚庄王几番伐郑都没能取得预想的效果。

然而我们常说，"打铁还需自身硬"。如果不加强自身建设，总是等着敌人犯错的话，那么这种优势就无法保持。果然到晋成公六年（前601年）冬，楚庄王既平定了国内的动乱，又连续剿灭了舒、蓼，会盟吴、越，彻底稳固了后方，遂从吴、越回师，不费吹灰之力就又把陈国夺了回来，并进一步压迫郑国。

为了挽回当前的颓势，晋国于晋成公七年秋合邀宋、郑、卫、曹等诸侯在扈地举行会盟。会后，由中军佐荀林父带兵伐陈，新上任的正卿郤缺亲领大军救郑，鼓舞郑国军队在柳棼击败了入侵的楚军。

不过，这一次的扈地会盟中却发生了一个意外，回国即位刚到第七个年头的晋成公猝然离世，大夫们拥立晋成公之子公子獳（又名据）接任君位，是为晋景公。晋成公的突然去世，使得晋国内外局势陡生变数，中原各国也开始观望。最直接的结果，是导致荀林父伐陈之役不克而终；郑国尽管击败了楚军，却还是不得不与楚国和解。

国人大临

这几轮的争夺下来，楚国咄咄逼人的势头和晋国在应对楚军方面的乏力都显现无遗。不过正所谓"瘦死的骆驼比马大"，晋国军力虽显出了疲态，可究竟还未到衰败的程度，晋景公即位之后围绕郑国展开的几次小规模争夺战中，晋国都占尽了上风。

但问题是，与其他诸侯国仅仅需要向霸主纳贡和出兵助战不同，郑国不仅要常年履行纳贡的义务，当楚国势大试图北略之时，还要充当晋楚交战的主战场。两个大国打仗，战场却选择在其他国家的领土上，这种事放在谁身上都不好受。

郑国的执政子良实在忍受不了这种夹板气，故而愤愤不平地说道："晋楚两国不务德政，只知道以武力争夺，苦的可是我们郑国人。既然如此，以后谁来我们就跟谁讲和。反正他们也都不讲信用，我们又何必言而有信呢？"

郑国的本意无非是想花钱买平安，与持续不断的战争蹂躏比起来，受两个大国的双重剥削也就没那么憋屈了。因此，当楚国来讨伐的时候，他们就与楚国签订盟约，楚国一走，他们立刻就又跟晋国结盟了。一心想要扫荡中原的楚庄王当然不能认同这种做法，因而当得知真相之后，便愈发怒不可遏了。

于是到晋景公三年（前597年）春，楚庄王尽起大军，声势浩大地朝郑国开拔过来。见楚庄王一副赶尽杀绝的势头，郑国人难免心里发怵，于是便拼死抵抗。

经过十七天的围城，郑国终于还是抵挡不住楚人的强攻，于是便在宗庙中就是否该向楚军求和进行占卜，得到的结果却是不吉利。既然求和之路走不通，便只能号令全民出动，并将所有的战车军械列于街巷，决心与楚国玉石俱焚。当他们再次占卜的时候，祖先和神灵都给出了肯定的回答。

在这种紧要关头，郑国所能依赖的也唯有祖宗和神灵，既然他们已经给出了答案，那就只能听天由命了。于是身处国都的所有郑人都聚集到祖庙内号哭，守城的将士听到之后也忍不住内心的悲伤放声大哭。哭声震天动地，悲情感人肺腑，就连驻扎在城外的楚庄王听到了心中也不禁犯怵，吓得急忙撤兵而去。

那么问题来了，既然之前郑国执政子良已经定下了"两边倒"的政策，为什么政策执行不到一年，他们便改弦更张，要跟楚军拼死相抗了？当面临楚国的强攻之时，他们又为何会如此悲观，以至于搞出了"国人大临，守陴者皆哭"（《左传·宣公十二年》）这样一场闹剧呢？

想要解答这个问题，就不得不提去年发生的一件大事，也就是楚庄王"灭陈设县"的风波。

事件的起因源于陈国的一桩丑闻，故事的核心人物是一名众所周知的美女——夏姬。夏姬据说是郑穆公与少妃桃子所生的女儿，长大后嫁予陈宣公的孙子夏御叔为妻，并生一子名叫夏徵舒。

大约是晋成公在位年间，夏御叔不知何故英年早逝，只留下了他们孤儿寡母在封地株林（今河南柘城）过活。然而夏姬的美貌实在过于惊人，以至于想要隐姓埋名过一段安生的日子都成了奢望。不久后，当时的国君陈灵公便找上门来，与其随行的还有孔宁、仪行父两名大夫。

陈灵公是出了名的荒淫之君，孔宁、仪行父则是远近闻名的无德之臣。这三人日日公开宣淫于夏姬之家，事情在国内传得沸沸扬扬，让夏徵舒感到十分难堪。可陈灵公却丝毫不以为意，依旧乐此不疲地拿他们母子寻开心，终于闹到了不可收场的地步。

忍无可忍，无须再忍，压制的情绪总会有爆发的一天。到晋景公元年（前599年）五月初八日，夏徵舒终于下定了决心，在自家的马厩里将陈灵公一箭射杀，随后便自顾自地坐上了国君的宝座。

受到惊吓的孔宁、仪行父逃到楚国去告状，可楚庄王对此却并没有理会，到第二年春天甚至还跟夏徵舒在辰陵（今河南西华西北）举行过会盟。但也不知是何缘故，仅仅几个月后，也就是晋景公二年的冬天，楚庄王突然以讨伐夏氏之乱为由入侵陈国。

陈国老百姓都以为是好事，于是便围在街头"箪食壶浆以迎王师"，完全没有抵抗的意思，楚庄王轻轻松松地就把夏徵舒给杀了。但让人想不到的是，楚庄王在任务完成后竟然就那么霸着不走了，还堂而皇之地将陈国变成了楚国的一个县。

陈国人大为愤慨，你不是来讨伐少西氏之乱的吗？怎么就把我们陈国给灭了？消息传出之后，中原士人更是震惊不已，一时间整个天下舆论哗然，谩骂诅咒之声不绝于耳。这时恰好有一位名叫申叔时的大夫从齐国出使归来，途中他注意到了诸侯的反应，因此对楚庄王的做法不以为然。

当时楚庄王自以为得意，正满面春风地在朝堂之上接受拜贺，申叔时不好劝谏，于是只能神色凝重地向楚庄王复了命，随后不发一言就退下去。于是他就责备申叔时说："夏徵舒无道弑君，我带领诸侯替天行道取得了成功，诸侯、县公都在向我表示祝贺，为何独独大夫不发一言呢？"

申叔时没有直接回答，而是朝他拱了拱手，随后面无表情地问道："您还能给我申辩的机会吗？"

楚庄王一时哑然：我又没想要杀你，这又有何不可？

申叔时说："夏徵舒罪大恶极，的确该死；国君替天行道，也是大义之举。可您以讨罪扬善为由进军陈国，却因为贪图富贵而将其设置为县，恐怕不妥吧？"为此他还特别举了个例子，说有人牵牛把别人的庄稼都给踩了，这固然是有错的；可若是您不由分说直接把犯事儿的牛给没收了，这惩罚是不是太重了？

申叔时的意思是说：诸侯之所以愿意跟着你讨伐陈国，是因为他们相信你能够主持正义。可现在的情况是，你以正义之名却净干贪婪的事儿，以后还有人会相信你吗？楚庄王一听这话，知道事情的严重性，于是赶忙认错，并重新恢复了陈国的社稷。

从楚庄王继位以来的一系列表现来看，他对于楚国未来的具体走向还没有清晰的规划。一方面，他观兵周疆、灭陈设县，反映了他试图完成祖先宏愿、取代周室的雄心；而恢复陈国的社稷，似乎又显示出他在现实政治面前不得不妥协，不得不接受以霸业秩序为主导的中原政治范式——然而这对于不少依旧沉浸在灭国思维里的楚人来说，显然是无法接受的。

也正因为如此，当楚庄王最终决定恢复陈国的时候，还特别要求从陈国每个乡里抽调一个人出来，集中迁到楚国安置在一个以夏徵舒之名命名的夏州。楚庄王如此做的目的，不仅仅是为了炫耀什么灭陈的武功，更多的恐怕还是为了给守旧的国人一个交代。

灭陈设县的事情发生在去年十月份，而楚军大举讨伐郑国则发生在本年的春季，两者相去不过三四个月，这于郑国而言是近在眼前的教训。而当楚军兵临城下的时候，陈国复国的消息很可能还没有传到郑国；即便是传到了，郑人也很难相信楚国的诚意。

也正是因为担心重蹈陈国的覆辙，郑国人才没有像往常一样，一见到楚国大军来伐就开门投降；当战事陷入困局的时候，他们才会郑重其事地在宗庙中占卜，以预测开门投降或者玉石俱焚哪个更吉利，并最终上演了一场"国人大临，守陴者皆哭"的闹剧。

但楚庄王并不理解这种心态。按照以往的经验，大凡出现这种景象，要么是因为国君去世了，要么就是对方决定要鱼死网破、血战到底。如果是因为国君去世，出于人道主义的考量，楚人就不能乘人之危。可如果是准备鱼死网破，那么无论最终结果如何，楚国都将付出惨重的代价。即便是拼尽全力打下了郑国，得到的也只会是一个尸横遍野的死城。不管是哪种情况出现，对于楚国都是不利的，倒不如暂且退兵以避开郑国人的锐气。

看到楚军退却，郑国人赶忙抓紧时机修缮城墙，并派人向晋国求援。不过让人料想不到的是，在此生死存亡关头，郑国内部竟然出现了叛徒。有一位名叫石制的大夫，希望借助楚国的力量扳倒郑襄公，并扶植公子鱼臣为君，于是他便跑到楚军营中，将郑国的底细交代了个一清二楚。楚庄王知晓内情后立刻回军，但即便如此，他们还是苦战了近三个月，才最终攻克了郑国国都新郑。

第三节　战云密布

先縠违命

楚军伐郑的消息早就传到了晋国，按照常理，晋国应即刻派兵前往救援才是。然而令人感到意外的是，郑人与楚军在新郑鏖战的三个多月里，晋国竟然一直按兵不动。直到这年（晋景公三年，公元前597年）六月，新郑保卫战已经以失败告终，他们才缓缓地从绛都开拔，准备解新郑之围。

晋军此次出兵派出了豪华阵容：荀林父为中军将，先縠为中军佐，士会、郤克统领上军，赵朔、栾书统率下军。除此之外，三军还各设两名军大夫，赵括、赵婴齐为中军大夫，巩朔、韩穿为上军大夫，荀首、赵同为下军大夫。韩厥担任司马。

大军抵达黄河北岸时，得知了郑国已然投降的消息，新任元帅荀林父当即决定收兵回国，打算等楚军退却之后再找郑国兴师问罪。这一想法符合晋、楚两国的一贯做法，也得到了时任"内阁"三号人物上军将士会的认可。在他看来，用兵之道贵在选准对方的弱点再作行动。若是对方在德、刑、政、事、典、礼六个方面的表现都合乎常道，就是无法抵挡的。紧接着，士会便从这六个方面对楚国的现状进行了分析，进一步阐明了自己的态度。

政治上，楚庄王依照"内姓选于亲，外姓选于旧；举不失德，赏不失劳；老有加惠，旅有施舍；君子小人，物有服章；贵有常尊，贱有等威"（《左传·宣公十二年》）的原则，明确界定等级秩序，制定各阶层的行为规范，使得士农工商各依其时、各安其业，因此军队虽连续多年作战，百姓却并不感到疲惫，更没有人怨恨国君穷兵黩武，这是政令得当且合乎礼制的表现。经过改革之后的楚国，可以称得上是政治秩序清明、经济运行良好，社会和谐安定、人民生活富足，国人积极进取、军队斗志昂扬，处处都焕发着勃勃的生机。

军事上，楚庄王新创了一种荆尸之阵，将军队分成前、后、左、右、中五个方阵。主帅自居中军负责制定作战策略，右军跟随中军行动，左军负责后勤补给，前军负责开路探查敌情，后军以精兵压阵拱卫中军。他任用孙叔敖为令尹，这个人在治军方面很有一套，统一了传递指令的旌旗和号令规则，使得各方阵可以协同配合、遥相呼应，军队战斗力得以大大增强，这是善于运用典章。因为郑国有二心，他们出兵讨伐；后来郑国顺服了，他们就赦免其罪行，德政和刑罚也就都树立起来了。

综合起来，楚国"德立、刑行、政成、事时、典从、礼顺"，面对着这样一个焕发新生的国家和一支锐意进取的军队，晋国很难有必胜的把握。因此当下最优之选，莫过于避其锋芒待时而动，而不是在敌人气焰正旺的时候，与之正面冲突。

士会是一个能够洞察人心且善于奇谋巧计的人。河曲之战中，秦康公正是用了士会的计策，才避免了一场惨败；也正是因为对士会的智谋感到担忧，赵盾才不得已将其召回。此番士会对楚国内情的分析，尽管有些内容未必能够站得住脚，但在当时的语境之下还是很有说服力的。

然而士会的分析却无法说服"内阁"排名第二的先縠。正当大家议论纷纷想要撤军的时候，他却突然站了起来，傲慢地说道："晋国之所以能够称霸诸侯，是因为我们的军人都有血性，我们的执政大臣统御有方。现在郑国已经被楚国攻克了，你们却不去救援，因此而失去诸侯，不能说是统御有方。楚军就在前方不远的地方，你们不去追击敌军，反而在这里讨论撤军，也不能说是有血性。就因为我们的无能，让晋国失去了诸侯的支持，将霸主之位拱手相让，对于我而言还不如死了算了。"

先縠用血性、勇敢、爱国这些充满煽动性的词汇，极力贬斥主张撤军的荀林父和士会，言辞铿锵、气势逼人，可把在场的人给唬住了。在一连串的质问之后，先縠尤嫌不解气，接着说道："现在我们已经兴师动众到此了，若是仅仅因听说敌人势大就畏缩不前，这不是大丈夫的所为。诸位可都是军队的统帅，如今却尽做些缩头乌龟的事儿，我先縠实在不齿与你们为伍！"话刚说完，就径直带着自己所统领的中军一部渡河而去。

听到先縠擅自渡河的消息，荀林父的弟弟也即下军大夫荀首感到非常震惊，连连惊叹道："先縠恐怕要出事了！"他还用《周易》的爻辞反复推演，最后得出结论说："一支孤军离开大部队擅自行动，一旦遇到敌人就必然会陷入凶险境地，彘子也会因此成为罪魁祸首，就算是侥幸回到国内，也一定会大祸临头！"

荀林父此刻已然是急火攻心。当年在河曲之战时，赵穿不顾将令擅自应敌，就差点吃了大亏，要不是赵盾引兵前去救援，后来做出弑君之举的赵穿说不定就回不来了。如今相似的情景再次重演，赵盾那一句"秦获穿也，获一卿矣。秦以胜归，我何以报"（《左传·文公十二年》）便突然在他耳边响起。如果此时他坐视先縠孤军深入遭遇不测，将内阁二号人物陷入危难，那么他这个中军统帅的位置怕是就要到头了。

可问题是，那时的秦军在崤之战、令狐之战中两受重创，整体实力早已不比当年，晋国人根本不必担心无法取胜，所要考虑的不过是成本而已。而如今面对的楚国却大不相同，晋国即便是上下一心也未必就有必胜的把握，更何况还有一个从中作梗的先縠呢！

究竟是选择及时止损，放任先縠与楚军接触，还是豁出命去令全军出动，对于荀林父来说不啻为一个极其艰难的选择。

正当荀林父逡巡不决时，时任三军司马的韩厥挺身而出，力劝荀林父带领三军渡河，他给出的理由也的确让荀林父无法拒绝："身为中军统帅，下属不听调令，以至于丧师辱国，甚至是失去诸侯的拥护，这样的罪责太过严重，您一个人恐怕是担不起的。倒不如让三军渡河，你解救了先縠，算是大功一件。即便是不幸与楚军相遇交战失利，六个人共同分担罪责，总好过你一个人承担全部责任吧？"

韩厥的话可谓是直击要害。荀林父原本顾虑的只是战事的成败，并没有考虑到个人的处境。如今听了韩厥的分析，不由得倒吸了一口冷气：我怎么就没有想到这一节呢？

皇戌劝战

在韩厥的劝说下，荀林父决定渡河南下，在追上先縠之后，大军驻扎在敖、鄗两山之间（今河南荥阳北），再商议下一步的决策。而当此之时，楚庄王刚刚带军北上，在黄河岸边举行了一场盛大的祭祀仪式。

自楚武王自尊王号以来，楚国历代先君一直都将北上中原、饮马黄河作为毕生的夙愿。历经数代人几十年筚路蓝缕的艰苦奋斗，到楚成王时，楚国的疆土才终于扩展到了中原的边界。然而不幸的是，楚国的触角刚刚伸到郑国，就被崛起称霸的齐桓公挡了回去。到齐桓公去世，宋襄公图霸，楚成王泓水一战击败宋国，眼看着梦想就要实现了，可谁料想半路又杀出一个晋文公，使得楚国的宏图大业再次功败垂成。城濮之战后，楚国又经历了三十多年的风雨，才终于在楚庄王的手中实现了饮马黄河的愿望，这是多么艰辛和不易！

楚庄王原本打算在黄河岸边祭祀先祖之后就回国。毕竟围攻郑国的战役打得太辛苦，再加上去年伐陈一役，就算是再强大的国家，也经不起这连年的损耗。不料原本驻足不前的晋军竟然全数渡过了黄河，摆开了想要决战的架势，这就使楚庄王颇感踌躇。

经过几日的思虑，楚庄王还是决定避开晋军。但撤军的命令刚刚下达，就有"嬖人"（大王宠信的侍臣）伍参闯了进来，一再请求与晋军展开决战。令尹孙叔敖不以为然，在一旁面色阴沉地说道："去年入陈、今年入郑，又不是没有打过仗！若是跟晋国打仗却又不能取胜，你的肉够吃吗？"

伍参反唇相讥道："如果作战能够取胜，就是你孙叔敖没有谋略；若是不能得胜，我的肉早就被晋军吃了，哪里还能轮得到你啊？"

孙叔敖不想跟他起无谓的争执，扭头就走出了营帐，并下令全军继续南撤。伍参一心想要求战，看着大军越往南撤，心里也就越着急，于是他就私下里去找楚庄王，说："晋国的元帅刚刚上任，对于政令还不熟悉；次帅先縠刚愎不仁，根本不听荀林父的命令；另外的三个将军想专掌晋政却又办不到，于是便各执己见、各行其是。领头的六卿内部不和，其余三军将士也不知道该听谁的，因而无所适从。就这么一支军队，又怎么可能会赢呢！"

伍参见楚庄王不为所动，于是就使出了大杀招，他说："他们六卿再怎么说也都是臣子，而您贵为君主，怎么能躲避他们呢？这将置我们的祖先社稷于何处啊？"

楚庄王一听这话，火气"噌"一下就上来了，当即就命令大军驻扎在管地（今河南郑州北），而且还派人去把令尹叫回来，让他把车头全都转向朝北，对晋军严阵以待。

楚庄王这么一停不要紧，可把郑国人给紧张坏了。之前几年晋楚两国虽交锋不断，却很少出现主力部队正面对决的场面，这次就完全不同了：晋军本来不想渡河的，可到头来还是过来了；楚国人本来是想撤军的，可又突然就停下来了。这个时候郑国人难免会犯嘀咕，他们这到底是打还是不打呢？

为了摸清楚双方的底细，郑国派出卿大夫皇戌为全权大使，前往晋军大营去劝战。皇戌一进大营就扑通跪地，痛哭流涕地倾诉道："我们郑国之所以跟楚国结盟，为的是保全宗庙社稷，并不是对晋国有二心了。"然后他又开始鼓动晋军，说："楚军屡胜而骄，且其长期在外军心疲惫，早已不设防备。如果你们能趁机攻击楚军，郑国愿在后方策应，他们必败无疑！"

主战的先縠正愁说不动其他人呢，听皇戌这么情真意切地哭诉，也忍不住擦了几把眼泪，然后声情并茂地附和说："对呀！打垮楚军、降服郑国，就在此一举了！一定要答应皇戌的请求！"

听了先縠的话，赵同、赵括也在一旁起哄说："先縠之言极是！大军不辞辛苦长途奔波，不就是为了寻找敌人、战胜敌人，从而得到诸侯的拥护的吗？就不要犹豫了！"

荀首听了他们的话，在一旁低声叹道："原同（赵同因封地在原，又称原同、原叔）、屏括（赵括因封地在屏，又称屏括），这是在自取祸乱啊！"

倒是下军佐栾书很有些耐心，站出来条分缕析地劝导主战的先縠和赵氏兄弟。他说："我听说楚王自克庸以来，无时无日不用若敖、蚡冒等先君筚路蓝缕、以启山林的故事告诫国人要戒骄戒躁、居安思危。楚王治军亦是如此，他曾经告诫将士们说，我们不可能永远都取得胜利，想当年商纣王百战百胜，可最后却一战败于周人，因此一定要懂得胜而不骄、败而不馁的道理。所谓民生在勤，勤则不匮，楚王本心如此，我们哪里能看出他们屡胜而骄了，骄从何来呢？"

接着他又说道："先大夫狐偃曾经教导我们说，两军对垒，理直则气壮，理亏则气衰。如今我们师出无名，又结怨于楚，我方理亏而楚国理直，如何就能判断他们气衰了呢？更何况，根据我们的探查，楚军可谓是戒备森严，他们将国君的警卫分为左右两广，每广有战车三十辆分为两队守卫巡逻。右广自晨起至中午，左广自中午至黄昏，到了夜间还有国君的近臣按次序值夜，丝毫看不出他们有所懈怠。"

最后，他还揭露了郑国此番前来劝战的真实意图，他说："郑楚两国会盟，由楚国的贵人、楚穆王之师潘崇之子潘尪前往郑国结盟，而郑国则派了贤人子良做人质留在楚国，可见双方对此都很重视，这次的结盟也是很有诚意的。因此在我看来，郑国派人前来劝战，无非是因为在晋楚之间疲于应对，有了这个机会就希望我们两国尽快展开决战，等我们分出个胜负了，他们好决定到底跟谁，这是在拿晋楚两国的国运来做赌注啊！这对郑国来说自然是有好处的，可对晋国未必有利，所以皇戌的话不能轻信。"

栾书说完之后，他的直接上司即下军将赵朔在一旁拍手称快："栾书讲得太好了！如果能按他说的行事，晋国何愁不能长治久安！"

战和不定

郑国的使者刚走，楚王派来的少宰就已经到了营前，准备要向晋国求和。他言辞谦逊地向晋军统帅表达歉意："寡君少时遭遇不幸，因此不善于言辞，并非有意冒犯大国。只是因为听说之前郑国人不太懂礼，两位先君成王和穆王曾来往于此教导他们安定国家，所以便想效仿先王，不想引来诸位的误会，实在是愧疚得很啊！你们要没什么事，就请回吧！"

晋国上军将士会在一旁起身作揖，十分客气地回敬道："昔日周平王，曾下过诏命给我先君晋文侯，让我们与郑国一起夹辅王室，不要废弃天子的命令。如今郑国不行使命，寡君感到匪夷所思，因此特别派我们前来问询。原本是没打算劳顿贵国往来迎送的，不料刚好碰到你们也在，这怎么好意思呢？在这里就先谢过贵国君主的好意了，烦请侯人代为转达！"

既然大家都是误会，有事也就好商量了。士会与楚国的少宰一起就两国友好事宜做了一些探讨，随后又百般恭维将其送出了大营。

如果双方就这么一直客客气气的，这仗还真就没法打了，可偏巧这事就被先縠给撞上了。听到士会那番说辞，先縠当场就勃然大怒，认为士会对楚人低三下四，简直把晋国的脸都丢尽了。于是他就找来了赵括，让他追上楚使并传话说："我方代表言辞失当，他的那些话都不是寡君的本意。寡君派我们来的主要目的，是要把贵国的痕迹从郑国的土地上抹去，而且还一再叮嘱我们'不要躲避敌人'。作为臣子不敢逃避国君的命令！"

在这场与荀林父针锋相对的角斗中，先縠不是一个人在战斗，他还有几个得力的帮手，分别是赵同、赵括、赵旃和魏锜。

这其中赵同、赵括是赵盾同父异母的弟弟，因为跟先縠的关系好，就总跟着起哄。另外一个赵旃则是赵氏侧室赵穿的儿子，因为想求一个卿位而不得，就总想着把事情闹大，自己好建功立业提高一下地位。

至于魏锜，此人是晋文公近臣魏犨的儿子。他的父亲因为杀了曾善待公子重耳的曹国大夫僖负羁而获罪，后来尽管免去一死，却也因身负重伤不得不离开了政坛。或许也是因为这个缘故，到赵盾颁行假公族制度的时候，魏锜连个公族大夫的位置都没捞到，因此便心存怨恨，总希望晋军输掉这场战争。

从中我们也可以看到，无论是楚国伍举还是晋国的先縠等人，但凡是主战派都是在这个国家里不得志的人。而那些已经身居高位的，比如楚国的令尹孙叔敖、晋国的荀林父都极力想避免这场战争。

不同的是，楚庄王功业卓著、一言九鼎，他一旦决定了的事情，哪怕是令尹、司马也不敢反对，他所做出的决策任何人都必须严格执行。而荀林父虽有城府，能够运用手腕熬到中军元帅的位置，可终究还是因为常年受赵氏集团打压而威信不足，根本镇不住这些要上房揭瓦的竞争对手。尤其是有先縠这么一个中军佐罩着，这些不得志的人就更加不把荀林父放在眼里了，这也是伍参认为此次必定能战胜晋国的原因所在。

言归正传。

《孙子兵法·行军》有云："无约而请和者，谋也。"楚庄王这次派人求和是假，试探晋国的虚实是真。但凡头脑还有点清醒，就不应该把三军卿大夫之间的矛盾直接暴露在楚人面前。哪怕是你一心想要主战，可以使用的办法多的是，更改外交辞令是最不可取的。

从这个角度来看，先縠之所以不断地搅局，或许是因为他根本没打算赢得这场战争。相反，他就是要让荀林父出丑，让他承担战败的罪责——这种人简直就是楚国的好朋友啊！

楚庄王听到这个消息，才发现自己在对方阵营里竟然还是有帮手的，既然如此，那就更应该好好地谢谢这个朋友。于是，他一方面继续派出使者前往晋军营中求和，故意示敌以弱；而另一方面，等使者取得了双方结盟的初步意向后，又出其不意地派了一辆战车前往晋军营前致师。

所谓致师，按照郑玄的说法是"致其必战之志"（裴骃《史记集解·周本纪》引）。作战之前，人们会先派出勇力之士到对方阵前挑战，以炫耀自己的武力，并显示其战斗的决心。

楚庄王此次派出致师的有一乘三人，其中许伯驾车直冲晋军大营；主将乐伯拈弓搭箭射杀数人；在车辆掉头许伯整理马匹的时候，车右摄叔又冲进晋军大营，趁其不备连杀数人，并割了他们的左耳，然后跳上战车就往回奔。

晋军原本与楚人商定了结盟的日期，因而也没有设下防备，冷不丁地冒出这么一辆战车，一下子就被打蒙了。直到他们又闯出大营扬长而去，人们才反应过来，于是赶紧组织人马兵分两路追击。

致师的楚军将领乐伯连续射杀了不少追兵，但晋军依然穷追不舍，到最后箭也不够用了，却还是没能甩掉追军。正在危难关头，乐伯猛然看见从树丛中跑出一头麋鹿，于是转头射了一箭，箭从麋鹿的后背插入正中心脏。

眼见麋鹿倒地而亡，车右摄叔轻快地跳下战车，徒手抱起麋鹿的尸首，献给了前来追击的晋国将军鲍癸，并致辞说："现今还不到打猎的时令，不能奉献珍禽猛兽慰劳贵军，只好把这头麋鹿奉上略表心意，请不要推辞。"

春秋时的人们向来尊崇君子之风，鲍癸看到对方恭恭敬敬地奉上了麋鹿，便下令停止追击，很有风度地向对方表示感谢。在回程的路上，他还不忘赞叹说："车左善于射箭，车右善于辞令，都是君子啊！"

第四节　两棠之役

不宣而战

致师的三名将领用一头麋鹿化解了危机，缔造了一段有关君子之风的佳话，也为晋军中的主战派提供了继续捣乱的素材。所谓"来而不往非礼也"，魏锜和赵旃紧紧咬住这个事件大做文章，纷纷提出要到楚军阵前致师甚至是挑战。

荀林父当场拒绝了他们的提议，可他们还不死心，转而又提出要作为使者前去向楚人求和。荀林父明知他们揣着什么心思，可终究还是扛不过无休止的质疑和挖苦，只得同意让他们前去。

这个时候，几乎所有人都预感到情况不妙了。二人刚刚走出大门，"内阁"四号人物上军佐郤克就说道："二憾往矣，弗备必败。"（《左传·宣公十二年》）让两个心怀不满的人前去求和，这事恐怕是不能善了了，我们还是提早做好防备吧！

谁知话刚出口，先縠就阴阳怪气地说道："郑国人劝我们与楚军作战，你们不听。现在楚国人求和，你们又不能真心诚意。既然连个确定的命令都没有，又为何要做防备？"

听了这番混账话，士会心中已是忍无可忍，却还是耐心地劝解道："即便是寻常的会见，派军队守备以防不测也是惯例，更何况是在两军阵前呢？提前做好准备总是没有错的！假如魏赵二人激怒了对方，他们趁机掩杀过来，我们毫无准备，很可能就会导致全军覆没。反过来说，楚国如果愿意与我们和解，他们前来会盟的时候再撤去戒备，也不会影响大局。"

荀林父是一个身经百战的老将了，这个时候该做什么不该做什么，他心知肚明。可他也知道，先縠的所有怨气都是冲着自己来的，不管他说什么，先縠都会起头反对。与其如此，倒不如什么话也不要说，由着其他人去做就是了。因此当上军将士会和中军大夫赵婴齐提前安排防务的时候，先縠并没有出面阻止。

说完了先縠，我们再来看"二憾"。

魏锜离开了中军大帐，直接带了几名勇士杀到楚军大营。致师完成后，魏锜掉头狂奔，楚国大夫潘尪之子潘党带人追击。半路上刚好从树林中蹿出六只麋鹿。魏锜便效仿乐伯故事如法炮制，也射了一头麋鹿回去献给潘党，说："身在军旅，恐怕尝不到什么新鲜的肉食吧？我刚好打了一头麋鹿，就让您的随从尝尝鲜吧！"

而赵旃就没那么幸运了，他到达楚营的时候已经是夜里，大概是以为对方防备已经松懈了，于是就派部下进入楚营进行骚扰，而他自己却在营外铺开了席子，坐在上面大吃大喝了起来。

这简直就是赤裸裸的藐视！楚庄王早就为没能擒获魏锜而愤懑不已了，这个时候又看到赵旃如此做派，二话不说就坐上了值班的左广的战车亲自追赶。

赵旃一看这架势，跳上战车就往回跑。可惜他赵旃车马不如人，跑了半夜也没能甩掉楚庄王，眼看着就要被追上了，情急之下也顾不得体面，干脆弃车跑进了路旁的树林里。楚庄王的车右屈荡也跳下车，追到树林里跟赵旃一阵肉搏，最后虽没把人擒获，却也将他身上的铠甲、下衣都撕了个干净。

话说荀林父派魏锜和赵旃往楚营求和，等了许久还没得到他们回营的消息，就寻思着大事不妙，于是急忙派人前去接应。晋军这种"绝不抛弃一人"的想法本是好的，可坏就坏在，接应部队带的是阵地防御用的屯车，这种车车体笨重、行动缓慢不说，还特别容易荡起灰尘。根据尘土形态判断敌军动向，是古代职业军人一项必须要掌握的技能，一旦有战车大规模出动，在远处很容易就能看见"高而锐"的尘土扬起，这个时候就需要加强戒备了。

赵旃前去楚营挑战的时候是周历六月中旬①，夜里皓月当空，楚人隐约看到对面高高扬起的尘土，只知道晋军出动了大量兵车，却并不清楚他们的真实目的。但问题是，自己的大王出营追击赵旃至今还没有任何消息，无论真实情形如何，这个时候都只能做最坏的打算。

眼看情形危急，潘党也顾不得多想，他登上高台振臂一呼："晋国人掩杀过来了！快去接应大王啊！"孙叔敖更是高呼着"宁我薄人，无人薄我"和"先人有夺人之心"的口号，下令全军出击。一时间楚军倾巢而出，迎着晋军的方向"车驰卒奔"，一场决定双方命运的世纪大战，就在这样一种混乱的局面下，稀里糊涂地开打了。

断指可掬

楚军不宣而战，大兵向晋军扑面而来，一场大战一触即发。然而让人意想不到的是，身为中军主帅的荀林父的反应竟然是"不知所为"——这实在不像是一个中军元帅应该有的表现。

不过若是要设身处地站在荀林父的立场上考虑，也未必能够想出什么好的办法。《孙子兵法·地形》中曾讲到六种形势，说"故兵有走者，有弛者，有陷者，有崩者，有乱者，有北者……凡此六者，败之道也"，此次的晋军上下可以说是至少占了三条。

这几个败局反映在这场战争中，其核心实际上就是"不服"两个字。荀林父虽说并非无能之辈，但由于长期受赵盾压制，在朝中的地位逐渐被边缘化。即便赵盾已经去世很多年，荀林父也顺利晋级成为六卿的最高首脑，可那些凭借政治联盟上来的"卿二代"们，却还是瞧不起他这样一个缺乏威望的领导人。这就导致了晋军虽说有着完整的领导体制，可还是出现了"其佐先縠刚愎不仁，未肯用命；其三帅者专行不获，听而无上，众谁适从"（《左传·宣公十二年》）的涣散局面。

荀林父清楚地认识到，在军纪涣散的情况下是没有办法和楚国人打仗的。可错就错在，当赵旃的挑战间接诱发了楚军倾巢出动，战争已经全面打响的情况下，

---

① 《春秋》及三传均记为六月乙卯，但杨伯峻《春秋左传注》（中华书局2017年版）中指出当年"六月无乙卯"，据推算应在七月十三日。

荀林父似乎还沉浸在议和的思维惯性里没有跳出身来，一时间仓皇失措，竟然下了一道匪夷所思的军令：

"全军撤退，先渡河者有赏！"

这道命令下得如此突兀，不仅晋人不理解，连对面的楚人都猜不透他到底是怎么想的。

要知道行军打仗最忌讳的就是背河作战，这种地形在《孙子兵法》中又被称为"绝涧"，凡是行军碰到这种地形，一定要躲得远远的，千万不要在河边迎战敌军。那些所谓"背水一战"的案例，都是有奇兵侧面支应时才会采用，在完全没有后手的情况下背水作战，无异于自寻死路。如今敌人已经扑到眼前，荀林父若果真要退兵的话，也应该是向其他方向分散，而不是贸然指挥大军朝着大河退却，否则就等于是要把这些将士逼往绝境。更重要的是，即便是逼不得已必须向河对岸撤退，也要安排专人殿后，以拖延敌军的行军速度，这样前军撤退时才不至于仓皇失措。

然而遗憾的是，因为害怕先縠阻挠，荀林父压根就没敢提这些事。其余诸多的将领中，也只有两个人不怎么惧怕先縠，提前做了一些准备工作。其中，上军将士会预先安排上军大夫巩朔、韩穿在敖山布置了七路伏兵，中军大夫赵婴齐则在河边准备了大量渡船。因此当晋军如潮水一般退却的时候，只有士会、郤克所统率的上军和中军赵婴齐所部没有出现惊慌失措的场面。

无组织撤退已经是致命伤了，而荀林父所下的命令"先渡河者有赏"，更是让情况变得不可收拾。有些人命令听得真切些，知道荀林父的用意是想让大家尽快渡河，于是便一路狂奔等着领赏。可在当时的混乱情形中，更多的是不明就里的盲从者，看到全军撤退，他们便以为是晋军已经战败了，因为害怕追兵掩杀就没命地狂奔，以至于让那些奔着领赏去的人看了也都慌了神。

接下来的场面可想而知，所有人都争先恐后混成一团，互相抢夺船只。已经上了船的人为了能尽快脱离危险，不等后面的人靠近就急忙开船离岸。而没有上船的人则跳入水中，攀着船舷想要爬上去。船上的人害怕他们把船给弄翻了，干脆用刀猛剁，以至于被砍下的手指头都堆满了船舱——用《左传》中的原话说就是"舟中之指可掬也"，如此血腥的场面，恐怕要比崤之战时的"匹马只轮无反"更让人不寒而栗。

这样混乱而惨烈的溃退持续了整整一夜，直到第二天早上才慢慢消停下来。

晋军仓皇出奔的场面，让楚人听了看了，都感觉赢得有些不好意思了，因此在追到邲地时便停了下来。他们满怀怜悯地倾听着远处敌人溃逃渡河时那震天动地的喧闹声和哭喊声，整整一晚上都心绪难平、无法安睡。

君子之风

当中军和下军不战而溃、争相渡河的时候，士会和郤克所率的上军凭借着七路伏兵，自觉自愿地充当了他们的坚强后盾。面对这样一个可敬的敌人，楚庄王特意整合了唐国军队和潘党所率的四十辆战车组成方阵，与晋国上军对战。

郤克之子郤锜想要迎战楚军以挽回颜面，但士会却一口回绝道："楚军士气正旺，左拒虽然不足为虑，可若因此将对方全军都吸引过来，单凭我们上军是无法招架的。倒不如收兵离开，以与众卿一起分担战败的罪责，同时还能保全将士的性命，这没什么不好的！"

与此同时，下军也有一支部队在混乱中保持了良好的秩序，甚至还一度对楚军造成了冲击，迫使楚庄王不得不派大夫工尹齐率领右方阵进行阻击。带领这支军队的将领正是荀林父的弟弟、下军大夫荀首，他之所以不愿意跟风撤退，很大一部分原因是为了他的儿子荀䓨。

战斗开始后不久，荀䓨在乱军中走散，下落不明，这让荀首忧心如焚，于是便奋不顾身地带着私属和下军一部返回战场，而那个于战前扰乱秩序的大夫魏锜则承担了为其驾车的职责。

荀首在找寻儿子时左右开弓射击敌军，不少楚军将士应声倒下，端是威风八面。不过在这个过程中，荀首却有个微妙的习惯：如果看到箭的质量好，就会随手放在魏锜背后的箭袋里，然后找那些质量不好的箭再行射击。

这个动作被魏锜看在眼里，便以为荀首是爱惜蒲柳，不肯把好箭射出去，于是便吼道："战场上如此凶险，这么多人陪你前来冒险，你不着急找你儿子，反而爱惜蒲柳！董泽的蒲柳有的是，你能用得完吗？"

荀首又岂能不知其中的利害？他之所以这么做，是已经抱定了最坏的打算，万一荀䓨被楚人擒获了，他就需要拿地位相当的战俘来进行交换。在没有遇到足够显要的筹码之前，这些好箭自然不能轻易浪费。他颇感悲愤地回道："不抓到别人的儿子，怎么用来交换我的儿子？利箭当然不能随便射出去了！"

由于楚军的连番阻击，荀首最终还是没有找到自己儿子的下落，内心自然是充满了忧惧和失落。不过好在他射死了楚军将领连尹襄老，抢到了对方的尸体，同时还生俘了楚庄王的弟弟公子谷臣。多年以后，当他得知荀罃在战斗中被楚将熊负羁俘获以后，就是凭借这一生一死两名俘虏，将自己的儿子交换了回来。

除了荀首，晋军中不少将士也都表现出了在残酷杀戮的战场上温情的一面。比如说赵旃，虽然他一心主战且希望晋国战败，可当他看到自己的父兄因为缺乏好马几乎陷入敌阵的时候，依然不忘舍己救人，将自己的好马让给他们。

而当他驾着劣马拉的战车返回去接应其他人的时候，不想又与楚军遭遇，差点被敌人擒获。在这千钧一发之际，他一不做二不休，再次弃车跑进了小树林。

不过与两个逄氏的年轻人比起来，赵旃的精神终究还是要逊色一些。赵旃在小树林里躲了半天，等楚军过去之后，就从林子里跑出来，想找人载上自己。这时恰好有逄大夫带着两个儿子逃奔过来，赵旃就使劲地朝他们呼救。

逄大夫远远地看到赵旃在树林边上叫唤，他本有心相救，怎奈战车空间太小，无法容纳更多的人，于是咬咬牙就当没看见。与此同时，他还特意嘱咐自己的两个儿子说："不要回头张望！"

逄大夫护犊情深，只可惜说这句话的时候已经晚了，两个儿子听到呼救，早就循声回头看到了赵旃，还急切地对父亲说："快停车啊，赵叟在后面！"

逄大夫心里万分纠结，可终究还是拗不过儿子，只好含着泪让他们下车。临走时，他愤怒地指着一棵大树说道："要死就给我死在这儿，我好给你们收尸！"

等到战争结束，逄大夫回到战场来找寻自己儿子，果然就在这棵树下发现了他们叠压在一起的尸体。

另外，《左传》中对这次战争一个细节的描述，也令人不禁捧腹。说是有两名楚军战士在追击途中，发现有一辆晋军战车陷在泥里无法行动，就跳下车来指导他们抽出车前的横木。晋人照做之后果然就把车修好了，但不久之后这辆战车又出了故障，拉着战车的四匹马一直绕着转圈就是走不了。楚人又追了上来，再次指导他们拔掉车上的大旗，扔掉车辕上的横木，这才再次脱身。

这几个人上了车之后，竟然厚着脸皮冲着那助人为乐的楚军战士笑道："楚国不愧是大国，就连逃跑都比我们有经验，我等真是自愧弗如啊！"

这场战争发生在邲地（今河南荥阳北），因此被称为"邲之战"，又因泌水入荥阳称"滚荡渠"，可写作"两棠"，有时也被称为"两棠之役"。邲之战虽被视为一场决定了霸业秩序逆转的大战，却丝毫都没有大战该有的样子：

战争开始的时候，楚庄王正在野外追逐赵旃，还没有来得及对楚军进行任何部署；晋军上下尽管明知赵旃和魏锜是去挑战的，却还在等着求和的结果，没有预先做好应战的准备。

战争毫无预兆地开启之后，两军之间还没有发生什么实质性的较量，就又草草结束了。而楚军为了应对战争所准备的辎重和粮草，到了战争结束后才缓缓抵达战场，完全没有派上用场。

晋军虽然战败，可他们的兵员损失几乎全都是自己人拥挤踩踏、自相残杀造成的非战斗减员，与楚军接触造成的损伤几乎可以忽略不计。

当晋军溃退争相渡河的时候，如果楚军趁机掩杀，晋军的损失恐怕会更大，其效果不亚于晋国伏击秦军的崤之战。但楚庄王并没有这么做，晋军渡河的一夜时间，楚军都没有出动一兵一卒。

这样一次毫无章法的遭遇，简直可以称得上是战争史上的一朵奇葩，是一场没有交战的战争。但不论如何，晋国在邲之战中的惨败，终究还是打破了晋楚之间维持多年的平衡，局面开始朝着有利于楚国的方向发展，使得原本就内外交困的晋国，内外局势变得愈加垂危。

当晋国的霸业之路一朝倾覆，脆弱的中原文明在经历了三十年的和平安定时期之后，再次落入了大门洞开的危局。东方列国又开始为了各自的利益蠢蠢欲动，多年来一直对中原霸权志在必得的齐、秦两国，更是摩拳擦掌，试图向霸主的宝座发起冲击。

面对如此危难之境，晋国究竟如何才能摆脱低谷，重塑霸业的辉煌呢？

第四章
齐楚联盟对晋国的挑战

第一节　忍辱负重

郤克受辱

公元前592年，是晋景公在位的第八年，同时也是士会代替荀林父执政的第二年。这一年，晋景公决定召开一次盛大的会盟。而为了彰显对东方大国的尊重，他特意安排"内阁"二号人物郤克出使齐国，邀请齐顷公参与盟会，礼数不可谓不周到。然而让人意想不到的是，就是在这样一次重大的外交活动中，竟发生了一件极不愉快的事，使得两国关系迅速跌至冰点。

关于这次外交事件具体情节，《左传》上只有寥寥数笔，只说是当郤克朝见齐顷公时，突然从帘子后传出了妇人的笑声。郤克顿时恼羞成怒，于是便留下了副使栾京庐等待回复，自己愤愤然地回国去了。临走前他还指天立誓，说："不出了这口恶气，此生绝不再渡过黄河！"

为了将这种带有羞辱意味的气氛充分烘托出来，富于文学想象力的太史公在《史记·晋世家》中又添了几笔，从而创造出一个画面感极强的场景。说是郤克在出使途中，恰好遇到了同往齐国朝见的鲁国使臣季孙行父和卫国使臣孙良夫，于是就结伴同行。

漫漫长路有三两人同路相伴，聊一聊家长里短，谈一谈家国大事，可以化解旅途中的孤独，也能为枯燥的旅程增添一些乐趣。可不巧的是，同行的这三人恰好都有那么一点点生理缺陷——郤克是个驼背，季孙行父腿脚有点跛，而孙良夫则是个"独眼龙"。

齐顷公听闻晋、鲁、卫三国派出的使臣各具特色，突然好奇心大发，于是便想在这三个人身上搞一出恶作剧。于是乎，齐国的朝堂上就出现了这样一个滑稽的场面：一个跛足的侍者带着一个跛子使者，一个独眼龙侍者引着一个独眼龙使者，还有一个驼背的侍者领了一个驼背的使者，几队使臣迈着滑稽的步伐就上朝来了。

起初几位使者对这样的安排也不以为意，看着和自己有同样缺陷的侍者，心中或许还会有所感叹——列国常年征战，难免会有人因作战而落下残疾，齐顷公本着人道主义精神，给这些为国致残的人们安排一些轻省的体力活，也算是人尽其才、无可厚非——可当他们在朝堂上见面之后，场面顿时变得尴尬起来。

言传身教才是最好的教育。齐顷公之所以会将政治视若儿戏，在朝堂上公然戏弄列国使臣，离不开他那位有着同样恶趣味的母亲——萧桐叔子。按照先秦女性称谓通常的拆解办法，其中的"叔"应当是排行，"子"是她娘家的姓，"萧桐"据传有可能是国名，地望在现今安徽宿州下辖的萧县，是依附于宋国的一个子姓诸侯国。

按照春秋时期的习惯，在举行朝会和重大典礼时是不能有妇人参与的。但也不知是做儿子的孝心可嘉，还是做母亲的不顾大妨，齐顷公在宣召使臣觐见之前，特意在朝堂上挂上垂帘，让自己的母亲带着一帮妇人躲在帘后看稀罕。如此作为已然是极不庄重了。偏偏当郤克与列国使臣一道面面相觑时，躲在帘子后的一众妇人还笑出声来，这未免也太轻佻了！在如此庄重的场合受到这般羞辱，郤克心中会酝酿出何其猛烈的怒火可想而知。

战国时的唐雎与秦王曾经有过一场对话，秦王说"天子之怒，伏尸百万，流血千里"，而唐雎则回应说"若士必怒，伏尸二人，流血五步"（《战国策·魏策四》），有些壮烈之士在发怒时甚至还附带有"彗星袭月""白虹贯日""仓鹰击于殿上"等"特效"，可见愤怒本身就是具有极强破坏力的攻击性武器，应该极力避免。

郤克贵为士会之下的晋国二号人物，他的怒火虽比不得天子之怒，起不到"火星撞地球"的奇效，却也不会仅仅是"伏尸二人，流血五步"那么简单。受到羞辱之后，他并没有给齐顷公改过自新的机会，而是径直打道回国，愤愤然地向国君提出了要攻打齐国的请求。

此时距邺之战结束才不到五年，正是晋国势力最为疲弱的时候，在楚军锋锐正盛的时节与齐国交恶并不符合晋国的利益。然而，郤克毕竟是晋国"内阁"的二号人物，他的颜面不能不顾及；同时作为诸侯曾经的盟主，晋国的威严更不能任人随意亵渎。在这两难之间，晋景公又该如何抉择呢？

九月围城

晋景公的父亲晋成公是晋文公与周王姬之子。根据之前的推算[1]，晋成公出生的时间应该是在晋文公回国之后，因此到公元前600年去世时，年龄最多不超过三十五岁。这也就意味着，晋景公即位的时候二十岁上下，正是意气风发且充满了理想的年纪。

然而，让他始料未及的是，就在他即位的第三个年头，晋国就遭遇到了有史以来最为严重的军事挫败。当武力的神话被打破，头顶的光环突然暗淡了，平日里始终伴随着的鲜花和掌声就会迅速离场，怀柔政策也就失去了赖以生存的土壤。这时，不仅齐国这样的大国不愿意再委曲求全地活在晋国的阴影下，就连平日里毕恭毕敬的小国也都对晋国有了轻慢之心。

为了维护中原霸主地位，晋国在战败后曾安排中军佐先縠在清丘举行会盟，约定各国要继续在晋国的领导下"恤病讨贰"、共克时艰。可以想见的是，这场会盟响应者可谓寥寥，前来参与的只有宋、卫、曹三国。齐国不仅不来参会，反而趁着晋国新败，开始向莒国频频举兵。而鲁国则是因明显地感受到了来自齐国的压力，在此后的几年里四处奔走，试图在后晋国时代中原权力的空窗期内找到新的靠山。

而即便是参与盟会的国家，也未必就能与晋国一条心。就比如卫国，当宋国为了力挺晋国而出兵伐陈的时候，卫国竟打着维护陈、卫两国先君誓约的名义，公然背弃盟约与宋国对着干。

晋国派去责难的使者在卫国盘桓不去，扬言如果他们不能给出满意的结果，

---

[1] 参见本书第二章第三节"重耳情史"相关内容。

晋国就要出兵讨伐。盛压之下，曾经多次为国"背锅"的孔达再次出马，用自己的生命冰释了晋人的怒火，但与此同时也浇灭了卫国亲近晋国的火苗。在他死后，卫国向全天下发出通告，把罪责都推到了孔达身上。但在背地里，却又让孔达的儿子继承了父位，而且还将公室的女子下嫁孔氏，晋国对此也只能听之任之。

患难时刻方显真情。值得庆幸的是，当东方列国纷纷背离晋国的时候，还有一个国家始终都站在晋国一边，那就是刚刚提到的宋国。晋景公三年（前597年）冬，楚庄王趁着战胜的余威出兵攻打萧国，其他的诸侯对此都睁一只眼闭一只眼，只有宋国不惧楚国兵威，联合蔡国驰援萧国。清丘之盟后，也是宋国第一个站出来，出兵讨伐背叛盟约的国家。

然而，对待这样一个忠实履行盟约职责、义无反顾地在前方冲锋陷阵的盟友，晋国却无法像往常一样为其提供坚实的后盾。晋景公四年（前596年）夏，楚国以宋国救援萧国为由出兵讨伐，作为盟主的晋国却无力出兵救援。作为反制，第二年荀林父通告诸侯伐郑，到头来也只是在新郑城外搞了一次阅兵活动就草草了事了。

晋国在邲之战后所展示出来的无力感，更加坚定了楚庄王北上中原的决心。于是到晋景公五年（前595年）秋季，楚庄王特意委派早些年曾在孟渚公开羞辱过宋昭公的申舟（文之无畏）出使齐国，并明令其不许向宋国借道，以此激怒宋国，以换取出兵的理由。当年九月，申舟被杀的消息刚传到郢都，楚庄王便尽起三军，杀气腾腾地直奔宋国而来。

然而，尽管有着周密的布置和准备，楚军伐宋的战事还是进展得极不顺利。在此后长达九个月的时间里，宋楚双方围绕商丘的城防工事展开了反复争夺，树叶黄了又绿，山野枯了又荣，商丘城却依然固若金汤。

在此期间，宋国向晋国告急的使者如北归的麻雀接踵而至，求救的文书如雪片般纷至沓来。晋景公心焦如焚，他本有心相救，可又囿于国力受损，不敢以倾国之力与楚军正面抗衡，一时间也陷入了两难之境。正当此时，有一名叫伯宗的大夫以"虽鞭之长，不及马腹"（《左传·宣公十五年》）为比喻，向晋景公阐明了现状，建议晋国当避敌锋锐，待机而动。为了让晋景公放下心理包袱，他还苦口婆心地劝导说："川泽纳污，山薮藏疾，瑾瑜匿瑕，国君含垢，天之道也。"那些在我们看起来无比美好的事物也都不是尽善尽美的，山川水泽也会藏污纳垢，美玉白璧难免也有微瑕，国君又何必追求事事完美呢？

晋景公听从了伯宗的劝谏，但或许是还抱有一丝侥幸，他特别委派一名使者解扬到宋国传话说："晋军已经出发，不日便可抵达。"

解扬在出使途中不慎被郑人擒获并送往了楚军大营，楚庄王对其威逼利诱，试图让他更改口信劝降宋国。解扬起初不肯答应，但在楚人的轮番劝解之下，他突然计上心来，先假意答应了楚人的要求，然后借着楚军的楼车，在商丘城外完成了自己的使命。

有了解扬带来的口信，本来疲惫不堪的宋人士气陡增，生生地将楚军给拖垮了。眼看着播种的时节已经到来，围城依然看不到希望，楚军将士都想念起家里的良田来。这种思乡的情绪一旦开始萌芽，就会迅速蔓延开来，到最后甚至连楚庄王本人也不由得萌生了退军的念头。

进退两难之间，楚庄王听取了申舟之子申犀的谏言，又接受了申叔时的建议，下令在商丘城外修盖房屋、翻耕田土，做出要打持久战的姿态，这才迫使宋国人放弃抵抗。城中宋人早已"易子而食，析骸以爨"，见此情景更是陷入了空前的绝望，最终不得不向楚国屈服。

伐灭赤狄

在当时列国中，除了晋、楚、齐、秦这几个"实力玩家"之外，能够对地缘政治产生重大影响的无非就是郑、宋、鲁、卫、陈、蔡区区几国而已。如今主要大国纷纷转变了风向，给晋景公造成的打击可想而知。一朝权势尽丧的无力感，众叛亲离的落寞感，让他不得不痛定思痛，沉心静气地反思过去几十年来犯下的种种错误。

在三军六卿竞争体制下，晋国的贵族并不缺乏进取心，他们有着蓬勃的朝气、势不可挡的锐气，还有令行禁止、骁勇善战的士兵，所以才能够凭借城濮一战而定霸天下。然而也正是由于对自身武力的盲目自信，不少人轻敌冒进，最终造成无法估量的后果。尤其是晋文公去世之后，晋国先后对秦国发动了崤之战和令狐之战，又将狐射姑驱逐到赤狄，导致晋国军力长期受到秦国与"赤狄"的牵制，晋国军队就如同"救火队长"一般，总要在不同的战场之间疲于奔命，这些都极大地影响了其整体力量的发挥。

为了挣脱四面受敌的困境，从晋成公时期开始，也曾进行过一些尝试。他们一方面通过阵地防御的方式，实现对秦国的围堵，另一方面则是与北方的"白狄"部族达成协议，共同抵御秦国的威胁。晋景公即位之后，"白狄"部族因不堪忍受"赤狄"的侵扰，纷纷提出要归附晋国。为了团结北方部族，刚刚即位的晋景公在郤缺的建议下，曾亲自前往与之会盟，这也成为晋国此后相当长一段时期内与"白狄"相处的主要模式。

然而，由于晋国内部政治斗争日趋激烈，晋景公还没有来得及集中精力逐一解决其周边的威胁，"邲之战"就以一种出其不意的方式爆发了。面对战场上的失利，晋景公也一度陷入了迷茫之中，不知下一步该如何举措。也就是在这个时候，前文提到的大夫伯宗突然出现在他的视野中，为身处困顿的晋景公指明了方向。

晋景公六年（前 594 年），当楚庄王尽起大军围攻商丘的同时，位于晋国东部山区的"赤狄潞氏"爆发了内乱，担任执政的酆舒起兵作乱，打伤了其首领潞子婴儿的眼睛，还杀掉了晋景公嫁给潞子婴儿的姐姐伯姬。

一方面是长期拥护晋国称霸的铁杆盟友宋国，一面是与自己一母同胞的姐姐，究竟该挥师何方，晋景公久久难以抉择。面对两难处境，伯宗一方面劝谏晋景公要懂得"含垢"忍辱，放弃对宋国的救援，另一方面又极力鼓动攻打"赤狄"。当有大夫以"酆舒有三俊才"为由力阻东征之时，伯宗却坚持"狄有五罪"，终于力排众议，鼓舞景公做出了东征"赤狄"的决定。

春秋时期的"赤狄"主要生活在晋国东部山区，其中比较知名的有皋落氏、潞氏、留吁、甲氏、铎辰、廧咎如六部。这些部族有不少早年曾盘踞在晋国的核心区域，比如其中的皋落氏，在晋献公时期曾活跃在今山西垣曲附近。随着晋国实力的扩张，"赤狄"的生存空间被挤压，渐渐迁徙到晋国本部以东、卫国和齐国以西的太行山区，也即如今的长治、潞城一带。

这片地域山岭纵横、海拔较高，素有"天下之脊"之称，战国时期列国争夺的上党郡就位于此地，以当时的生产力条件还很难予以开发。但恶劣的生存环境并没有难倒那些不畏艰难险阻的先民们，与被迁移到秦岭山区的"陆浑之戎"一样，这些"赤狄"部族筚路蓝缕、披荆斩棘，经过多年的开垦，终于在这片狼虫虎豹群居的深山里落地生根、繁衍生息，渐渐发展出了一个又一个强大的部族。

这些聚落与晋、齐、卫等国相邻，就趁着地利之便，与周边各国进行了广泛的文化交流，文明程度已非纯粹的游牧部族可比。相应地，其组织能力、军队战斗力也都要远远高于那些原始状态的部族。

正是因为有着特殊的地理环境和地缘政治条件，这片土地成了一个武装分子的"培养基地"，一代又一代的"狄人"从这里走出大山，走向广袤的平原，对中原文明构成了一波又一波的冲击，更对晋国的安全构成了极大的威胁。

狐射姑出奔给"赤狄"注入了新鲜的血液，其实力也就更加强悍。在其接连不断的侵扰之下，晋国东部的压力也骤然加大，以至于晋国的贵族们不得不召开专门的会议来进行讨论[①]。

到了晋成公时期，"赤狄"四处劫掠更加频繁，以致与他们同历风雨的难兄难弟"白狄"都不堪其扰，不得不去寻求晋国的保护。当时晋国正在极力挽回霸主地位，晋成公只能委曲求全采取和亲政策，将自己的女儿伯姬嫁入潞氏以换取喘息的机会。直到这次晋国在邲之战中失利，晋国霸业全面崩盘，晋景公在伯宗的劝导下痛定思痛，决定要先解决背后的隐患，这才将讨伐"赤狄"的事务提上议事日程。

晋景公六年（前594年）六月十八日，正卿荀林父带兵攻打潞氏，在曲梁（今山西长治潞城区北部石梁村）首战取得大捷，并于八日后将其完全剿灭。潞氏的执政酆舒仓皇出逃到卫国，不久后被卫人抓获，并引渡回晋国明正典刑。潞氏所占据的原本是黎国（今山西黎城县境内）的土地和城池，晋国灭潞后，将黎国后人接回复国，但此时的黎国，实际上也只是晋国的一个县了。

值得一提的是，在讨灭潞氏的同时，晋国还顺势剿灭了一个"长狄"（又称鄋瞒）部族。这个影响中原长达二百年的部族，经过宋武公、齐襄公、卫惠公、齐昭公、鲁文公的接力讨伐，分别擒获其首领缘斯、侨如、焚如、荣如、简如，终于在晋景公六年的讨伐中彻底走向了覆灭。

荀林父灭潞氏，也算是将功补过，了了自己的一桩心愿，回国之后就宣布告老致仕，让士会接替自己的位置。士会上台之后，趁着兵威继续扫荡"赤狄"，于景公七年（前593年）先后灭掉了甲氏、留吁和铎辰三部（均位于今长治屯留区），被灭的"赤狄"诸部余民散入廧咎如。

[①] 详见《晋国600年3》第一章第三节中"诸浮会议"相关内容。

廧咎如原本活动于山西中部太原市附近，晋文公流亡期间，"狄国"曾与廧咎如发生过战争，晋文公的妻子季隗就出自该部族。晋文公复国后的几十年间，廧咎如逐渐迁徙到了长治、晋城乃至于河南安阳一带活动。这次廧咎如虽然收罗了"赤狄"诸部残留，却没有机会发展壮大。仅仅五年后，代士会执政的郤克便联合卫国大夫孙良夫再次举兵，廧咎如溃败，残部逃到了河北地区。

江山如此多娇，形势一片大好。晋国采取一系列军事行动，廓清了"赤狄"在长治、晋城一带的势力，消除了威胁晋国国家安全的最大隐患。与此同时，晋国还打通了通往东部平原的交通线，将其与本部连缀在一起，进一步加强了对这些重要粮食产地的控制。看到这丰硕的战果，晋景公紧蹙的眉头不由得舒展开来，眼神中流露出了久违的喜悦。

第二节　晋齐首战

齐顷图霸

在伯宗的指引下，晋景公紧抓主要矛盾，对内尽力调和各族群之间的关系，试图缓解日益严峻的斗争形势；对外则进行了战略收缩，致力于为晋国发展寻求一个和平稳定的内外环境。

然而，树欲静而风不止，美好的愿望总会被一些意外所打断。正当晋景公准备大刀阔斧开始改革内政的时候，齐顷公不失时机地冒出头来，与楚国联合起来试图分割晋国在中原的利益。

齐顷公名无野，是齐桓公之孙，齐惠公之子，也是一个有志于恢复霸业理想的君主。

多少个月朗星稀的夜里，他曾不止一次地回想过齐国的往日辉煌。那时的齐国还是响当当的中原霸主，他的祖父就是在这片沃土上，带领中原诸侯东荡西驰、南征北战，那是何等荣耀！

这段时光并不遥远，但似乎又像是经历了几个世纪。在齐国年轻一代的记忆里，他们的君主就像是走马灯一般，在几个兄弟之间不停轮换，齐国的政坛也变得乌烟瘴气。这就使得当时的年轻人很难想象，这样的国家竟然还曾有过政治清明的时代。

但齐顷公不会忘记。在富足而消沉的人生旅途中，他见惯了叔伯之间无休止的厮杀，厌倦了这毫无生气的晦暗景象，痛心于国家的沉沦和国人的颓废，于是便决心要用自己的肩膀，扛起家国复兴的重任。

正所谓功夫不负有心人，时势偏爱造英雄。若是中原的霸权不出现中断，或许齐顷公也只能在无尽的等待中走向黄昏，无所事事地了此一世，并将所有的梦想都寄托到后人的身上。谁料想就在他继位的第二个年头，晋国就在邲之战中被打得一败涂地，一时间中原诸侯纷纷背盟而去，中原的秩序几乎又恢复到齐桓公去世后的那种混乱场面。面对这样一个难得的机遇，齐顷公岂能无动于衷？

对于一个贵族来说，失败并不是耻辱，害怕失败并因此止步不前才是真的耻辱。与战场上的失败比起来，齐顷公更不愿意做一个连试都不敢试的胆小鬼。尽管他知道自己未必是晋国的对手，可为了赓续姜姓宗族的光荣与梦想，他决定要闯一闯。

不过，齐顷公也并非一味蛮干。在真正向晋国发起挑战之前，他还需要在内政外交上同时发力，以全面提升齐国的政治实力和外交影响力。其中有一个至关重要的环节，那就是寻找一个能从侧面制衡晋国的帮手——所谓敌人的敌人就是朋友，这个帮手自然非楚国莫属。

于是乎，一时间使者的车驾在临淄与南郢之间穿梭不息，公然宣示着两国之间如胶似漆的亲密关系。由于史料缺失，齐国与楚国沟通的细节我们已不得而知。我们只知道，早在楚庄王刚刚表露出图霸中原的意图之时，齐楚两国就已经开始频繁往来了。比如若敖氏之乱爆发时，曾有斗氏大夫箴尹克黄出使齐国；楚国灭陈设县之后，申叔时从齐国赶回谏言恢复陈国；楚庄王去世后，申公巫臣携夏姬出逃晋国的计划，也是在其完成了与齐国联合发兵的使命之后才得以实施的。

齐顷公一发威，最紧张的莫过于鲁、卫两国。正如郑、宋是阻挡楚国北上的屏障，鲁、卫两国也是齐国东山再起绕不过的门槛。因此当齐、楚两国的使者开始不断联络的时候，鲁国和卫国不免感到焦躁不安。

为了抗击齐国入侵，鲁国先是于晋景公六年（前594年）开始正式实行"初税亩"，以"履亩而征"取代过去以井田为基础的征赋制度，从而扩充公室的财政力量。四年后，他们又开始"作丘甲"，以进一步扩充兵员、提升军事力量。

鲁国的这些举措与晋惠公"作爰田""作州兵"有不少相似之处，但与晋国在经济、军事改革之后国力得以迅速恢复不同，鲁国的体量毕竟太小，仓促上马的制度改革很难起到立竿见影的效果。因此，想要维护边境的安定和国家的安全，还须依赖霸主的保护。

也正是因为如此，鲁国外交政策的一贯宗旨就是将"抱大腿"贯彻到底，不管天下局势如何变化，也不管城头的大王旗变成了何等颜色，都要在远方找一个保护人。无论这个国家是晋国、楚国还是后来的吴国、越国，只要能够打得过齐国，就都比没有强。

断道之会

鲁国的这些表现从侧面反映出了齐顷公咄咄逼人的势头，或许正是因为感受到了来自齐国的威胁，晋景公才在完成了对"赤狄"的征讨之后，决意要举行一次会盟，希冀以一种相对温和的方式压制齐顷公的野心。

然而从齐顷公的种种表现来看，他的性情似乎颇有些急躁，总是表现出一副时不我待的紧迫感。郤克出使齐国的时候，齐楚之间的联盟还未稳固，周边的鲁、卫两国也并没有向其效忠，他似乎就已然把自己当成了天下的霸主，迫不及待地表现出了对晋国的轻蔑态度。

与之形成鲜明对比的是，晋景公却是一位极其善于隐忍的君主。任由齐顷公如何乖谬行事，他都始终坚守先内后外、韬光养晦的既定方针，不愿意在中原大地上轻启战端。故而当郤克怒气冲冲地赶回晋国，强烈要求讨伐齐国时，晋景公却一口回绝道："就算你有再大的怨气，也不该烦扰国家呀！"

郤克正在气头上，不等国君说完就又表示："不烦扰国家，那我带着自己的私属去攻打齐国，这总没问题了吧？"

景公一听这也不行啊，你好歹也是我国的次卿，怎么能让你冒这么大的险呢？就又拒绝了郤克的请求。可郤克积压的不满情绪迟早要找到一个发泄的窗口，如果不能让齐国人吃点苦头，就必然会在其他地方找补回来。

"不逞于齐，必发诸晋国。"这也正是当时晋国的中军将、郤克的直接上司士会最担忧的事情。作为郤克的同僚兼上司，士会对其秉性再了解不过了，如果他真要肇乱于内，这是谁也无法阻止的。与其如此，倒不如就让他打一打齐国，这样一来，冤有头债有主，郤克心里的气理顺了，国内安定团结的大好局面也不至于遭到破坏。

出于这些考虑，担任执政还不到两年的士会决定告别政坛，于半年后把中军将的位置留给郤克，好让他以执政卿的身份发动一场针对齐国的战争，以消弭可能发生在内部的祸乱。

而在士会正式退休之前，晋国依照原定计划于景公八年（前592年）夏在断道（今河南济源周边）举行了会盟。这次齐国派出高固、晏弱、蔡朝、南郭偃会作为代表出席会议，但由于担心受到晋人的责难，高固在走到敛盂（今河南濮阳东）后就私自逃回了齐国，最后到场的三名大夫又因被拒绝参会而纷纷逃散。郤克显然不能忍受齐人的轻慢，于是便派出大军四处搜寻，最后分别在温、原、野王等地将齐国使者全都抓了回来。

彼时晋国大夫苗贲皇受景公委托出使列国，回国途中听闻齐国贤人晏弱被拘，于是便特意前去探望。在详细了解了事情的来龙去脉之后，他回去就跟晋景公商量，说："霸主之所以能够和诸侯，其关键在一个'信'字，而我们如今的做法，却完全是与此背道而驰。齐侯正是因为担心受到冷遇，所以才派了四名臣子前来相会。这几个人在出发前，就不断有人告诫说：'国君不参会，他的臣子就一定会被晋国人抓起来。'高固深以为然，所以还没到晋国就逃走了，但其他三个人仍然甘愿冒着危险前来。我们没有好好接待人家，反而将忠臣抓了起来，这岂不是验证了齐国人的说法了吗？长此以往，前来参加会盟的人受到伤害，半路逃走的人有了借口，从此诸侯畏惧，恐怕晋国的霸业就难以恢复了！"

晋景公深明其中利害，可他又拗不过郤克的倔脾气，一时间也是骑虎难下。苗贲皇为国君分忧，悄悄地安排看管的人故意放松警惕，让齐国的使者找到机会逃跑了。

这次会盟让晋国人感到十分泄气，其中的原因除了来自齐国的羞辱之外，与诸侯对晋国的怠慢也是分不开的。按照《春秋》的记载，此次前来参会的国家只有区区四个国家，分别是鲁国、卫国、曹国和邾国，传统的东方大国如郑、宋、陈、蔡都没有派人参会，可见诸侯对晋国实力的恢复终究还是存有疑虑。

为了打破这尴尬的局面，晋国认为有必要展示一下声威以儆效尤，为此特于第二年春季联合卫国发动了对齐国的战争。晋景公大约是担心郤克会趁机报复，于是便亲自跟随大军到了阳谷（今属山东），迫使齐顷公在缯地（今山东兰陵）与之会盟，并把公子强送来做了人质就退兵了。

联军伐齐

缯地会盟让齐国服了软，不过要说战争会因此而消弭，恐怕还言之过早。断道之会的混乱无序和伐齐之战的虚张声势，并没有向世人展示出晋国回归中原的决心，反而是将他们内部的彷徨与冲突展露无遗。

会盟过后，齐国对待鲁、卫两国的态度并未发生转变。在齐国的强压之下，鲁国原本打算借助楚国的力量与之抗衡，可不巧的是，当年恰逢楚庄王去世，楚国在大丧期间无暇为鲁国分忧。无奈之下，鲁宣公只好又厚着脸皮派公孙归父向晋国请求援助。到鲁宣公去世后，臧孙许又第一时间赶到晋国，与晋景公在赤棘举行会盟。

鲁国与晋国之间的频繁接触，让齐、楚两国都感受到了强烈的冒犯。晋景公十一年（前589年）春季，齐顷公在尚未等到楚援的情况下，悍然出兵侵略鲁国北部边境，攻取了龙邑（今山东泰安东南），并长驱直入兵压巢丘。

与鲁国的圆滑世故不同，卫国被晋、齐两国夹在中间，生存环境逼仄，却很有一股"战斗民族"的气质，即便是面对盛气凌人的天下霸主，也很少会主动示弱。卫国这种桀骜不驯的国民性格，也为自己惹来了不少麻烦，远如晋文公时期卫成公所遭受的劫难，近如"职业背锅侠"孔达的死，都是由此造成的直接后果。

如今看到自己的铁杆盟友受到欺负，卫国的战斗精神迅速被激发了起来，还未等到鲁国求救，就已派出了援军。齐顷公早就料到他们会有此举，因此卫国大军刚刚抵达齐卫边境，就被严阵以待的齐军打了个措手不及。不仅如此，齐军还突破边界一路掩杀，几乎把整个卫国掀了个底朝天。卫国救鲁不成，反而自己也深陷齐军的包围之中，主将孙良夫在石稷、仲叔于奚等人的掩护和接应下撤回到新筑城（今河北大名），随后又与鲁国的臧宣叔会合，马不停蹄地赶往晋国求援。

相比于城濮之战前与鲁、卫两国的交锋，齐军的这次出击攻势凌厉，显然是经过了充分的准备，其不臣之志也是昭然若揭。可饶是如此，晋景公的态度却依然很暧昧，这就让郤克感到十分窝火。

三年来，郤克始终不忘自己在齐国受辱时的情形，如今好不容易得到了复仇的机会，自然不肯轻易罢休。在他的强烈要求下，晋景公勉强同意拨出七百乘的兵力供其驱使。但郤克对此犹不满足，又请求道："七百乘是当年城濮之战时的战车数量，当时先君贤明、大夫敏捷，所以才能够取得胜利。郤克不才，自知连给先大夫做仆人的资格都不够，所以请求发车八百乘！"

这番指桑骂槐之语让晋景公听得很不舒服，但事已至此，他不愿再跟郤克起争执，最终还是遂了他的愿，给他调拨了八百乘兵车了事。

在鲁人臧宣叔的接引下，郤克带领三军与鲁、卫、曹联军会合，其时已经是晋景公十一年（前589年）的六月。听闻晋军已至，侵入卫国的齐军急忙撤退回国，但在撤到齐卫边境的莘地（今山东莘县）时，还是被联军给追上了。齐军在联军的尾随下，于十六日抵达靡笄山（今济南千佛山），与齐顷公所率的主力部队会合后才停下脚步。至此，晋、齐这两个近百年来先后撑起中原霸业旗帜、在危难之中挽狂澜于既倒的大国，在维系了近半个世纪的和睦关系后，终于在战场上相遇了。

大军驻扎停当，齐顷公立即就向晋军下了战书，说："您带领贵国军队屈尊进入敝邑，敝军虽然不够强大，但也不敢推辞，愿意在明天早晨与各位相见。"

郤克也派使者回敬道："我晋国与鲁、卫本是兄弟之邦，前些日他们派人来见寡君，说有大国在他们的土地上释放怨气。寡君不忍心让兄弟之国受此凌辱，因此派我们来向大国请求，同时命令我们不能长期逗留在您的土地上。战场之上我们只能前进不能后退，您的愿望定然是不会落空的！"

齐顷公自是不遑多让，颇有些傲慢地回复道："这次的比武是寡人一直以来的心愿，大夫如果应允，自然是再好不过了；不应允也没关系，反正咱们迟早是要见面的！"

宣战流程刚一走完，齐顷公就迫不及待地让高固前往晋军驻地致师。高固在履行外交使命的时候临阵脱逃，可到了战场上却也有一股悍勇之气。他命人驾着战车在晋军营地横冲直撞，而他自己则张弓搭箭连连射杀敌人。等带来的箭都射完了，他就因地制宜，从地上捡起石块攻击敌军，同时还趁乱抓了几个战俘，并抢了一辆战车返回营地。为了展示自己的勇武以鼓舞士气，他把桑树根系在抢来的战车后面，在营地内来回奔跑呼号，高声呼喊着："欲勇者，贾余余勇！"意思是，缺乏勇气者可以来买我多出来的！

这场战事发生在齐国腹地，按照孙子"散地则无战"的原则，或许齐顷公应该坚壁清野、避而不战，将深入重地的晋军拖垮后再寻机挑战。然而齐顷公实在是太急躁了，偏偏要反其道而行之，主动向对方发起了挑战。

晋景公十一年（前589年）六月十七日清晨，天还未亮，齐顷公就把所有的士兵都叫了起来，并下令："余姑翦灭此而朝食。"意思是先消灭了敌人再回来吃早饭。说罢，还不等扈从给战马披上战甲，就率先冲向了敌营。

起初，由于没有料到齐军会发起闪电战，晋军仓促迎战，的确受到了不小的冲击。晋军上下伤亡惨重，就连中军主将郤克都被流箭射中，与他同车的御戎也身负重伤，情势对晋军极其不利。

在这种危急关头，将帅的军事素养就显得尤为重要了。郤克为人性情火暴，可毕竟身经百战，其在军中的威信也要比当初的荀林父强不少。面对齐军的突然袭击，他仍然能够保持镇定，按部就班指挥作战。在他的节制下，晋军抵挡了齐军一轮又一轮的冲击，很快就恢复了阵形。

不过郤克到底还是年纪大了，又加之失血过多，后来渐渐有些支撑不住，于是便随口抱怨道："疼死我了！"他本以为下属会安慰他一下，却不料驾车的解张却回应说："交战刚一开始，就有一支箭从我的手心射入，贯穿整条手臂到了肘部，我把箭杆儿折断了继续驾车，车轮都已经染成了黑红色，我都没说疼，你就忍着点吧！"

车右郑丘缓倒是没有受伤，听见主将和御戎都在诉苦，也忍不住要发牢骚。他说："从开战到现在，一旦遇到危险，我就得下去推车，这有多辛苦你知道吗？"说话间郑丘缓转过头来看了郤克一眼，发现鲜血从他的肩上一直流到了脚下，染红了整个战袍，又不由得担心起来："不过您的确是伤得有点重啊！"

解张正神情紧张地驾车，没有注意到这些细节，还是坚持说："我们这辆车的旗号和鼓声是整个军队的耳目，决定了军队的进退。这辆车只要有一个人还在，就能指挥战斗。军人身披盔甲，手执干戈，本来就该抱定必死的决心，仅仅是伤痛还没有到死的地步，就一定要尽力而为，怎么能因为一点点的伤痛而败坏了军国大事？"

话虽如此，眼看着郤克挥舞鼓槌的手越来越无力，鼓声也越来越微弱，解张也紧张了起来，只好从郤克手中接过鼓槌，一边执缰绳驾车前行，一边抡起战鼓指挥进攻。双手节奏不一致就很容易出现不协调，在隆隆的鼓声下，战马也失去了控制狂奔起来，牵引着全军将士也都追随着主帅的旗帜奋力冲锋。

齐国人豪爽直率，素来崇尚勇武而不善用巧计，这既是他们得以壮大的资本，但同时也在一定程度上限制了其战斗力的发挥。早在齐桓公称霸之前，齐国就曾被鲁人曹刿用计摆了一道，用将士的鲜血和生命印证了"一鼓作气，再而衰，三而竭"这样一个道理。时隔近百年之后，齐国人直截了当的性情丝毫都没有改变，在急性子的齐顷公引领下，更是将这种率真的性情表现得淋漓尽致。

几轮有组织的冲锋没能攻破敌阵，使得那些连早饭都没顾上吃的将士们再无战意，终于在联军的反攻下败下阵来。兵败如山倒，一溃千里，齐军的阵形被打乱，完全无法组织有效的防御，三军将士只能没命地四散奔逃。而联军则在郤克的指挥下穷追不舍，与齐军绕着华不注山（在今山东济南市区东北）玩起了"旋转木马"，从而上演了一出"三周华不注"的趣事。

韩厥建功

韩厥是晋国的三军司马，有关他的故事，我们后面会有详细的叙述。在这次战争中，韩厥亲自驾着战车追击齐军，好巧就遇到了齐顷公的车驾。这里值得一提的是，按照常理，一个战车上主将应当站在车左的位置射杀敌人，而这次出战，韩厥却执意要亲自驾车，而这要归因于一个梦。

据说在开战的前一夜，韩厥梦到了自己去世多年的父亲子舆，在梦里父亲语重心长地对他说："明天作战的时候不要站在战车的左右两侧。"韩厥不解其意，但仍然听从父亲的话，居中亲自驾车。后来在追击的过程中，他的车左和车右先后被射杀，使得他对那个梦更加深信不疑。

后来晋军一个名叫綦毋张的将领落了单，看到韩厥独自赶来，就跳上了他的战车。韩厥正在聚精会神地驾车，无暇与綦毋张说话，但当对方想站在车左或车右的位置时，他都会故意用肘把他推开，搞得綦毋张无可奈何，只好站到他身后。有了綦毋张的协助，韩厥还腾出手来把刚刚被射杀的车右的尸体摆好。

韩厥的这些举动被齐顷公的御戎邴夏看在眼里，便提醒国君说："射那个驾车的人，他是个君子。"

齐顷公被追得很狼狈，却也不失贵族风度，只见他拈弓搭箭，后面便有追兵应声伏倒。听到邴夏的话，他反而对韩厥更添了几分敬意，于是反驳道："明知是君子还要射他，这不合于礼，我不能这么做。"

齐顷公的一念之仁不但保住了韩厥的性命，还产生了蝴蝶效应，对后来的历史产生了影响。不过当下更让他感到后怕的是，因为对韩厥的惺惺相惜，差点搭上自己的性命。

齐顷公的车驾在快要到达华不注山下的华泉时，被树木绊住无法行动。这在春秋时代的战场上本来是稀松平常的事情，只要车右下车把树枝截去，把损坏的部件修好，车照跑马照跳，威风的锣鼓还可以敲起来。可是当齐顷公和邴夏把目光投向车右的时候，那个名叫逢丑父的大力士却不自觉地羞红了脸颊。

原来在头天夜里，逢丑父在车上小憩时，不慎被一条蛇咬伤了，整个手臂都使不上劲。他不想因此失去担任国君车右的荣誉，因此就怀着一丝侥幸心理，把事情隐瞒了下来。可谁又能想到，战场局势变化莫测，一国之君竟然被人追着四处逃窜，偏偏在这紧要关头车还抛锚了，这可如何是好！

眼看着韩厥的战车越来越近，齐顷公的车驾却纹丝不动，逢丑父情急之下，只好与齐顷公换了衣服，扮作国君的样子在大树之下正襟危坐，等着对方前来。

韩厥追了大半天终于抓到了敌军大将，欣喜之情自不言而喻，而当他得知坐在自己面前的竟然是齐顷公本人时，更是大喜过望。为了表示谢罪，他急忙让人找了几件玉璧和酒器，恭敬地捧着美酒向冒充齐顷公的逢丑父跪下叩头，说："寡君派臣下来齐国是为了给鲁、卫两国请命，因此一再告诫不允许我们长期逗留。下臣不幸身在军旅，不能逃避责任，只能在战场上尽力而为，免得有辱两国君主的使命，并无意为难君上，还请君上体谅。"

听了韩厥的话，逢丑父知道他不认识齐顷公本人，心下稍安，于是就装模作样对韩厥说了一番外交辞令。过不多时，他又计上心来，让齐顷公去为他打水。齐顷公恭顺地领命去往华泉，可由于晋人看管太严没能逃脱，只能打了水回来。逢丑父一看这不行啊，接过水一把丢在了地上，没好气地说："这么浑的水你让寡人怎么喝！"齐顷公再去打水，总算又找到机会跑掉了。

韩厥带着假的齐顷公得胜回营，郤克听闻之后大喜过望，心想总算是可以一雪前耻了。可当他果真见到了俘虏，却一下子愣住了：这不是齐侯啊！

到这个时候逢丑父才如实相告，郤克又气又恼就要杀人泄愤。逢丑父大呼："恐怕从今以后再也没有为国君受难的人了，就让人们时刻都铭记着我的教训吧！"

这番说辞很有当年叔詹的风范，郤克只好命人收手，且补充说："一个人用生命来保全自己的君主，杀了他不吉利，还是留他一条性命，以此来勉励勤勉事君的人吧！"

这是出自《左传·成公二年》的记载，但《公羊传·成公二年》的说法却与之截然不同，说是逢丑父身份被揭穿后，郤克就问了一句话："欺三军者，其法奈何？"众人齐声道："法斯！"意思就是当斩，然后代君任患的齐国子民逢丑父就被晋人以晋国法令砍了头。围绕着逢丑父到底该不该杀，儒学界曾展开过激烈的讨论。关于这个问题，实在是牵涉甚广，就不继续延展了，咱们再回过头来看看齐顷公的表现。

齐顷公以打水的借口逃走之后，在郑周父和宛茷的保护下回到了大营。想到逢丑父有可能会因为欺瞒晋军而被斩首，齐顷公心中实在不安，于是就打点人马，展开了一次声势浩大的"拯救逢丑父"的军事行动，从而创造了在敌营中"三入三出"而毫发无伤的传奇。

不过，齐顷公之所以能够做到这一点，可不是因为武艺有多高强，而是联军慑于其尊贵身份不敢伤害他，甚至连受中原文化熏陶浸染的"狄人"也都对其颇为关照。当齐侯闯过"狄人"营地的时候，为了防备别人误伤，这些狄人还自发地组织起来，用戈和盾打造了两堵护墙，让这位不速之客在这两堵护墙围成的"高速公路"中自由穿行。

经过这么一番折腾，齐顷公终究还是没能救出逢丑父，只好满心愧疚地带着残兵从徐关（在今山东淄博）进入临淄，殿后的齐军则从丘舆（位于今山东青州）过关，退守马陉（今山东淄博临淄区西南）以诱导晋军。而晋军则长驱直入，"一战绵地五百里，焚雍门之荻，侵车东至海"（《穀梁传·成公二年》），几乎横扫齐国全境，使得齐国经历了立国以来最大的一场浩劫。

爰娄之盟

人在矮檐下，不得不低头。

齐顷公愿赌服输，他派国佐宾媚人带上纪甗、玉磬等贵重礼品赴晋军驻地求和，并允许将侵占的土地退还给鲁、卫两国。与此同时，他也预料到了可能会受到的刁难，故而负气地补充说："如果他们还不肯罢休，那就随便他们怎么着吧！"

齐顷公的疑虑显然是有根据的，当国佐战战兢兢地把齐国的诚意展示出来以后，果然就遭到了对方的严词拒绝。郤克对当年受辱的往事念念不忘，因此在代表鲁、卫讨要了封地并索取了战利品之后，还不无傲慢地提出了两个额外的条件：一是要求将萧桐叔子送往晋国做人质；二是要齐国"尽东其亩"。

这两个条件过于蛮横，齐顷公当然不会答应，作为具体承办人，国佐自然也要据理力争。他十分克制地向郤克解释说："萧桐叔子是寡君的母亲，从一定意义上讲，天下诸侯皆为兄弟，齐侯的母亲也等于是晋君的母亲。郤子在诸侯中发号施令，却要用其母亲做人质来获取信任，将来若要行使王命，又当如何处理呢？"其言外之意是，假如天子对晋国不信任，您难道会将晋君的母亲送去做人质吗？

紧接着，国佐引用了《诗经·大雅·既醉》中的一句诗说："孝子不匮，永锡尔类。"其意在表明孝道在国家政治中的重要地位，并以此来质问郤克："用不孝来号令诸侯，这恐怕不符合道德准则吧？"

至于郤克所提出的"尽东其亩"，就是要让齐国将田垄改为东西走向，理想状况下可以让晋国的战车顺着田垄的方向随时进出齐国。对此国佐同样有一番说辞：先王因地制宜划分天下疆土，土地无论是东西走向还是南北走向，都是按照山川地理的走势来确定的，为的是确保获得好的收成。现在您不顾山川形势，只管自己兵车进出有利，恐怕不是出自先王的政令吧？四王五伯之所以能够统一天下安抚诸侯，靠的是树立德行惠泽天下，而您现在废弃先王政令，只为满足自己无止境的欲望，又如何担当得起天下霸主的重任？

说完这些，国佐也向郤克表明了齐顷公的态度：郤子奉国君之命不远千里来到敝邑，我军虽然不够勇猛但也都奋勇出战。因为贵国君主的威严，我军战败服输，也甘愿接受惩罚。如果您能够赐福于齐国，让两国继续保持长期友好的往来，就算是把先君的土地和宝器赠予诸位我们也心甘情愿。倘若您不肯罢休，我齐国虽然不够强大，也只能收集残兵背城一战，拼尽全力与诸位周旋到底，即便因此国破家亡也在所不惜！

国佐的这番话可以说是气壮山河，令鲁、卫两国大夫都不由得心惊胆战，他们纷纷劝说郤克："齐军伤亡的都是他们国君亲近的人，您再这么强硬下去，对于晋国来说或许没什么损失，可齐国就要怨恨我们了。现在您拿到了齐国送来的宝物，我们收复了被齐国夺取的土地，您的功业和荣耀也都足够了！齐国和晋国都是受上天护佑的，晋国难道就能永远取胜吗？"

郤克此番伐齐的确有报私仇的因素，但身为晋国正卿，更重要的目的还是为了宣扬晋国的声威，重拾国人因邲之战而失去的信心。如今目的已然达到，也就没有再咄咄逼人的必要了，故而就让国佐带话给齐顷公说："我们是为了给鲁、卫两国请命才带着兵车前来的，如今既然已经有话可以向寡君复命，自然要感谢您的恩惠，哪敢不唯命是听呢！"

这年七月，两军在临淄城外不远的爰娄（在今山东淄博临淄区）签订了和平协议，齐国许诺退还所侵占鲁、卫的土地，联军也从齐国境内撤出。至此，晋齐之间的首场战役以晋国方面的全胜宣告结束。这场战争因发生在齐国的鞌地，故而被称作"鞌之战"。

第三节　信任危机

蜀地匮盟

鞌之战的直接受害者是齐国，但最感窝火的却仍是楚国。

楚庄王即位后，经过十几年励精图治，创造了"灭庸服群蛮"、北征"陆浑之戎"、平定"若敖氏之乱"的诸多功业，方才稳定了楚国的政局；又经过艰苦卓绝的斗争，以异常艰苦的战争征服了陈、郑、宋等国，打败了晋国，终于实现了楚人几百年来饮马黄河的夙愿。

然而，由于受制于"蛮夷"的身份，楚人即便是有再强大的武力，也无法轻易得到中原诸侯的认同，这就使得楚国在中原的影响力如林间花树一般，得来不易却去得匆匆。

商丘之围三年后，征战一生的楚庄王怀着满腔的愤懑溘然辞世。他耗尽一生心力，奋力打破了以晋国为中心的中原政治秩序，却没能建立以楚国为中心的新秩序，留给后人的是一个机遇与危机并存的乱世。

楚庄王去世后，他的儿子楚共王走上了历史的前台。面对民疲财竭的困顿局面，哪怕是不世的天才也难为无米之炊。为了能够保住已经取得的战果，辅佐楚共王的卿大夫也只能忍气吞声在中原寻求盟友，而这个需求恰好与齐顷公不谋而合。

然而让他们终究没有料到的是，齐顷公过于自负，对自身的实力有着不切实际的估量，还没有等到预先约定的日期，就贸然向晋国发起了挑战，最终酿成了鞌之战的惨败，从而使得楚国"联齐制晋"以称霸中原的梦想也化为泡影。

此外，鲁、卫两国在晋楚之间的立场选择，也让楚人极其恼火。过去几年间，鲁国曾一而再，再而三地向楚国示好，希望能借助楚国的力量压制齐国。可楚庄王刚一去世，他们转眼间就与晋国结盟伐齐，这种做法无异于是将楚国当成了"打狗棒"，想用就用，想扔就扔。至于卫国，则从来都对楚国的武功视而不见，这又怎么能让人忍得下去！

鞌之战爆发后，楚国国内群情激愤，纷纷要求出兵救援齐国。为了一战打出楚国的声势，令尹子重（公子婴齐）在国内开展了一系列的战前动员工作，包括户口清查、减免税费、弱势群体救助、全国大赦等，以便抽调更多的兵力派上战场。

这一切工作完全就绪时，已经是鞌之战结束半年后了。楚国出动了包括国君警卫队在内的所有部队，拉拢了所有能够拉拢的盟国，就连许国和蔡国未成年的君主也让他们提前行了冠礼强行拉上了战场。当年冬天，楚国大军深入中原，首先侵入了卫国，随后驻军鲁国的蜀（今山东泰安）地，并以此为据点出兵攻打阳桥（今山东泰安北），故而这场战争也被称为"蜀之役"，又或"阳桥之役"。

由于楚军攻势凌厉，鲁、卫两国早早地就放弃了抵抗，并备好了礼物要向楚人求和。楚国大军刚到阳桥，鲁成公就已经把他的弟弟公衡送来做人质了，用以劳军犒师的木工、缝工、织工各一百人也已经抵达了前线。

楚国劳师远征到了鲁、卫的地界，已然是强弩之末，看到鲁人这么识趣，便欣然同意与之结盟。据《春秋》经传所载，受邀参与这次盟会的共有十三个国家，参会的代表包括鲁成公、蔡景侯、许灵公、秦国右大夫说、宋国华元、陈国公孙宁、卫国孙良夫、郑国公子去疾以及齐、曹、邾、薛、鄫等国的大夫。除了晋国和一些东夷小国之外，当时中原地区能够叫得出名字的国家几乎都参加了——晋国统领诸侯数十年，恐怕都没有享受过这般荣耀。

然而对于这样一次空前的盛会，《左传》却给了一个极端负面的评价，称之为"匮盟"。一方面，楚国在邲之战中战胜晋国的影响犹在，此番他们又倾尽国力大举北伐，诸侯迫于其军力不得不参与盟会；可另一方面，晋国在鞌之战中击败了齐国，又使得诸侯不得不慎重评估晋国重新夺取霸权的可能，因此在与楚国会盟时大都缺乏诚意。

会盟的成果同样不容乐观。当楚军撤退抵达宋国时，鲁国送去做人质的公衡就在中途逃脱了；到第二年春季，参与盟会的宋、鲁、卫、曹等国就在晋国的率领下大举伐郑；齐顷公更是亲赴晋国缔结友好，成为春秋时期第一个亲自到晋国朝见的齐国国君。这些都表明了楚国声势浩大的联盟并不可靠，这次的会盟自然也就有名无实了。

收服郑国

晋景公十二年（前588年）十二月二十六日，也就是鞌之战结束一年半以后，为了赏赐在鞌之战中建立功勋的大夫，晋景公大肆扩编军卿阵容，建立了空前绝后的六军十二卿体制。

周代有"天子六军、大国三军"的说法，晋景公的做法显然是僭越了天子的规制。但无论是《春秋》还是《左传》，对于这次大规模扩编都没有做出任何评论，因此我们也很难窥伺到当时人们的真实想法。但不管怎么说，鞌之战的胜利让晋人一扫邲之战失败的阴影，国中上下都备受鼓舞，国内扩张主义思潮有所抬头，恢复晋国在中原的利益也就成为题中之义了。

新的争霸周期一旦开启，首当其冲遭遇兵祸的自然还是郑国。此番联军伐郑，打的是报复邲之战的旗号。郑国的公子偃知道对方来者不善，于是就命令东部边境的军队设下埋伏，将联军打了个猝不及防。

尽管晋国是春秋时期搞"伏击战"的开山鼻祖，但却从来没有想过要将这种不入流的战术用在中原的战场上，自然也就没有防范的意识。不料他们刚刚想要扬威于天下，就被郑国人用自己首创的战法阴了一招，哪里肯善罢甘休？于是就积极备战，准备对郑国展开新一轮的报复。恰好在这个时候，郑国与许国之间发生了纠纷，让晋国找到了出兵借口。

郑国和许国之间的纠纷由来已久。早在一百多年前郑庄公在位时，就曾联合齐、鲁等国攻灭了许国，但由于许国曾是鲁国的附庸，郑庄公投鼠忌器，仍保留了许国的社稷。后来郑庄公去世，郑国内部变乱不休，许穆公趁机起兵赶走了郑国驻军，许国由此复立，同时也开启了郑、许两国之间长达两百年的恩怨情仇。

一直以来，郑、许两国同时受霸主节制，即便互有敌意也不敢公然对抗。但如今楚庄王突然去世，晋、楚两国又都疲态尽显，郑国就想趁这个机会解决历史遗留问题，于是便接连发兵攻打许国。

晋景公十三年（前587年）冬，在完成了内部力量整合之后，晋军以栾书为元帅，打着救援许国的旗号攻打郑国。楚国司马子反听闻晋国出兵，急忙带兵前来救援，结果晋军是退了，可许国和郑国却打起了官司。

这场官司一直打到了楚共王面前，但由于郑国背约伐许在先，郑悼公亲自赶赴楚国争讼也未能挽回败局。郑悼公争讼不胜，一怒之下就背叛了楚国，派公子偃到晋国去寻求结盟。

为了庆祝郑国的回归，晋国先是于景公十四年八月派赵同与郑悼公在垂棘举行了会盟；随后又于当年冬天，召集齐、鲁、宋、卫、曹、邾、杞等国在虫牢（今河南封丘北）举行一次盛大的会盟，共同与郑国缔结盟约。

郑国一夜之间改换门庭，楚国自然要有所动作。晋景公十五年（前585年）秋季，令尹子重带兵进攻郑国。作为反制，晋国执政栾书引兵救援，两军在绕角（今河南鲁山）相遇。楚军为避其锋芒撤退回国，而晋军则趁胜侵扰蔡国，引得申、息两县的楚军不得不回师救援，又与晋军在桑隧（今河南确山）相遇。不料楚军刚扑上来，栾书就以不宜"迁戮"为由下令撤军回国。

此后的几年里，晋、郑两国进入了一个短暂的蜜月期。郑国不仅坚决依附晋国，帮助他们抵御楚军的侵袭，还跟随着晋国大军伐蔡、围许、侵沈，给楚人制造了不少麻烦。

楚国多次武力征服未果，转而开始走"黑金"路线。晋景公十八年（前582年），他们派人带着财货重贿郑成公，终于换得郑国的暗中结盟。考虑到晋楚和议近在眼前，郑成公仍抱有一丝幻想，于是便亲自到晋国去解释情由，希望能够得到谅解。然而晋人却蛮不讲理地将他扣押下来，同时还出兵讨伐郑国。郑人投鼠忌器，不敢抵御晋军，就派出使者前去求和，谁知晋军竟不问情由，直接把使者也杀了。

眼看服软不成，郑国大夫公孙申决定转变策略，干脆出兵讨伐许国，以向晋国表明他们并不急于救回国君。这个想法本意是好的，晋国知道郑国要立新君，那么他们所扣留的国君就无法威胁到郑国，自然就会将他释放。但让公孙申没想到的是，还没等晋人对此做出反应，郑国内部就真有人动了改立国君的心思，结果就酿成了一场大乱。一直到第二年五月，郑人先后立了两任国君之后，晋国才想到要把郑成公送回去，迫使郑国在修泽（今河南原武）与诸侯会盟。

政令不一

但也就在这段时期内，晋国内部却出现了极大的混乱。从内部表现来看，是由赵氏内部纷争引发了下宫之役，导致在十二卿中担任重要职务的赵同、赵括死于非命；而从外部表现观之，则是晋国对外政策明显出现了政令不一的现象。

比如在对待鲁国的态度上，早年晋国受鲁、卫之请出兵伐齐，通过鞌之战帮助鲁国夺回了被侵占的"汶阳之田"。鲁成公为感谢晋国，不仅亲自慰劳晋军，还特地赐给三军统帅以先路的戎车和三命之服，就连军中的司马、司空、舆帅、候正、亚旅也都获赐一命之服。但在齐顷公朝见之后，晋国对鲁国的态度就发生了一百八十度的大转弯，以至于鲁成公第二次前往晋国朝见时，晋景公就没给他好脸色看。这还不算，到晋景公十七年（前583年），晋国更是委派韩穿到鲁国去，要求他们把"汶阳之田"归还给齐国。

对此，鲁国执政大夫季孙行父就直言不讳地指出："信以行义，义以成命，小国所望而怀也。信不可知，义无所立，四方诸侯，其谁不解体？"（《左传·成公八年》）

中原霸主自诞生之日起就承担着艰巨的使命，他们必须要时刻将信用和道义摆在首位，以此来维持中原诸国安定有序，才能获得诸侯的拥护。假如这个霸主喜怒无常、朝令夕改，今天高兴了，把汶阳之田给了鲁国，明天不高兴了，又要转而割让给齐国，就会让人无所适从。长此以往，信用就无法树立起来，道义也无法得以推行，还如何维持霸业联盟的稳固呢？

"汶阳之田"是季孙行父的祖父季友的封地，他之所以明知事不可为却还要再三请求，就是不想让这块祖业落入他人之手，但他所提出的那番见解，却真切地反映了当时诸侯的真实诉求。可即便如此，季孙行父的肺腑之言还是没能让晋国改变决策，终于使得鲁国与晋国的关系渐行渐远。

晋国对鲁政策的转变如果要强行解释，我们可以认为他们是为了讨好齐国，同时也是在对鲁国私下结交楚国表示不满，可接下来晋人对宋、卫两国的所作所为就实在令人费解了。

晋景公十四年（前586年）冬季，宋国出现了由公子围龟引发的内乱，宋共公担心自己出国时间太长，国内的乱局会进一步发酵，于是就在虫牢会盟上提出不再参加此后的会见。这些提议即便是不合情理，宋人在盟会上当场提出，晋人大可以当面质疑。然而令人感到意外的是，晋国方面竟不分青红皂白，执意于第二年三月邀合卫国、郑国和伊洛、陆浑、蛮氏等"戎族"大举讨伐宋国。

更让人难以理解的是，大军在卫国驻扎期间，领军的副帅夏阳说看到鍼（同"针"）地的城池防卫空虚，竟然突发奇想准备发动偷袭以获取战利品。卫国人得知后大惊失色，急忙提高警惕、加强防卫，随时准备跟晋军战斗到底。好在晋军主帅伯宗是个明事理的人，及时制止了这场闹剧，这才没有引发激烈的外交冲突。

因晋国内部冲突爆发，且在对外交往时朝令夕改，诸侯无所适从，纷纷对晋国产生了二心。为了改善由此造成的被动局面，晋国内部的温和派也做出了不少补救动作。

比如晋景公十八年（前582年）春，晋国曾召集诸侯在蒲地举行会盟，试图重申马陵之盟的友好关系。但因心中多有怨气，诸侯对这次的会盟普遍都不看好，比如鲁国的季孙行父就愤愤不平地质问道："德行都已经放弃了，还重温旧盟做什么？"

恰在此时，鲁国与宋国缔结婚约，鲁成公将伯姬嫁给了宋共公，晋国就以此为契机，也替鲁国送去了陪嫁的媵妾，两国的关系才稍稍有所缓和。

晋国这一系列反常的动作，反映出其内部矛盾仍在不断加深。晋景公在位的十九年，正是晋国内部冲突持续激化的关键时期。作为这个国家真正的掌舵人，晋景公当然知道这些矛盾的根由所在，故而一直都在以或温和或强硬的手段调解冲突，同时极力避免与外部产生冲突。然而，在内外各方势力的综合作用之下，鞌之战还是不可避免地爆发了。这场战争的胜利在激发晋国人信心的同时，也复活了他们心中的恶魔。不同派别、不同立场、不同阶层的人们开始为了利益互相扯皮，导致政令难以统一，对外公信力逐步丧失，更使得晋景公的努力变得举步维艰。

对于晋景公来说，霸业宏图还未能实现，邲之战前的各种老毛病就又借尸还魂，再没有什么事情比这更让人感到痛苦了。可事已至此，再去抱怨过去的种种已经没有意义，人总要向前看，继往开来才能创造美好的明天。那么接下来，晋景公又会做出哪些努力呢？

第五章
从第一次弭兵会盟到鄢陵之战

第一节　华元弭兵

好恶同之

公元前579年，是晋厉公即位的第二年，在经历了近二百年的战乱之后，中原大地上终于迎来了一场和平的盛会。这年五月，晋国大夫范文子士燮与楚国代表公子罢、许偃在宋国举行隆重的会见。经过短暂的协商，五月初四日，双方代表在商丘城的西门外一起歃血为盟，共同宣誓：

> 凡晋、楚无相加戎，好恶同之，同恤菑危，备救凶患。若有害楚，则晋伐之，在晋，楚亦如之。交贽往来，道路无壅，谋其不协，而讨不庭。有渝此盟，明神殛之，俾队其师，无克胙国。

盟会议定的内容主要有三项：

其一是明确休战原则，规定两国从今以后要好恶同之、互相扶助，不再以兵戎相见。如果有敌人侵害楚国，晋国应出兵救援讨伐敌人，如果晋国遭受侵害，楚国也同此理。

其二是约定共享霸权，两国要建立和睦友好的外交关系，保证信息和道路的通畅，出现异议时应共同协商解决。要共同履行扶危济困的义务，对不遵守王道正义者，应同心协力进行讨伐。

最后是有关违约事项的约定，两国要严格遵守这一协定，如有背叛此盟誓者必遭天谴，使其军队覆亡，国祚断绝。

由于这是晋楚两国首次就中原和平秩序达成协议，因此人们通常将这次盛会称为"第一次弭兵会盟"。

晋楚这对春秋时期最强劲的宿敌，在经历了五十多年的敌对状态后，能够放下敌意平心静气地坐在一起共商大事，这样的成果的确来之不易。在成就如此壮举的背后，既需要当政者有壮怀天下的气魄，更要有数不清的政治活动家奔走推动。而在这其中，最为关键的人物有三个，第一位就是晋国大夫荀首。

荀首是荀林父的弟弟，被封于智邑，因以智为氏，成为后来的强卿家族智氏的始封之君。十八年前（前597年），荀首以下军大夫的身份参加了邲之战，他的儿子荀罃在此战中被楚国大夫熊负羁俘虏。为了找回自己的儿子，荀首拼死俘虏了楚国王族的公子谷臣，并抢回了连尹襄老的尸体，为的就是有朝一日能够以换俘的方式父子团聚。然而邲之战后，晋楚关系跌入冰点，此后多年没有正常的外交往来，使得荀首的心愿始终都无法实现。

不过，恐怕连当年的荀首都没有想到，身为下军大夫的他有朝一日能够顺利成为六卿之一，并在不久后成为排位第二的中军佐，而这个过程仅仅用了不到十年。

职位的迅速晋升，使得荀首能够以晋国次卿的身份提出交换俘虏的倡议。在国际力量的一致推动下，晋景公十二年（前588年），楚共王终于同意了这项协定，让居留在楚国近十年的荀罃回归故国。

这个以私心起念的换俘过程既达成了荀首多年来的夙愿，也无意间开启了晋楚走向和解的第一步，为第一次弭兵会盟的成功举行创造了基础。

南冠楚囚

此后的几年间，晋楚两国围绕郑国的归属展开了激烈的争夺，一度使得两国之间的交往出现了中断。而晋国内部冲突的白热化，又使得其对外政策朝令夕改，让人很难产生稳定的预期，这个局面一直到晋景公十七年（前583年）的"下宫之役"后才逐渐发生转变。这时，又有一个楚国人钟仪在其间发挥了重要的作用。

唐代诗人赵嘏有诗云"鲈鱼正美不归去，空戴南冠学楚囚"，以家乡的鲈鱼之美与客居长安似楚囚一般的生活进行对比，表达其厌倦官场的寂寥之志，寄托其思乡归隐的渴盼之情。汪精卫在刺杀摄政王失败被捕后，在狱中也曾作诗"慷慨歌燕市，从容作楚囚"，以展示自己为革命献身的决心。其中"楚囚"这一典故的来源便是这位客居晋国的钟仪。

钟氏出自楚国王族后裔，是一个世代以乐师为业的家族，其家族姓氏便与当时的主要乐器编钟有关。不过，钟仪并没有继承家业成为乐师，而是进入了军政系统，担任了郧县的县公。晋景公十六年（前584年）秋，楚人因不满郑国的背叛而挥师北上，却不料被联军打败，钟仪也在这场战争中成为俘虏，后来几经辗转，被囚禁在晋国军队的府库中。

在孤寂虚空的羁旅生活中，钟仪只能凭窗南望故土以寄托思乡之情，无意间成就了"南冠楚囚"这样一个寂寥落寞的意象。不过，这种刻板化的印象并非钟仪生活的全部。在成为囚徒两年后，他终于迎来了人生的另一个转折点。

在位十八年秋冬之际，晋景公到军府视察工作，偶然间看到一位来自异国的囚徒。见他虽身陷囹圄却像要上朝一样，始终保持衣冠不乱、坐姿不倚，很有君子的风度，晋景公不由得心生景仰，于是不无感慨地问道："那位戴着南冠的囚徒是什么人？"

随从的官员回答说："是郑国人所献的楚国俘虏。"

晋景公命人把钟仪放了出来，跟他坐在一块儿聊起了家常，钟仪的回答都很得体。后来聊到了家世，景公问起他在楚国的族人，他如实回答说："族人是负责奏乐的。"

晋景公顿时来了兴致，便又问他是否会奏乐，钟仪说："这都是我们家族的职责，又岂敢荒废？"景公当即就让人拿来一组乐器，让他现场演奏。钟仪欣然领命，奏了一曲楚风。

奏乐完毕，他们才开始进入正题。景公问："你们的国君是个什么样的人？"

钟仪起初一再推托，说："这不是我这样的小人物可以知晓的。"在晋景公的一再追问下，他才勉强给出了一个含糊的答案："我只听说，当年他做太子的时候，尽管有师保侍奉，却依旧早晚向公子婴齐和公子侧请教，其他的事情我就不了解了。"

钟仪提到的公子婴齐和公子侧，分别指的是令尹子重和司马子反。婴齐和侧是他们的本名，子重和子反是他们的字，两个人都是楚庄王的弟弟、楚共王的叔父，为当时主导朝政的实权派。钟仪虽远在异国他乡，但提到他们的时候依然按照"君前称名"的原则，直称其名而不是字，体现了他时刻不忘尊君的操守。而说到对楚共王的看法，却只提到其当太子时的表现，既说明了楚共王是一位好贤且有上进心的人，同时又表示自己的评价客观公允而非出于谄媚，是没有私心的表现。

除此之外，晋景公在向士燮提起这件事的时候，士燮还赞叹说："言称先职，不背本也。乐操土风，不忘旧也。"（《左传·成公九年》）所谓"言称先职"，是因为钟仪虽然担任了郧县的县公，但在问及家人的时候，依然以其世袭的职业作答，称得上是一个"不背本"的人。至于"乐操土风"，是说他背井离乡多年，深受晋国音乐的熏陶，却始终以楚风明其志，可见其具有"不忘旧"的道德操守。这四个品质综合在一起，体现了他仁、信、忠、敏的人格特质，称得上是一位有德君子。

接力促和

这次简单的对话令晋景公心中无限感慨。他既为像钟仪这样的君子被迫流落异乡而感到难过，也为自己艰难的处境而感伤不已，更为这失去了秩序的世界而苦恼愤懑。这究竟算是一个什么样的时代，没有人能够说得清楚；究竟什么才是人们追求的所谓正义，更是一个永远都解不开的谜题。

人们常说"春秋无义战"，可所有的不义之战却都有一个冠冕堂皇的理由。人们打着维护王道、伸张正义的旗帜，喊着保护礼乐文化、还黎庶以安宁的口号，掀起了连绵不断的战争。可最终的结果是什么呢？是先王礼乐衣冠的绝尘不返，是大家族之间持续不断的倾轧兼并，是小家小业惶惶不可终日的凄风苦雨，是君子南冠而坐的孤独寂寥，更是像他这样的君主在卿大夫如饕餮一般的胃口和权力挤压的夹缝中勉力求存。

晋景公与士燮对钟仪的评价，在儒家看来或许是在对"何为君子"进行理论研讨，但更为实际的用意恐怕还是在考察钟仪的为人。他们要选拔一个可靠的信使，以重启两国搁置已久的和平谈判。钟仪作为客居异乡的楚人，又有着可贵的品质，自然就成了他们宏大计划中一个不可或缺的角色。

事实上，钟仪也果然不辱使命。回国后他迅速将消息传到了楚王那里，也成功地劝服楚国上下同意与晋国和谈。仅仅几个月后，楚国就派出公子辰来商讨和谈细节，次年晋国也以籴伐为使到楚国进行了回访，一切都有条不紊地进行着。

然而遗憾的是，晋景公最终还是没有等到缔结盟约的那一天，他的死又给刚刚启动的晋楚和谈带来了巨大的悬念，也让那些对和谈翘首期盼的中原诸侯大感失望。

晋楚两国争霸五十多年，中原诸侯无不受其侵扰。他们除了要向盟主缴纳数量可观的贡赋之外，还要按时出兵跟随霸主东征西讨。而处于中原要冲地带的郑、宋、陈、蔡等国，更是常常要遭受战火蹂躏，真可谓苦不堪言。这些国家无不盼望着晋楚和议能够早日达成，好让他们免去这诸般的苦难。

从另一方面讲，晋国所面临的内政困局在中原普遍存在，晋景公在位时期又正好是各国内部大族崛起、君卿权力交替变异的重要时期。无论是国君还是世卿大夫，都希望尽快对内部的利益格局进行调整，而这些都需要有一个相对和平的外在环境。

在这样的一个背景下，促成晋楚和议的第三位关键人物闪亮登场，他就是来自宋国的华元。

华元是宋戴公五世孙，在宋国六卿序列中担任右师职务。晋景公五年（前595年）时，是他坚持杀掉楚国使者申舟，为宋国招来了楚国的讨伐；当宋人在九月围城的苦难中艰难支撑的时候，又是他只身夜闯楚军大营，在司马子反的床头上逼迫其同意与宋国定下盟约。

宋楚和议之后，华元曾亲自作为人质去往楚国，或许也正是这段经历，让他与楚国令尹子重建立了深厚的个人友谊。又因为长期与晋国并肩战斗，使得他与晋国执政栾书也有着很深的私交。当晋景公去世后，籴伐在楚国取得了巨大的外交成就，可回到国内却面临无人主事的窘境时，华元便下定决心要扛起这份重任，为中原地区的和平事业四处奔走。

经过几个月的努力，华元居中斡旋终于产生了成效。晋厉公元年（前580年）冬季，秦、晋两国率先在令狐、王城举行了盟誓。紧接着第二年五月，晋、楚两国大夫又在宋国西门之外举行了盟誓。同年冬天，晋、楚两国又分别派出郤至和公子罢到对方国都聘问，并举行正式的会盟，标志着"第一次弭兵会盟"正式达成。

郤至使楚

弭兵会盟的顺利举行，为长期饱受战乱之苦的中原百姓带来了和平的讯息，其成果也得到了中原诸侯的一致认可。会盟结束后，郑成公亲赴晋国，鲁、卫等国则由晋国统一安排在琐泽（晋邑，在今河北大名东）举行会见。整个中原充满了欢乐祥和的气氛，人们对于未来也有了更多的期许，全都满怀喜悦地盼望着一个安定祥和的大同世界的到来。

然而令人失望的是，晋楚议和从一开始就存在着巨大争议，双方在准备不足的情况下仓促推动弭兵，看起来是利国利民利天下的好事，但其背后却潜藏着巨大的危机。

晋厉公二年（前579年）的冬天，郤至作为晋国方面的代表被派往楚国进行聘问，楚共王专设享礼盛情款待这位来自北方的客人，其接待规格也超乎寻常。然而，就是在这样一次备受瞩目的享礼上，却发生了一件很不愉快的事情。

当时楚国负责接待工作的襄礼是司马子反。在举行宴会之前，他特意在地下室悬挂了钟鼓乐器，并安排了大量的乐师在宴会上奏乐。这看起来好像是在欢迎远道而来的朋友，可当郤至进入朝堂听到突然响起的钟鼓声时，却着实被吓了一跳。

郤至之所以会产生如此大的反应，是因为当时楚人所奏的《肆夏》原本是天子宴请诸侯时才会用到的乐曲。春秋时期尽管"礼崩乐坏"，天子专属的乐曲也常被诸侯、大夫僭越，但这个过程毕竟是渐进的。至少在郤至所处的时代，这首乐曲还仅限于诸侯之间的相互宴请。郤至作为晋国的大夫，自然不敢接受如此高规格的礼仪，因此在听到钟鼓之声时，他的第一反应就是赶紧退出来。

不过，司马子反显然是有意为之的。看到郤至惊慌失措的样子，他反而若无其事地催促说："时间不早了，寡君还等着呢，您还是赶紧进去吧！"

郤至一再向他解释，说："贵国君主不忘记先君的友好，下臣有此福分见证两国交好，已是幸运之至。然而贵国用如此盛大的礼仪来接待下臣，假如有一天上天降福，让我们两国的国君相见，贵国还能有什么更高的礼节来接待寡君呢？郤至实在不敢接受！"

郤至越是恭敬，子反越是无所忌惮。他不紧不慢地回答说："如果上天赐福，两国国君相见，恐怕也只能是用一支箭互相馈赠了，哪里还用得着什么钟鼓礼乐？"这句话包含着很深的挑衅意味，其言外之意是在说：两国国君即便是相见，也只能是在战场上，这种需要礼乐的场合恐怕是没有机会的。

郤至耐心地向子反解释了享宴之礼的来历，以及遵守礼制对于国家政治生活的重要意义，并不无痛惜地反驳说："您这是取乱之道，恐怕不能作为法则吧？"不过，他最终还是经不住子反的一再催促，也只好说："您是主人，既然做如此安排必有您的道理，郤至又岂敢不听从呢？"

聘礼结束后，郤至将这些话转述给了范文子士燮。士燮闻言，内心便已明了：看来这次的弭兵会盟在楚国内部根本就没有达成共识。

和平的乐曲还未奏响，战争的阴霾便已经笼罩了整个天空。作为晋国方面真正认同晋景公理念并积极付诸实施的具体执行人，士燮和郤至顶住压力，费尽心力撮合两国和议，到头来不仅不能消除兵祸，反而有可能加深两国的敌意，想一想不免脊背发凉。士燮不无担忧地说道："不遵守礼仪的人，自然也不会遵守信义，看来我们是离死不远了。"

不过实事求是地讲，士燮的担心多少有些多余了，因为即便是弭兵会盟的首倡者和发起人晋景公，也并不认为晋楚之间的和平能够维持多久。既然弭兵会盟成效有限，也就意味着不论成功与否，不久的将来他们还是会在战场上相见。

晋景公不是孤注一掷的赌徒，自然也不会把所有的鸡蛋都放进一只篮子里。几乎在开启弭兵会谈的同一时间，他就已经在为可能会发生的战争做准备了。为此，他雄心勃勃地启动了另外一项计划。

第二节 联吴制楚

让我们将视线拉回到晋景公十六年（前584年）。正当中原各国为郑国的重新回归而欢欣鼓舞的时候，一个当时还名不见经传的东夷小国突然闯入了人们的视野。这一年春季，他们从遥远的蛮荒之地一路北征，打到了郯国（今山东郯城）；同年八月，他们又入侵了楚国边境重镇州来（今安徽凤台），让所有人都感到震惊不已。

这个国家便是吴国。与春秋后期大放异彩的光辉形象不同，在早期的历史记录中，吴国只能勉强算是一个打酱油的角色。除了有关吴太伯的传说之外，人们对这个国家所知甚少，仅有的几次记录还是在齐桓公、楚庄王时期，为这两位大国雄主远征蛮荒之地的武功做了点不起眼的背书。

然而就是这样一个不受人重视的国家，却突然发兵远征郯国、入侵州来，将势力范围扩展到了今山东、河南南部区域，其发展势头着实让人吃惊不小。作为郯国的友好邻邦，鲁国执政季文子满怀忧虑地评价说："这么多年过去了，中原诸国的文治武功不但未能震慑蛮夷，反倒让对方入侵中原，而当今天下却没有人为此感到担忧，这是因为没有好国君的缘故啊！"

这席话不知道有没有传到晋国人的耳朵里，总之是到第二年的冬天，晋国卿大夫士燮突然造访，要求鲁国出兵郯国，讨伐其与吴国结盟的罪行。鲁国上下本想花钱消灭免去这趟差事，却终究扛不住晋国一再坚持，只好让叔孙侨如出面，会同晋、齐、邾组成联军，大举讨伐郯国。

纵观晋国多年来的表现，这次的做法似乎并无什么特别之处，无非还是在履行盟主的职责，确保中原国家的利益边界不受侵犯，这与季文子的想法倒是出奇地一致。但正所谓醉翁之意不在酒，如果结合晋国当时的政策综合考虑的话，事情恐怕就没那么简单了。要想搞清楚整件事的原委，我们还要从一个叫作申公巫臣的人说起。

夏姬绯闻

申公巫臣本是楚国王室后裔，芈姓，屈氏，本名屈巫，字子灵，曾长期担任楚国北方重镇申县的县尹，足见是一个很有才干的人。不过真正让申公巫臣这个名字为世人所知的，却是一段"不爱江山爱美人"的传奇故事。

楚庄王"灭陈设县"之时，夏姬被当成战利品掳到了楚国，而这一刻也是夏姬与申公巫臣旷世绝恋的开始。

申公巫臣与夏姬究竟是如何相知相爱的，我们无从探究，但与后世所有的传奇故事一样，美好的爱情总是充满了波折，申公巫臣与夏姬的爱恋也注定不会一帆风顺。

夏姬的美貌着实超出了人们的想象，因此当她到了楚国之后，就掀起了一股"美的旋风"，就连英名盖世的楚庄王都忍不住想要拜倒在她的石榴裙下。

眼见竞争对手个个都位高权重，申公巫臣左推右挡，着实做了不少工作。他先是劝阻楚庄王说："王上号召诸侯伐陈是为了讨伐罪恶，如果您纳了夏姬，天下人就会以为您是因为贪恋她的美色才如此兴师动众的，大王的一世英名岂不因此毁于一旦？"

后来司马子反也想要娶夏姬，申公巫臣就又出面劝阻，说："夏姬是个不祥之人。郑国的公子蛮因为她而早死，夏御叔也因她而被杀，陈灵公和夏徵舒的死，以及孔宁和仪行父的逃亡都跟她脱不了干系，最后就连陈国都险些毁在她的手上。你也是位高权重之人，天下美女应有尽有，何苦还要因为她而招来灾祸呢？"

尽管有这么多不吉利的事围绕着，可夏姬的美貌还是招来了一大批追求者，争先恐后地向夏姬献爱心。楚庄王着实看不下去，干脆做主把她许给了连尹襄老。

夏姬名花有主，事情却并没有尘埃落定。仅仅几个月后，晋楚两军在黄河南岸的邲地遭遇，楚军大获全胜，这本是可喜可贺的事情，然而任谁都没有想到的是，在晋军仓皇逃窜的烟尘中，竟然有人出其不意地杀了个回马枪。连尹襄老在两军相交的瞬间还没来得及做出反应，就被扑棱棱飞过来的一支羽箭断送了性命，从此不仅与美娇妻阴阳两相隔，就连尸体都被晋军抢了去。

连尹襄老的意外去世，将原本有了归宿的夏姬再次推到了风口浪尖上。在楚庄王的支持下和申公巫臣的暗中帮助下，夏姬顶住了一波又一波的压力，始终只对巫臣芳心暗许。然而这毕竟只是权宜之计，在位高权重的司马子反面前，仅凭申公巫臣的权势终究无法护她周全。面对变幻莫测的命运，孤苦无依的她又该如何摆脱苦海呢？

巫臣叛楚

岁月空回转，甘苦到白头。在无尽的忧虑中，夏姬度过了人生中最为难熬的一段时光。

在这段时间里，因深陷宋国围城的泥潭，楚国的社会经济面临着巨大的压力，楚庄王梦寐以求的霸主之路也戛然而止。正当楚庄王郁结难平的时候，突然有消息传来，说晋国主动示好，愿意与楚国交换战俘以结束当下的断交局面。与此同时，夏姬也进宫请愿，说娘家人来信告知，晋国人准备把连尹襄老的尸体送到新郑，希望能允许她亲自去接回丈夫的灵柩安葬。

看到夏姬梨花带雨的愁苦模样，楚庄王被打动了。他召集了大夫们前来商议，想辨清楚事情的真伪。在问到申公巫臣时，他拍着胸脯说："据我所知，这件事的倡议者是荀林父的弟弟荀首，早年他曾是晋成公的宠臣，新近又做了中军佐，在晋国是有权势的人物。之所以要提出换俘，是因为他的儿子荀罃在此前的战役中被我军俘虏，他对这个儿子很是宠爱，因此想以连尹襄老的尸体以及公子谷臣进行交换，应该不会有什么差错。另外，荀首与郑国的皇戌有很好的私交，郑国人惧怕楚国，同时又想讨好晋国，也乐于做这个中介，我看没什么好犹豫的！"

不管怎么说，楚庄王最终还是同意了夏姬的请求，允许她到郑国去迎回襄老的尸体。临行前，夏姬对送行的人发下誓言，说："如果得不到尸首，我是不会回来的！"

话是这么说，可实际上夏姬似乎从一开始就没打算要再回到那个噩梦不断的地方。她在郑国住了下来，在那里她要等一个人，一个让她魂牵梦萦的君子。

这个人就是申公巫臣。

如果不是他说过的那句话——"只要你想办法回到郑国去，我就一定会去娶你"，她就不会想到要走这样一条路；如果不是他暗中怂恿郑国人配合，楚庄王也不会轻易相信晋国的诚意；如果不是他现身说法极力劝说楚庄王，夏姬也不会那么容易脱离苦海。

总之，申公巫臣说过的每一句话，夏姬都相信了，也愿意等待。终于有一天，申公巫臣突然造访郑国，郑重其事地向她的哥哥郑襄公提亲，算是忠实地履行了自己当年许下的诺言。这门婚事得到了郑襄公的许可，但迫于国内的压力，申公巫臣一直没有将其公之于众，直到有一天他抛家弃产带着夏姬私奔了，那些被蒙在鼓里的人们才恍然大悟。

那还是晋景公十一年（前589年）的夏天，申公巫臣受楚共王之托出使齐国，准备与齐国联合起来在中原搞一次大动作。行到半路时，巫臣遇到了将要前往郢都的申叔时和申叔跪父子，年轻的申叔跪不无讶异地对他的父亲说道："怪哉！这个人的脸上虽有承担军事重任的戒惧之色，可还能隐约看到在桑中幽会情人时的喜悦之色，难道他是要带着别人的妻子私奔去吗？"

申叔跪看出了其中的异样，却并不知道巫臣的葫芦里卖的什么药，甚至就连随行的使臣都不知道巫臣此行的真正目的。离开楚国后，申公巫臣并没有直奔郑国，而是按部就班地去了齐国，又一如既往地与齐人讨价还价、据理力争，表现出了一名优秀的外交人员应有的职业素养。他与齐国达成了协议，并约定好了出兵的时间，圆满地完成了此行所有的使命，然后又与随行人员一起踏上了回国的旅程。

然而就在他们快要抵达楚国边境的时候，申公巫臣却突然停下了脚步。他将这次外交活动的所有成果以及齐国赠送的财礼都交给了副使，自己却带着全部家财转道郑国去了。等他的副使终于搞明白事情原委的时候，申公巫臣大概早已成为晋国人了。

这个结果不仅楚国人会感到惊讶，就连申公巫臣本人都多少感到有些意外。

他原本是打算去齐国的，出使期间也顺手为以后的生活打点好了一切。可当他带着夏姬踏上去往齐国的旅程时，却听说齐国早就在鞌之战中败了。性情急躁的齐顷公还未等到约定日期就跟晋国人开战，让自己多年来联结齐楚的努力就这么泡汤了，申公巫臣的内心不禁五味杂陈。丢下一句"吾不处不胜之国"，申公巫臣便义无反顾地转头去了晋国。随后又在郤至的帮助下，受封为邢地大夫，也算是有了一个不错的待遇。

申公巫臣与夏姬这段旷世绝恋，经过十年的爱情长跑，终于有了一个好的归宿，按照通常的剧情设定，故事发展到这里也就该大结局了。却不料他们的浪漫私奔彻底激怒了司马子反，一段王子向情敌寻仇的另类剧情开始上演。

巫臣奔晋的消息传回楚国，司马子反立刻找到了楚共王，愤然要求用重币收买晋国人，让他们彻底封杀申公巫臣，永不叙用。可楚共王却慨然说道："算了吧！虽然这事他做得不厚道，可毕竟也是个忠于事功的人，为先王出谋划策立下过不少功劳。更何况，如果他能有利于晋国，就算我们送去重礼，晋国一样会重用他；如果他对晋国没有好处，晋国人自然会把他扫地出门，我们再去送礼岂不是多此一举？这事就此打住，以后不准再提了！"

可司马子反却咽不下这口气，最终还是联合令尹子重，把申公巫臣的族人全部诛杀。随后他们又坐地分赃，子反霸占了清尹弗忌和连尹黑要的家产，子重瓜分了子阎的家产，沈尹与王子罢瓜分了子荡的家产。申公巫臣听闻这场屠杀悲愤不已，于是便写信给子反和子重说："你们贪得无厌、滥杀无辜，我今日在此立誓，将来一定会让你们疲于奔命而死！"

楚国内争

以上就是《左传》中有关申公巫臣叛逃的全部情节，不过，在新近公布的楚简《系年》的记载中，整个故事的剧情出现了很大的反转。文中记录了夏姬的名字，是一个上孔下皿的异体字，她的丈夫也不是公孙夏御叔，而是公子夏徵舒，这就让故事起点的性质发生了转变。楚庄王灭陈之后的事情也有不同，说是楚庄王直接将夏姬许给了申公巫臣，却被连尹襄老抢去了，襄老死后，他的儿子黑要又强娶夏姬，申公巫臣反而成了受害者。黑要死后，申公巫臣本以为苦尽甘来，可以名正言顺地夺回所爱了，却不料又受到了子反的阻挠，无奈之下只好带着夏姬叛逃到了晋国。

这两个版本的故事究竟孰是孰非，我们已经无从判断，但不管是哪种说法，总归有一点是确定的，那就是巫臣叛逃楚国的原因就是贪恋夏姬的美色。后人在谈到夏姬的故事时，也通常只关心其足以倾国倾城的外在形貌以及由此引发的桃色事件，比如汉代的《列女传》就说："陈女夏姬者，陈大夫夏徵舒之母，御叔之妻也，三为王后，七为夫人，公侯争之，莫不迷惑失意。"

不过，这其中有一个绕不过去的环节，那就是夏姬的年龄问题。按照通常的版本，夏姬的儿子夏徵舒射杀陈灵公的事情发生在晋景公元年（前599年），能够挽弓杀人且引得楚国大军征讨，显然不是一个小孩子就能办到的。甚至在有些资料中，这年夏徵舒已经担任了陈国司马，那么他的年龄还要更大一些。在此基础之上来推算，这一年夏姬最少也有四十岁了，到十年后是否还有那样的姿色让申公巫臣甘愿抛弃宗族而私奔都是个问题。

为了让这个故事显得更加合情合理，人们在此基础上不断地发挥想象，到明代冯梦龙著《东周列国志》时，《左传》上的片言只语已经演绎成了一个情节丰富的传奇故事。

在风花雪月的故事背后，《左传》实际上也提到了一个细节，直接点出了申公巫臣与子重之间发生冲突的来源。这场纠纷发生在晋景公六年（前594年）楚国伐宋一役之后，子重请求将申、吕两县的土地作为自己的封邑。楚庄王本来已经答应了，可申公巫臣却出来劝阻说："申、吕是楚国的粮仓，也是抵御北方的重镇，应该由王室直属才便于调遣。如果将其划给私人，晋、郑两国很容易就能冲破这道防线，直入汉水，这对国家是不利的。"

申、息两县素来是楚国进据中原的桥头堡，也是抵御诸侯入侵的北大门，申县在楚国的战略地位自不必赘述。另外的一个吕地，早年曾是齐国开国之君吕尚的封地，其地理位置与申县相近，都在如今的河南南阳地区，其战略地位恐怕不亚于申、息两县。

将边邑重镇封给功勋大夫并不意味着边防力量就会减弱，但地方封君由此坐大的后果却是显而易见的。更何况，申公巫臣是申县的县尹，子重请封申县就等于是公然抢夺他的利益，于公于私申公巫臣都不可能允许这种事情发生。

由于资料有限，我们能够找到的例证也仅此而已，但这并不意味子重与巫臣之间的冲突就仅限于此了。问题的关键在于，申公巫臣能够压子重一头，凭借的是楚庄王在背后撑腰，一旦楚庄王去世了，一切都存在变数。

这并不是杞人忧天。因为楚庄王去世的时候，他的儿子楚共王还不到十岁，这种"主少国疑"的状况在那个时代是权臣窃取君主权力的最佳时机。事实上，楚共王即位后的很长一段时间里，国家大权也的确是被令尹和司马所把持，使得楚国几乎重蹈了中原国家"卿大逼君"的覆辙。申公巫臣出奔的时间，恰恰是楚共王即位的第二年，这两年究竟发生了什么，的确很富有想象的空间。

这时我们再回过头来看巫臣出奔后的事态发展。参与后来事变的不仅仅有子重、子反，还有当时的国之重臣沈尹与执行晋楚弭兵的王子罢；被杀的也不只是巫臣之族的子阎、子荡，还牵连到了清尹弗忌、连尹黑要。从斗争的规模上看，这还哪里是私人恩怨，分明是两派敌对势力之间的火拼。主导这场火拼的主角正是令尹子重，司马子反充其量不过是一个从犯，而因陷入桃色风波流传千古的夏姬，不过是恰好路过，不小心成了陪衬剧情的花边新闻主角而已。

不管是因为什么让他们不惜一切做出如此惨烈的屠杀，申公巫臣在政治斗争中失败都是板上钉钉的事。眼见情势危急，他也只能"借船出海"，流亡他国，而那些没来得及带走的族人和盟友则成为政治斗争的牺牲品，被胜利者屠戮殆尽。正是因为有这样的深仇大恨，申公巫臣在晋国立足之后便发下了毒誓，一定要让子重和子反二人疲于奔命而死。于是乎，春秋时期最具影响力的一场外交活动由此闪亮登场。

凿通勾吴

晋景公十六年（前584年），郯国与吴国结盟的消息传来，在晋国掀起了一场轩然大波，扬言讨伐的声音不绝于耳。这年夏秋之交，在晋国居住了五年的申公巫臣突然找到了晋景公，决定以他在楚为官多年的经验以及对吴楚关系的了解，为晋国开辟一片新的疆土，尝试一种新的可能。

巫臣的想法很大胆，思路也很新颖。晋景公尽管并不清楚这会给晋国带来什么，但还是同意了他的意见，决定让他试一试。巫臣就这样带着晋国的期许，信心满满的同时又满怀忧虑地领着两之一卒（也即兵车三十乘）踏上了去往吴国的漫漫旅途。

联结晋吴是一项充满了风险和挑战的系统性工程。在前往吴国的路上，巫臣还对途经各国的防御情况进行查探，其目的大概也是为了防止楚国出兵阻断交通要道，让晋吴结盟的大业无法付诸实施。可当他走到了中原文化圈的边缘，对"东夷"地区进行一番查探后却发现，这些边缘地带的城防状况和应急能力简直惨不忍睹。

有一次，站在莒国护城河的岸边，他有意无意地提醒渠丘公："你的城墙该修一修了。"谁料对方根本没有当回事："我们不过是一个边僻小国，身处蛮荒之地，又有谁会想不开来打我们的主意呢？"

"当然有。"巫臣在心里默念道，但他并没有说出来，而是朝着远方看去，意味深长地说道："正是因为想要开疆拓土的野心家很多，才会有这么多大国立于天地之间。受到觊觎的小国，有的会加强防备，可也有很多不以为然。我听说就算是桀骜不驯的匹夫，到了夜里也会锁好门窗，更何况是一个国家呢？"

巫臣的担心很快就应验了。在他去往吴国后不久，楚国人果然杀上门来，大军围困莒国的渠丘。莒国人既没有坚固的城防，也没有应战的智慧，非要阵前逞能杀掉了楚国公子平，结果群情激奋的楚军仅仅用了十二天的时间就连续拿下渠丘、杀入莒城、攻破郓城，把莒国掀了个天翻地覆。

至于申公巫臣，在离开莒国后便如泥牛入海，再也没了消息。人们只是听说，在吴国他受到了吴王寿梦的盛情款待，他也倾囊相授，向那些"夷人"传授了排兵布阵之法，教会了他们射箭驾御之术，还把自己的儿子狐庸留在吴国担任行人。

经过他的辛苦调教，这个习惯了在太湖泛舟的"野蛮国家"突然拥有了一支纪律严明、阵容豪华的战车部队。在此后的几年里，他们接连侵巢伐徐，兵临州来，征服了很多原本属于楚国的附庸，甚至对楚国自身安全也构成了严重威胁。

为了应对吴国的侵扰，令尹子重、司马子反就如救火队长一般疲于奔命，一年之中在中原和吴越之间跑了足足七个来回。申公巫臣用实际行动兑现了自己当年的誓言，他与夏姬的爱情故事在经历了血与火的洗礼之后，也终于有了一个圆满的结局。

不过实事求是地讲，尽管申公巫臣"通吴于上国"对历史的发展产生了巨大的影响，但其真实效果要到十几年后才真正发挥出来，现在就夸大其词言说其"疗效"未免言之过早。晋景公十八年（前582年）举行马陵会盟时，晋国本打算邀请吴国参会，怎奈吴国根本不赏脸。甚至多年以后，面对晋国一再盛情邀约，吴国都保持着一个不冷不热、若即若离的态度。而《左传》列举吴国侵扰楚国的诸多战争，有很多都是在巫臣抵达晋国之前就已经发生了，与晋国联吴制楚的战略方针并无直接的因果关系。

但不管怎么说，晋景公积极支持申公巫臣的联吴计划，从根本上反映了他对楚国的不信任态度，这也意味着他与楚议和的诚意要打很大的折扣。更重要的是，不论其倡导和平的初心为何，一个宏大的计划一旦出台，就有了自己的生命，不再受创造者所控制。它会在各种因素的干扰下，与周遭的一切发生剧烈的"化学反应"，从而变成一副完全不同的模样。

晋景公去世后，他所倡议的一系列鸿篇巨制在众多野心家的推动下，终于演变成了很大的一盘棋，晋楚弭兵与秦晋议和相互成就又相互影响，变成了一个拆分秦楚联盟、对其各个击破的组合利器。当一切尘埃落定，秦晋之间的协议就算是完成了历史使命，晋国也抛弃坚持近三十年的封堵政策，决定向秦国宣战了。

第三节　战云纷飞

吕相绝秦

晋厉公三年（前578年）四月初五日，晋国使者魏相（又名吕相）突然气势汹汹地来到雍城，激情洋溢地向秦国君臣宣读了一篇震古烁今的外交宣言《绝秦书》，正式宣告与秦国断绝一切外交关系。

这段长达八百多字的檄文，回顾了从晋献公以来秦晋之间的一系列冲突，所要表达的中心意思无非是把秦晋近几十年来交恶的所有的责任都一股脑儿地推到秦国身上。其中，一旦遇到晋国有理的事情，吕相就会大肆渲染，比如著名的崤之战是因秦穆公偷袭郑国而起，吕相就指责说："穆为不吊，蔑死我君，寡我襄公，迭我殽地，奸绝我好，伐我保城，殄灭我费滑，散离我兄弟，扰乱我同盟，倾覆我国家"（《左传·战公十三年》），简直是罪恶滔天，不讨伐不足以平民愤。遇到理亏的事情，吕相也能颠倒黑白、混淆视听。比如说众所周知的令狐之战，本来是赵盾邀请在先，秦康公护送公子雍在后，到了吕相这里就成了秦康公"又欲阙翦我公室，倾覆我社稷，帅我蟊贼，以来荡摇我边疆"，简直是无礼至极，让人忍无可忍。

除此之外，吕相还用了近半篇幅重点回顾了夹河之盟的有关细节。按照他的说法，秦晋会盟本是晋景公即位初期就打算要做的事，晋国人一直翘首期盼，希望秦国能来"安抚"晋国。可偏偏秦桓公狼子野心，不但对晋国伸出的橄榄枝不予理睬，反而还利用晋国讨伐"赤狄"的机会大举入侵。

吕相这里列举的历史事件，是发生在晋景公六年（前594年）的"辅氏之战"。当时晋国刚刚在邲之战中损兵折将，为了解除后顾之忧，同时也为了调解国内矛盾，晋景公命荀林父带兵讨伐"赤狄潞氏"。秦桓公趁晋国内部空虚，于当年六月发兵大举进犯，横扫河、箕、郜等地。可让他们怎么都不会想到的是，晋国的强大并不仅是国家力量的强大，更在于地方势力的不断深耕。秦桓公在辅氏驻扎没多久，就被地方封君魏颗带领的私人武装所击败，可谓颜面丧尽，只好灰溜溜地撤军回国。

辅氏之战极大地打击了秦国人的信心，秦晋边境这才享受了十年的安宁。到下宫之役后的晋景公十八年（前582年），他们才又趁着晋国内困外忧的机会，策反了"白狄"，与之合兵入侵晋国本土。

这场战争发生的时间恰好是启动弭兵谈判的起始年，晋国并没有对秦国采取报复手段，反而是借着秦国派医缓来给晋景公看病的机会，重新启动了与秦国和谈的步伐。而据吕相的说辞，当时秦桓公对战祸的蔓延感到后悔，曾派自己的儿子伯车（公子针，又称后子）出面议和，说要与晋国"同好弃恶，复修旧德，以追念前勋"。晋景公大人大量、不计前嫌，同意了这个请求，但因为重病缠身，事情还没谈成就去世了，这才把会盟时间拖到晋厉公即位之后。

到晋厉公元年（前580年），两国议和之事在楚国与宋国的合力推动下，终于达成了初步的意向，双方一致同意于当年冬天举行高级别的"首脑会晤"，共同开启"秦晋之好"的新篇章。

秦晋会盟的准备工作一直在有条不紊地进行着，看起来一切都是那么美好，然而当会盟那一天真的到来时，意想不到的麻烦终于还是出现了。其中最大的争议点在于，晋国选择的会盟地点在河东一个叫令狐的地方，恰好就是当年赵盾夜袭秦军的令狐之战发生地。我们无法确知晋国人选择会盟地的真实意图是什么，但由此给秦桓公带来的心理暗示却是显而易见的，这让他很难相信晋国人的诚意。因此，当晋厉公在令狐苦苦等待对方前来的时候，秦桓公却在黄河西岸的王城驻扎，迟迟不肯渡河。

会盟还没有开始，双方互信的基础就已动摇。无奈之下，晋厉公只好与秦国使者史颗在令狐结盟，随后又派郤犫为使西渡黄河，到王城与秦桓公举行盟誓，一场备受瞩目的"和平会议"就以这种方式莫名其妙地收场了。

谈起这次虎头蛇尾的秦晋会盟，不仅是友邦感到莫名惊诧，连晋国人也感到惶恐万分。组织晋楚弭兵的晋国卿大夫士燮更是表示："斋戒盟誓的本意是用以展示互信的，而选择一个合适的会盟地点是建立互信的开始。假如从一开始就抱着互不信任的态度，再做什么也都徒劳无益，我实在看不出这样的会盟有什么意义！"

这次毫无互信基础的盟会，因在黄河两岸分别举行，因此又被称为"夹河之盟"。按照《左传》的说法，会盟结束后，秦桓公刚一回国就背弃了盟约。至于是怎么背弃盟约的，又搞了哪些小动作来破坏两国关系，《左传》只是泛泛地提到，说秦国准备发动"狄人"和楚国进攻晋国，结果反而使得诸侯与晋国更加和睦。

秦桓公在晋楚弭兵的关键节点上犯下如此严重的错误，吕相当然不会放过对其大加挞伐的机会。

在吕相看来，秦国议和根本就是动机不纯，利用晋国人的淳朴善良结成盟约，背后却另有盘算。盟约墨迹未干，他们就怂恿晋国一起出兵讨伐"白狄"，背地里却向"白狄"告晋国的黑状，试图离间晋国与"白狄"之间坚不可摧的亲戚关系，要不是"白狄"之君深明大义，这事还真就跳进黄河也洗不清了。

不仅如此，秦国还恶意挑唆晋楚之间的关系。当时晋楚两国本来是要结盟的，可秦国偏偏要唆使楚国背叛盟约，还好楚王是个正直君子，最厌恶的就是这种说一套做一套的伎俩，这才把事情和盘托出，以惩戒言行不一的人。

最后，吕相以第一人称的口吻转述了晋厉公的谴责之言，说："诸侯听闻此事，都为执事的作为感到痛心疾首，他们都摩拳擦掌地来找寡人，说一定要跟您讲个明白。寡人实在众意难违，只好带着诸侯前来听命，完全是为了请求盟好。如果执事能够顾念诸侯的感受，体谅寡人的一片赤诚之心，允许与我们缔结盟约，那当然是再好不过了！可如果非要一意孤行，寡人是实在才能有限，没有办法命令诸侯退兵。寡人不善言辞，说的话可能不太中听，但都是肺腑之言，希望执事慎重考虑。"

吕相的这番演讲可谓气势磅礴、振聋发聩。假如我们手上只有这么一份史料可供查阅的话，恐怕秦国人背信弃义的恶名真就永远都洗不掉了。外交辞令多有夸大不实之处，我们也只能姑妄听之并适当取舍。但总之，实际上早在吕相使秦之前，晋厉公就已经安排郤锜出使列国，将秦桓公背弃盟约的消息散布到了中原大地的每一个角落，并号召诸侯起师共同伐秦。

在那个时代，强权就是公理。晋国既然理据充分，诸侯当然要一呼百应。很快齐、鲁、宋、郑、卫、曹、邾、滕等国便积极响应号召，会同晋军及王室的刘康公、成肃公一起讨伐秦国。

吕相发表《绝秦书》一个月后，也即这年五月初四日，双方在如今西安北部泾阳境内的麻隧相遇。势单力薄的秦军独力面对声势浩大的联军，其结果自然也毫无悬念。秦军一战即溃，以至于连秦桓公的贴身车右不更女父都成了晋军的俘虏。在击败秦军主力后，联军乘胜追击，在泾水西岸一路掩杀，一直打到了侯丽（今陕西礼泉境内）才停下脚步。

子反背盟

麻隧之战后，诸侯联军深入黄河以西达一百七十公里，打到了距离雍都不足一百公里的地方，这堪与当年鞌之战横扫齐国取得的战果一比，秦国由此受到的重创可想而知。

听到这个消息以后，楚国这才回过味来。当年晋景公放回钟仪提出要与楚国休战的时候，他们不是没有疑心过，想不通晋国为什么要在如日中天的时候突然服软，如今才算是看明白了。

邲之战结束后的十几年间，晋国先是集中精力消灭了盘踞东山的"赤狄"，又以鞌之战的胜利将齐国积聚多年的财富一扫而空，彻底熄灭了齐顷公试图挑战霸权的野心。如今他们更是以弭兵协议将楚国架空于事态之外，楚国眼看自己最坚定的盟友陷入孤立无援的状态，在中原列强铁蹄下备受蹂躏，却只能隔岸观火，什么都做不了。

晋国用近二十年的时间将威胁其国家安全的外部因素一一清除，将混乱的列国关系条分缕析、一一理顺，每一步都走得恰如其分，每一招都足以让人久久回味。每念及此，楚国人不免胆寒：在解决了一系列的难题之后，唯一能够对晋国构成挑战的还能有谁呢？他们又会用什么方式来对待楚国呢？

的确，于晋景公而言，他在提出弭兵倡议之时，是真心想要消弭战祸，以便为缓解国内的矛盾争取时间。晋国国内不少大夫，比如参与推动弭兵会盟的士燮和郤至，也都是真心实意地想要促成此事。

然而，对于国内的主战派而言，弭兵会盟只是分化瓦解秦楚联盟并对其各个击破的一个手段，而不是最终的目的。在剪除齐、秦的挑战和威胁之后，早年因赵盾骄横跋扈、四处树敌而给晋国带来的不稳定因素已基本消除。那么接下来的一步，就必然是要向楚国动武，以彻底稳固晋国在中原的霸权。

而对于楚国来说，如今局势越来越朝着对晋国有利的方向发展了，"知可以战与不可以战者胜"，当前局势下，最好的办法是或许也学一学他们的先君楚庄王，韬光养晦以待时机，而不是贸然打破两国之间的和议。然而对于那些醉心于权力的政客来说，政治斗争的成败才是他们最关心的。

楚国内部这一轮的政治斗争始于楚庄王去世后，当时楚共王年幼不能理政，令尹子重和司马子反趁机垄断军政大权，并借此打击政敌、清除异己。在联手驱逐了申公巫臣之后，两个亲密无间的兄弟又开始了无休止的争斗，其结果不是东风压倒西风，就是西风压倒东风，楚国的政策走向也忽左忽右，全然没有了章法。

楚国向来以令尹为尊，在很长一段时间里，子重也的确在内外事务上占据着主导地位，并以此推动了晋楚之间的第一次弭兵会盟。但作为子重最有力的竞争对手，司马子反对此却有着截然相反的看法。只是由于当时受到了来自吴国的频繁侵扰，子反分身乏术，只好勉强同意了弭兵的动议。如今吴国的威胁暂时得到了缓解，他自然就要反其道而行之，将是否遵守弭兵会盟的协议作为他与子重之间斗争的砝码。

也正因为如此，当郤至代表晋国前往楚国聘问的时候，司马子反才会毫不掩饰地将自己的想法表露出来。但如此行事毕竟不妥，正如当初邲之战时先縠的强横蛮干，司马子反的举动显然是将楚国内部不和的信号传递给了对方。只不过，不同于先縠的外强中干，司马子反毕竟掌军多年，到最后终于压住了子重，抢到了楚国政坛的第一把交椅。

这个时候正是晋厉公五年（前576年），也就是弭兵会盟的三年后，司马子反拨开云雾见月明，终于可以大展身手了。在掌握了朝政大权之后，司马子反首先要做的就是推翻子重的决议，撕毁弭兵协议，向北方用兵。

子反的态度遭到了不少人的反对，比如当时楚国名士申叔时就曾表示："德、刑、详、义、礼、信，战之器也。德以施惠，刑以正邪，详以事神，义以建利，礼以顺时，信以守物。"（《左传·成公十六年》）决定战争胜负的主要因素是人而不是物，是德行、刑罚、和顺、道义、礼法、信用这些看不见的东西。如果仅凭你一腔热血逞一时之快，而对人民的诉求不管不顾，对天下大势不理不睬，对天灾人祸无动于衷，对已经签订的盟约置若罔闻，老百姓怎么可能拥护你，士兵们怎么可能和你同仇敌忾，战争又如何能够取得胜利？

但不论旁人如何劝说，子反还是一意孤行，吹响了北伐的号角。眼见自己无法说动子反，申叔时也只能慨然叹道："你尽力去做吧，我恐怕是不会再见到你了！"

战火复燃

司马子反的北上战略与老一代的做法并无二致，依然是先以郑国作为突破口，然后东进伐取宋国，以逼迫晋国出手。一旦在中原打败了晋国，就可以以宋国为跳板，进一步争取齐、鲁、卫等国，完成楚国饮马黄河的夙愿。然而由于楚国背弃盟约，失去了道义上的优势，其最初的进展并不顺利。

晋厉公五年（前576年）夏，楚军大举北上，入侵郑国，一直打到了黄河北岸的暴隧（今河南原阳），随后又向东南进军侵入卫国的首止（今河南睢县）。郑国仗着晋国的保护，坚决反击，并出兵侵入楚国境内占领了新石（今河南叶县）。

司马子反偷鸡不成蚀把米，率军回国之后决定转变策略，从威逼改为利诱。他抓住了郑、许百年冲突这样一个老大难问题，将许国整体内迁至叶地，等于是把郑国一直垂涎的许地拱手相让。不仅如此，为进一步拉拢郑国，还将邻近旧许的汝阴之田送给郑国，以换取郑国的结盟。

楚国下了这么大的血本，郑国要再不领情那就真说不过去了，于是双方便于晋厉公六年（前575年）春在武城（今河南南阳北）结盟。不久后，郑国就在楚国的指使下入侵宋国，郑军在先败一阵的情况下尾随并伏击宋军，俘获其主帅将鉏、乐惧，这也标志着第一次弭兵协议的成果彻底破产了。

楚国公然背弃盟约中断和平进程的举动，很快就在中原引起了轩然大波，晋国即便是再不情愿也不能对此置若罔闻。在国内外舆论的强大压力之下，晋厉公决定出兵讨伐郑国。但在此时，晋国内部却有人提出了反对意见。

第一个反对出兵的是时任下军将韩厥。去年子反讨伐郑国的时候，栾书有意出兵报复，韩厥就出面劝阻说，子反如此意气用事，必然会外失诸侯、内失民心，与其出兵抵御，倒不如让他得偿所愿从而加重其罪过，用不了多久他就会自食苦果了。

而相比于韩厥，时任中军佐士燮的态度则更为激烈。他主要是着眼于国内的局势，认为如果诸侯都叛离而去，国内各方势力迫于外部压力还会有所收敛，这对于晋国反而是好事。否则的话，一旦国外的压力不复存在，暗潮汹涌的内部争斗就会全面爆发，这将是一场巨大的灾难。

士燮对祸乱的恐惧已经深入骨髓，因此即便是大军已经开拔到了战场之上，他依然不改初衷，对主战者苦苦相劝。可惜任凭士燮磨破了嘴皮子，主战的将领始终都不肯听从。此时担任中军元帅的栾书更是坚决回应道："绝对不允许在我等主政的时候失去诸侯！"

为了准备这场必将到来的大战，栾书先是于晋厉公五年（前576年）冬邀合齐、宋、鲁、卫、郑诸国执政在钟离（今安徽凤阳）与吴国举行盟会，计划从东、北两个方向压制楚国。第二年郑国叛晋之后，又派新军将郤犨去卫国和齐国，派栾黡到鲁国，联络东方诸侯要求共同出兵伐郑。

一切准备工作就绪后，晋国大军于晋厉公六年（前575年）四月十二日出兵，南渡黄河直逼郑国而去。到六月底，晋楚双方在郑国南部的鄢陵（今属河南）相遇。继城濮之战与邲之战后，决定晋楚实力消长的第三次大规模会战——鄢陵之战——就此拉开了序幕。

第四节　鄢陵之战

楚有六间

晋厉公六年六月二十九日清晨，当晋军将士还在晨光熹微中酣睡的时候，响亮的号角声便已经从不远处悠扬而至，紧接着便听到如雷如震的车轮声和凝重有力的脚步声正向大营靠近。各军将佐穿戴起厚重的甲胄出门探望，但见在高高扬起的尘土中，排列整齐的楚军方阵已经直压晋军大营列开阵势，完全没有给晋军布阵留下任何空间。

战争还未打响对方就先声夺人，这在晋军当中引起了不小的骚动。面对如此危局，中军将栾书一面命人严防死守，一面召集众卿入帐商议对策。

士燮的儿子士匄是个急性子，众人都还未发声，他便已快步上前提议说："既如此，那我们就填井平灶，直接在军营中布阵，把行列间的距离放宽，再与楚军对决。晋、楚两国都是上天赐予的，我们有什么可担心的？"

士匄的话还没说完，士燮就顾不得什么脸面，从军士手中夺了一支戈去追打自己的儿子，一边追还一边喊："国家存亡都是天意，你一个小娃娃瞎掺和什么？"

鉴于楚军气势正盛，且诸侯援军还未赶来，栾书也无意与楚军速战，于是就顺着士燮的意思说道："楚军如此轻佻，只要加固营垒拒不出战，三日之内他们必然会退却。到时我们趁机追击敌军，就一定可以取胜。"

栾书的话音未落，就遭到新军佐郤至的反驳："依我看，楚军有六个必败的理由，我们不可以坐失良机。"郤至所列出的"六间"，主要是从三个角度进行分析。

第一个角度，是说楚王用人不善。首先，担任统帅的司马子反和令尹子重平日里就互相厌恶，到了战场上就互相拆台，这就很容易让下属无所适从。其次，楚军的亲兵用的都是旧族，但旧家子弟未必就是强兵。郤至之所以如此判断，是因为"内姓选于亲，外姓选于旧"是楚庄王在位时期采用的制度。当时楚国刚刚根除了盘踞朝堂多年的若敖氏，这些长期受到冷落的"亲"和"旧"一朝扬眉吐气，都有着很强的战斗力。但此一时彼一时，如今时局已经发生了变化，楚人却依旧拘泥于二十多年前的用人制度，未免就显得不合时宜了。

第二个角度是从军纪上找问题。郤至指出，参与战斗的郑国军队虽然列了阵但并不齐整，而"蛮族"的军队则根本就没有阵形可言。士兵在阵列中不停喧闹，各阵式互相联合的时候喧嚣更甚，各军之间互相观望，且缺乏战斗意志，这样的乌合之众显然也不足为虑。

最后一条，则是与当时的观念有关。古人认为每月最后一天的"晦日"是不吉利的，这一天不仅不能打仗，就连单纯的行军都不可以。楚人选择布阵时间不避讳月末，这是不懂天时，因此必败无疑。

另外《国语》中记载，郤至在夸耀自己的战功时又提出了"楚有五败"，分别是：背弃宋国的盟约；德行不足却以土地贿赂诸侯；不能用精壮之士反用懦弱幼稚之人；设置辅臣却不听谏言；军纪散乱。而晋国则刚好与之相反，有五个必胜的理由，也即"五胜"，分别是：开战责任不在晋国，所以理直气壮；能够获得民众的支持；各军统帅精明强干；军队纪律严明；诸侯都站在晋国一边。有如此得天独厚的条件，如果还不加以利用，那就真是白费了上天对晋国的眷顾，因此他强烈要求在营中列阵。

巢车对答

正当晋军上下互相争执的时候，楚共王早已亲自登上了楼车，在距离营垒不远的地方俯瞰他们的一举一动。他就如同球赛的解说员一般，不停地将对方动态向全军进行现场直播，从晋国逃亡到楚的大臣伯州犁则站在楼车下面，对其行动的具体原理进行详细解说。

早在晋军将佐入帐商议之前，楚共王便已看到晋军战车来回穿梭煞是热闹，于是惊呼道："战车在营地里左右驰骋，这是在做什么？"

伯州犁解释说："这是在传令召集军官议事。"

过了片刻，果然看到有人陆续走出营帐，向中军大帐聚集。楚共王便又惊呼："都聚集在中军了！"

伯州犁不紧不慢地说："这是要谋议军机了。"

伯州犁进行这番解说时，正是郤至提出"楚有六间"的时候。晋军内部否决了栾书固垒以待的方针，听从了郤至的提议，决定要与楚军展开决战。大事商议已定，便进入了开战前的一系列程序，见此情景，楚共王高声喊道："他们把幕布张开了！"

"这是要在先君神主前进行占卜。"

"幕布又撤了！"

"要准备发布命令了。"

"现在营中无比喧闹，而且还尘土飞扬的，寡人也看不清他们在做什么！"

"那就是要填井夷灶，准备在营内布阵了。"

楚共王饶有兴致地站在高处，俯瞰晋军在滚滚烟尘中挥铲扬镐、清理阵地，又耐心地等着他们套上车马、排成队形。忙活了半天终于看到他们都上了战车，本以为就要开战了，谁知车左和车右又带着兵器跳了下来，对此他感到很是不解。

"这是要宣布作战号令。"伯州犁解释道。

"哦！"楚共王将信将疑，片刻之后又追问道，"发布命令之后是不是就要开始作战了？"

"不一定！"伯州犁不慌不忙地回答。

"号令宣布完毕，左右都上车了，接下来……咦？怎么又下车了？"

"这是要进行战前祈祷。"

伯州犁是晋景公宠臣伯宗的儿子，去年其父亲受到"三郤"的迫害而死，他只得在毕阳的保护下投奔楚国，因此对晋军部署了如指掌。他在楼车下不仅把晋军战前动员的细节解说得一清二楚，还把晋厉公的亲兵构成告诉了楚共王。而在晋军中，也同样有一个了解楚军内情的人，把楚共王亲兵的情况告诉了晋厉公，这个人就是我们之前提到过的苗贲皇。

苗贲皇原是若敖氏末代令尹斗越椒的儿子，皋浒之战后因在楚国无法立足，遂只身投奔晋国并被封到苗邑，因此便以苗为氏。苗贲皇也是极负盛名的贤臣，在鞌之战前曾劝说晋景公释放齐国的使者，并指责郤克"勇而不知礼，矜其伐而耻国君"。鄢陵之战中，他更是提供了楚国中军不少细节信息，且在战争中发挥了重要作用。

当时不少人认为楚国中军人才济济，且军阵厚实，担心难以抵御，苗贲皇根据自己对楚国的了解献计说："楚国的精兵不过就是中军的王族而已，左右两翼往往都很脆弱。如果我们集中优势兵力攻打其两翼，等左右军溃退之后，再集中力量攻打中军，就一定能够取胜。"

好整以暇

战争开始后，晋军依据苗贲皇的计策，对楚军展开了强大攻势，很快就将其左右两翼打散了。负责屏卫中军的郑成公无法抵御，只得狼狈奔逃。偏巧在逃奔途中，遇到了鞌之战中差点俘虏了齐顷公的晋军司马韩厥。

郑成公的御戎石首惊慌失措，驾车时屡屡回头张望，这个动作恰好又被担任韩厥御戎的杜溷罗看到，杜溷罗于是便嚷道："郑君的御戎惊慌失措，注意力不在马上，追上他们根本不是问题！"

往日情景再浮现，韩厥内心也有颇多感慨，急忙喝止道："之前我就差点羞辱了齐国国君，不能再犯这样的错误了！"于是就舍弃了郑成公，转而去追击其他人。

过了没多久，新军佐郤至也遇到了郑成公，他的车右茀翰胡也很兴奋，建议说："我们派一辆轻车从小道上阻击，咱们从后方追上去，前后夹击，必能生擒郑伯！"

郤至也不想辱没国君，回答说："伤害国君是有违礼法的，我们不要追了！"

韩厥和郤至不想辱没郑君，可不代表其他人也都有这个觉悟。连续的追击把郑成公吓得够呛，也让他的御戎和车右感到心惊胆战。为了逃避晋军，御戎石首首先提出："以前卫懿公逃亡时，由于不愿丢弃旌旗，结果在荥地战败身死。"意思是说，国君的名誉固然重要，可若是因此而丢掉了性命，恐怕受辱更甚。于是他就把旗子收起来放在装弓箭的袋子里，好让这辆载着国君的战车不那么显眼。尽管如此，不少晋军将士还是穷追不舍，担任车右的唐苟为了保护国君只好留下来断后，最终战死沙场。

晋人集中兵力攻打楚军两翼，很快就取得了突破。战争开启不多时，全军便直逼中军而来。

两军贵族在大战之中也不忘君臣之间的礼仪。身为晋国新军佐的郤至在战场上多次与楚共王的亲兵遭遇，每当遇到楚王，他都会下车脱帽行礼。楚共王也不失礼，在避过晋军锋芒之后不住地赞叹说："刚才战事激烈的时候，有一位身穿红色甲胄的人，见到不谷便远远地趋拜行礼，真是个君子啊！"为了表示答谢，他特意派工尹襄带着一张弓前去问候他是否受伤。

在会见楚王使者时，郤至依旧恭敬如一。他脱下头盔向使者致敬，并回应说："外臣郤至跟随寡君作战，身披甲胄，不便拜谢贵君之命。但劳请使者回禀，郤至并未受伤，感谢贵君的关爱。"随后向使者行肃拜之礼。

栾书的小儿子栾针担任晋厉公的车右，在战场上看到一面大旗频繁往来，便对晋厉公说道："楚人都说那面旗子是令尹的旌旗，车上的那个人恐怕就是子重吧。当年臣出使楚国的时候，子重曾问道：'晋国的勇武表现在什么地方？'臣回答说：'好以众整。'他又问：'还有呢？'臣回答说：'好以暇。'"

栾针所说的"好以众整，好以暇"，正是成语"好整以暇"的最初来源。所谓"好以众整"是说晋国军队的强大勇武，靠的不是单打独斗、好狠斗勇，也不是人多势众，而是严明的纪律和按部就班的行事作风；"好以暇"是说就算事情再多再杂乱也不会惊慌失措，能够从容不迫、沉着应对。正是因为有着严整有序、从容不迫的优良作风，晋国才能在群雄逐鹿的乱世中脱颖而出，并最终摘取中原霸主的桂冠。

"而如今，"栾针紧接着说道，"两国兵戎相见却不派使节，就不能说是按部就班；处理政事不能信守承诺，也不能说是从容不迫。因此臣请求遣使向子重敬酒。"

栾针的建议得到了晋厉公的允准。于是乎在打得昏天黑地的战场上，晋国的使者从刀光剑影中穿行而过，将上好的美酒送到了子重的手里，并诚挚地向他表示问候："寡君身边没有得力的助手，让栾针持矛侍奉左右，因此不能亲自前来犒赏您的随从，特派某前来代他向您敬酒。"

子重手捧美酒，也恭敬地回应说："夫子在楚国时曾与我有过一番谈话，今天竟然特意为此赠予美酒，果然是信守承诺的君子啊。"说罢便举杯一饮而尽，在使者退出后继续击鼓指挥作战。

敌对双方君臣在战场上你来我往，也算得上是一道奇观。不过外交礼仪与军事规则毕竟是不相容的，若人人都如此礼尚往来，战场就变成了团拜会的现场，战争也就失去了意义。

所谓"仓廪实而知礼节，衣食足而知荣辱"。处于不同位置的人，对政治、军事的认识也有着天壤之别。那些业已身居高位的人，往往对朝堂上的名分更为看重，血肉横飞的战场不过是政治的延续，是他们纵横捭阖的另一个舞台；而身份低微的人无法为肉食者谋，就只能在战场上用自己的血肉之躯换取荣华富贵。

比如，当韩厥还只是三军司马的时候，他会为了建立功勋而不惜一切，可一旦入阁为卿，便开始对辱没国君的事情忌惮起来，哪怕是敌国之君就在眼前，也不愿意因急于建功而惹人非议。也正因为如此，当韩厥和郤至放走了郑成公，当郤至和栾针与对方君臣礼尚往来的时候，那些素来奋勇的刚毅之士，却依旧在用鲜血染红的战袍为家族的兴盛而搏命，魏锜就是其中的代表。

魏锜射月

魏锜在史料中的首次出场，是在二十多年前的邲之战时，当时他求取公族大夫不得，因而与赵旃一起扰乱军行。如今二十多年过去了，尽管魏氏家族镇守西南，忠实地执行了封堵秦国的政策，有着辅氏一役大败秦军的光辉战绩，有吕相绝秦气势恢宏的外交宣言，可他们的身份与地位却没有发生任何变化，跻身"公族大夫"行列的美梦依然遥遥无期。如今魏锜早已不再年轻，却也只能冲锋在前，最终还因此葬送了性命。

据说就在战争爆发的前夜，魏锜做了一个奇怪的梦，梦到自己射中了月亮，但一不留神却跌进了泥塘里。梦醒时分他呆坐了半晌，随后特意找人进行占卜。来人对梦境进行了一番推演后说："以姬姓为太阳，那么月亮代表的就是异姓，你射中的月亮必是楚王无疑了。但是梦的后面，你自己跌进了泥塘，说明你此战一定会战死。"

到了作战的时候，魏锜拈弓搭箭一箭射出去，果然就射中了楚共王的眼睛。楚共王捂着鲜血直流的眼睛疼得哇哇直叫，他让人火速召来养由基，随手抽了两支箭让他为自己报仇。

养由基是个极负盛名的神箭手，有关箭法高超如百步穿杨、百发百中等成语，起初都是他的专属，甚至连后世飞将军李广射石的故事，都是借用养由基"射石饮羽"的典故而来。可在这鄢陵大战的当口，楚共王的眼睛都被人射瞎了，身为臣子的养由基却有些犹豫。

原来就在前一天，养由基和潘尪的儿子潘党一起比赛射箭，一箭射透了七层犀甲。他得意扬扬地拿着被射穿的犀甲去楚共王面前显摆，说："国君有我们这样的臣子在，还有什么可怕的！"

但在楚共王眼里，身为将军就要有个将军的样子，如果仅仅得意于一技之长，忘记了自身本来的职责，于公于私都是很危险的。因此他当场就给养由基泼了一盆冷水，劈头盖脸地骂道："真给我们楚国丢脸，明天早上开始作战，你们就会死在这武艺上！"

因为楚共王这一通臭骂，养由基内心怨恨，不论战场上局势如何风云突变，他都始终都不肯射出一箭。可如今国君捂着流血的眼睛给自己下了命令，哪怕有再多怨言，也总不好在这个时候置气，他悻悻地领走两支箭，出去只射一箭，便正中魏锜的脖子。可怜魏锜绞尽脑汁奔走一生，就这样一梦成谶，留下了一个光耀门楣而不得的遗憾，在鄢陵战场上中箭毙命了。

楚军夜遁

苗贲皇的计策为晋军取得完胜战绩奠定了坚实基础，魏锜"射月"的壮举又极大地摧毁了楚军的斗志，战争的结果不言自明。这场持续了一整天的战争，到了夜色朦胧的时候也渐渐步入了尾声。

楚军在晋军强大的攻势下且战且退，一直退到了一处险地，养由基却依然不肯射箭。大力士叔山冉独力难支，只好苦苦哀求养由基协助自己，这才击退了晋军的攻势。

在这个没有月光的夜晚，刀光剑影的战争暂时告一段落，可暗中的较量还在持续。楚军主帅司马子反让将领们"察夷伤，补卒乘，缮甲兵，展车马，鸡鸣而食，唯命是听"。晋国方面则是由苗贲皇发布通告，要求"搜乘补卒，秣马厉兵，修陈固列，蓐食申祷，明日复战"。（《左传·成公十六年》）

如果粗看双方的措施，无非都是要补充兵员辎重、修缮车马器械，准备来日再战，其中并无太大的分别，但最后造成的结果却不大一样。晋国方面的反应只有四个字——"晋人患之"。与之相比，楚国方面的反应则相对激烈一些。

这其中的区别或许就在于，子反纯粹只是按部就班地安排休整事宜，并无更多的打算，晋国人打探到消息，也只是感到对方实力尚存仍可一战，即便有所担忧，这种情绪也只是局限于统兵的将领。而苗贲皇所做的显然要比子反更加深入，他在发布命令的时候，特意强调要厉兵秣马、饱食备战，对于伤病的情况一概不提，给人造成一种晋军并无太多伤亡损耗的假象。随后，他还故意放松了对俘虏的看守，让他们把这些信号带回去在军营中广为传播，以瓦解其再战的决心。

苗贲皇的连环计很快就产生了实效，大批俘虏回营带了同样的讯息，使得楚军上下人心惶惶，再无斗志。面对纷然众议，司马子反无计可施，只得借酒浇愁，等到楚共王发现事态不妙，急匆匆地召其商议的时候，他早已醉成了一摊烂泥，泼都泼不醒了。对此楚共王也只能感叹："这是上天要让楚国失败啊！"说罢连夜拔营而去。

大军退到瑕地时，楚共王突然想起了城濮往事，担心子反自寻短见，急忙派人传话说："先大夫子玉在城濮丧师之时，国君不在军中，战败之责理应由他一人承担。今次之战，都是不谷的过错，大夫不要太过自责！"

子反听到这番劝慰，内心感激，对王使再拜稽首道："吾王若能赐臣一死，也算是成全了臣的名节。更何况今次之战军士败逃，本就是罪臣之过啊！"

子反本就打定了以死谢罪的决心，可他的对手却还是不放心。共王的使者刚走，令尹子重就派人前去斥责："当初让军队覆没的人，他的结果想必你也知道，该怎么做，你自己考虑吧！"

此时的司马子反已是心如死灰，面对昔日的政敌，他也只能淡然回应道："就算没有先大夫的例子，就算你不来交代这些事情，我也不会贪生而忘义。因为我的原因导致丧师辱国，我又有何面目苟活于世呢？"说罢便从容赴死，结束了这充满血与火的一生。

第六章
从悼公复霸到第二次弭兵会盟

第一节　复霸战略

鄢陵之战是晋楚之间的第三次也是最后一次大规模决战。晋国经历了二十多年的厚积薄发，终于再胜楚国，一举洗刷了邲之战失败的耻辱，重新赢回了属于晋人的光荣与梦想。然而战争的胜利并没有让晋国霸业迅速振兴，反而因为外敌的衰弱而陷入了一场牵连甚广的内乱之中。

晋厉公七年（前574年）十二月，在中军元帅栾书的操纵和引导下，晋厉公的宠臣胥童、夷羊五、长鱼矫制造了骇人听闻的"车辕之役"，位居八卿之列的郤锜、郤犫、郤至列尸朝堂，就连中军元帅栾书和中军佐荀偃也被人拘押，几乎殒命。不久之后，在位仅七年的晋厉公又被栾书、荀偃派人劫杀，终于酿成了弑一君、杀四卿、亡一大夫的系列惨案。

内乱结束之后，寓居在成周的晋襄公后裔孙周被迎回国内，是为晋悼公。晋悼公即位之后，大力整肃国内政治生态，使得晋国内部环境发生了极大改观。在此基础上，他又调整了对列国的策略，并由此向复霸大业发起了最后冲击。

晋悼公的外交政策大体上延续了晋景公的战略思路，但也在一定程度上有所创新，概括起来有四句话，那便是：巩宋安鲁、胁齐弱秦、联吴和戎、疲楚服郑。

巩固宋盟

晋国开始染指中原霸权的一百年间，其最忠实的盟友毫无疑问便是宋国。自宋襄公在泓水败北之后，宋国人始终都坚持"联晋却楚"的政策不动摇，这种坚持几乎到了一种不可理喻的地步，与郑国灵活多变的外交态度形成强烈反差。

也正因为如此，才有了楚人"郑昭宋聋"的说法。就是说宋国人顽固不化的样子就跟聋人一样，外面无论发生了什么事，都权当没听见，可不像郑国人那样耳聪目明，善于听风辨音、察言观色。战国时期的不少寓言故事在讲到宋国人时，往往会赋予他们一个呆萌蠢笨的形象，毫无顾忌地向他们开起了"地图炮"。宋国人的这种鲜明特征，实际上也让他们成了判断晋楚双方力量强弱，以及晋国在中原影响力的一个风向标。

另一方面，宋国处在中原的十字路口，是扼守齐、楚交通，贯通晋国与东方鲁、邾、莒、杞等国联系的重要枢纽，宋国防线一旦失守，也往往意味着晋国中原战略的全面溃败。尤其是在"联吴抗楚"大战略的指导下，宋国又被赋予了联结晋吴的地位，其在中原事务中的权重也就更加显著了。

然而就在晋悼公即位的当口，宋国却陷入了一场危机之中。

事情的起因还要追溯到鄢陵之战的前一年，也即晋厉公五年（前 576 年）。当年宋共公去世，宋平公即位，宋国第一大势力集团"桓族"的首领司马荡泽想削弱公室的力量，于是就杀死了宋平公同母弟公子肥。出自"戴族"的执政华元无法阻挡叛乱，只好出奔晋国避难。华元在宋国地位崇高，且有协调晋楚弭兵之功，"桓族"左师鱼石担心他的出走会引发连锁反应，于是不顾盟友反对，星夜兼程，在黄河边上把华元请回国内。谁知华元刚一回国便兴师问罪，发动"戴族"的司徒华喜、"庄族"的司城公孙师率领族众攻杀司马荡泽，"桓族"五大夫鱼石、向为人、鳞朱、向带、鱼府出逃到了楚国。

五大夫在国外住了三年，到晋悼公即位元年（前 573 年），楚国趁晋国内乱、新君初立的机会，指使并联合郑国侵宋，先后攻取了宋国的朝郏、城郜、幽丘、彭城，并将叛逃到楚的五大夫送到彭城。宋国不甘示弱，当即派"戴族"的司马老佐和司徒华喜率军平叛，可大军出师不利，司马老佐围攻彭城数月不下阵亡当场，还引来了楚军的救援和讨伐，华元只好向晋国求援。

这个时候，韩厥刚刚取代栾书成为正卿，正是需要立威之时，因此便倡议："想要求得别人的拥护，就一定要为其付出辛劳。成就霸业、安定疆土，就要从宋国开始了！"

晋悼公也深以为然，于是便亲自率军驻扎在台谷（今山西晋城），并派人到各国请求出兵。这年十二月，晋悼公邀宋平公、卫献公、邾宣公及齐、鲁两国大夫在虚杅（今河南延津）会盟，商讨救援宋国事宜。而韩厥则带兵赴宋，在靡角之谷和楚军相遇。楚人讨伐宋国的目的是想转移彭城的压力，遇到晋军之后也不作纠缠，径直撤军回国了。

到第二年周历正月，晋国依照虚杅盟约，联合宋、鲁、卫、曹、莒、邾、滕、薛八国组成联军，围攻彭城。不久，彭城投降，晋人将彭城五大夫带回囚禁在瓠丘（今山西垣曲），一场延续多年的内乱宣告平息。

晋悼公刚一即位就组织了一场大规模会战，在进一步巩固了晋宋同盟的同时，也让人们看到了晋国维护礼制的决心，使得其他诸侯更加顺服。

除此之外，彭城之战十年后，也即晋悼公十一年（前563年），晋国复霸大业已经接近尾声，诸侯在柤地举行了一次盛大的盟会。为了笼络宋国，荀偃和士匄在盟会上提议伐取偪阳封给宋国大夫向戌。诸侯联军攻打偪阳的战争很是艰苦，向戌感到难以承受，因此建议将偪阳转赠给了宋君。尽管这场战争起初并未得到上位者的首肯，但晋国不惜代价馈赠盟国的举动，还是让宋国感激涕零，更让两国之间的友谊得到了进一步的升华。

安抚鲁国

鲁国的情况要稍微复杂一些。作为周公后裔、周礼的直接继承者，鲁国在文化上有着强烈的优越感。但与中原诸国的境遇类似，由于地理环境的限制，缺乏扩张空间，也缺乏强大的武力，因此总是缺乏安全感。更让鲁国不安的是，紧邻的齐国是一个扩张欲极强的国家，为了能够制约齐国，鲁国通常会采取积极且具有鲜明导向的外交政策，那就是绝对不允许中原出现权力真空期。

这些因素综合起来，就让我们看到一个极端矛盾的鲁国：一方面对楚国的态度很是傲慢，"非我族类，其心必异"这句话最早便是出自鲁国人对楚国的评价；

而另一方面，一旦晋国无法对齐国形成制约，也会毫不犹豫地向"非我族类"的楚国投怀送抱。

鲁国的这种外交性格，在邲之战前后体现得最是淋漓尽致，也因此给晋国留下了极坏的印象。特别是随着鞌之战后晋、齐关系逐渐转暖，晋国对鲁国的态度也就发生了一百八十度的大转弯，两国关系再次跌入了低谷。

在此期间，鲁国因为各种原因不敢公然背离盟约，可晋国却始终对其抱有不信任态度。为了向晋国做出解释，鲁成公于晋景公十九年（前581年）亲自赶赴晋国，却不料被扣留下来，直到晋国派往楚国的使者籴伐回国后才得以释放。

更让人无法忍受的是，鲁成公在晋国期间恰逢晋景公去世，晋人不由分说便让鲁成公为晋景公送葬。按照当时的礼制，诸侯国君去世，盟国只需要派一名大夫前往吊唁，派一名卿去送葬即可，晋国此举无疑是在贬损鲁国国君，对两国关系所造成的破坏自然也是无法估量的。好在鲁成公被扣留时正好是晋楚弭兵的关键时期，有了会盟成果"护体"，鲁国也就不怎么计较这些旧账了。

此后的几年间，尽管有郤犨、郤锜的无礼举动，两国之间还是维持了几年表面上的友好关系。但到鄢陵之战后，晋卿郤犨卷入了鲁国内争，与叔孙侨如沆瀣一气，无端扣留鲁国执政季孙行父，又引发了新一轮的外交冲突①。这场危机尽管在栾书和士燮的努力下得以化解，可终究还是将晋国政令不一的老毛病暴露了出来。

晋国内部不和，诸侯动辄得咎，对于晋国的忠诚度自然也就打了折扣，这种不信任的态度并未随着晋厉公的死而有所减少。正是在这种心理的驱使下，晋悼公刚一即位，鲁成公就怀着满心忐忑再次踏上了朝见晋君的旅途。

让他意想不到的是，这次的晋国之旅并未受到任何刁难，反而让他产生了一种如沐春风之感。晋悼公为了争取诸侯的支持，一改过去高高在上的姿态，与诸侯建立起平等的外交关系。如遇小国之君来朝，晋君不再像天子一般在都城接见，而是亲自到郊外迎接；各国使臣前来朝聘，晋国也尽可能地以礼相待，同时还会派专人对来访国进行回聘。但有征伐大事，晋国向各国请求援兵时，派去的使者都变得谦恭有礼，战事结束之后，他们还会特意派人去感谢出兵。

晋国对外政策的转变，让鲁成公彻底改变了对霸主的刻板印象，对这位新君

---

① 见《晋国600年3》第四章第二节"郤犨乱鲁"。

更是给予了极高的评价。不久之后杞桓公到鲁国朝见时，鲁成公就把自己的感受说了出来，杞桓公听后大喜过望，急忙收拾行李去往晋国朝见，还大张旗鼓地把自己的女儿嫁给了晋悼公。

鲁成公去世后，鲁襄公继位，晋国又特意派卿士荀罃前往聘问，显示出了对鲁国极大的尊重。悼公四年（前570年），年仅六岁的鲁襄公朝晋，在会见悼公时一时激动乱了礼数，竟然以稽首之礼相拜。这要放在过去，晋国人恐怕就笑纳了，可这一次担任襄礼的荀罃却辞谢不受，还说："有天子在，寡君不敢接受如此大礼。"

看到晋悼公如此开明，鲁国人也就不再那么拘谨了，以前只敢私下里想一想的事情，现在也敢公开地提出来了。比如晋悼公五年（前569年），鲁襄公再次到晋国朝见，就破天荒地向盟主提出了一个请求，要把没有军赋的鄫国划给鲁国作为附庸。晋国起初不肯，但在鲁国大夫仲孙蔑的一再请求下也不再坚持，终于还是让他们如愿以偿了。晋悼公对待诸侯的温和态度，终于让素来缺乏安全感的鲁国打消了左右摇摆的念头，成为晋国忠实的盟友和坚定的支持者。

胁齐入盟

在晋、楚角逐的战场上，齐国、秦国都属于和晋、楚体量相当的大国。对于晋国来说，他们虽然无缘晋级"决赛"跟自己争雄长，但其亲疏向背却能显著影响双方的强弱均势，因此也不敢太过轻慢。有鉴于两国地理位置、历史渊源的差异以及对晋国国家安全影响程度不一，晋国对他们所采取的措施也截然不同。

总体来说，秦国的强大会对晋国构成直接威胁，因此两国之间的冲突也更为激烈。自河曲之战后，晋国对秦国封堵抑制的政策就已基本定型，在晋悼公时期也没有发生太大的转变。

至于齐国，与晋国没有什么深仇大恨，在当时的技术条件下也不会对晋国构成致命威胁，因此很少发生直接冲突。两国之间最主要的矛盾在于，作为一个长期介入中原事务的东方强国，曾经辉煌一时的中原霸主，齐国的历代君主都有一个恢复往日荣耀的夙愿，这就使得他们不可能心甘情愿地对晋国俯首称臣。只要晋国对外控制出现松懈，齐国就一定会跳出来挑战晋国的霸主地位。

对待这样的大国，晋国就像是放风筝一样，既不能放任他们坐大，从而挑战自己的权威，也不能逼得太紧，以免激起他们的叛逆心态。因此我们经常会看到鲁、卫等国因为犯了一些小错误而受到惩戒，却很少看到齐国受到如此折辱。甚至有的时候，为了刻意维护齐国的面子，晋国还不得不牺牲盟友的利益。

比如在晋景公时期，齐顷公趁着晋国新败的机会，与楚国联结意欲瓜分中原利益，晋国便组织诸侯联军发动了鞌之战。战后齐顷公向晋国服软，晋景公马上就转变立场与其称兄道弟，为此不惜冒着诸侯背离的风险，将鲁国的"汶阳之田"割让给齐国。

晋景公去世前后的十几年间，受益于弭兵会盟的成果以及晋国在外交上取得的成功，晋、齐两国的关系还算融洽，此后晋国主导的几次战役，齐国也都积极参与。但鄢陵之战后，晋国内部忧患如山雨欲来，上至国君下至卿大夫都心不在焉，在国际事务上明显力不从心，终于酿成了一系列的惨案。而当"车辕之役"尘埃落定，看到被迎立回国的晋悼公又是个只有十四岁的孩子，齐灵公的心思难免就不安分起来。

晋悼公元年（前 573 年），诸侯会盟于虚朾图谋安定宋国，齐国派大夫崔杼参会，但次年联军助宋伐彭城一役，他们却没有派兵参战，这种做法显然已经触碰到了晋国的底线。事后晋国谴责齐国背盟，齐灵公担心遭到声讨，只好派太子光到晋国为质，方才消除了晋国的怒火。

不过，齐国也是面服心不服，此后几年里仍然是小动作不断。比如晋悼公三年（前 571 年）刚一开春，齐国就擅自讨伐莱国；诸侯在戚地（今河南濮阳西北）会盟，齐国不仅自己不参会，还指使其附庸滕、薛、小邾等国也都缺席盟会。晋卿荀䓨为此感到十分恼火，于是委托鲁国大夫仲孙蔑传话给齐国，让齐国派人到虎牢筑城，而且还警告说，如果实在请不动，晋国将会带着军队去请。齐国知道拗不过晋国，只好在当年冬天带着自己的附庸参与了戚地的第二次盟会。

可即便如此，齐灵公还是不肯服从。悼公四年（前 570 年）的鸡泽（今河北邯郸东）之盟，晋国派士匄到齐国请求盟会，齐灵公还是表现出一副很不乐意的样子。士匄于是便明言道："寡君愿与一二兄弟相见，以谋不协。"其言外之意是，齐国要不参会的话，就会成为诸侯要"谋"的"不协"。齐灵公犹豫再三，终究不敢与晋国撕破脸皮，只好与士匄在齐国郊外举行了会盟，并派太子光到鸡泽与各国国君举行盟誓。

齐国三次违背盟约，晋国都没有发兵讨伐，而是摆出了三顾茅庐的架势，连哄带吓、软硬兼施，终于让心思浮动的齐国人回心转意。到鸡泽会盟的时候，包括晋国在内的与会各国都是由国君亲自出席，唯有齐国是由太子光作为代表参加会盟。从这些安排中，我们既可以看到晋国对齐国的特别关注，也能体察出他们对于这样一个大国的宽容，这种待遇恐怕不是随便哪个国家就能享受到的。

吴入夏盟

围堵秦国、挟制齐国战略的实施，保证了晋国在与楚争霸时两翼的安定，避免了腹背受敌局面的出现；而为了在与楚国的对抗中占据主动，晋悼公还延续了晋景公"联吴制楚"的方略。

晋国与吴国的沟通，始于晋景公时期的巫臣使楚，不过在景、厉两朝，吴国对晋国的态度还不明确，甚至有时还存有敌意。比如晋景公十八年（前582年）春，晋国在蒲地召集诸侯会盟，期间特地邀请吴国参与盟会，吴王或许是对晋国突如其来的示好感到狐疑，因此并未赴会。一直到六年后，也即晋厉公五年（前576年）的十一月，晋国才如愿在钟离与吴国举行了第一次会盟，但会盟成果似乎并不理想，两国之间也没有形成合力。

鄢陵之战后，吴国曾趁着楚国新败，在舒庸的协助下入侵楚国，但很快就遭到了反击，引导吴国作乱的舒庸也被楚人灭国。

悼公四年（前570年），令尹子重重整旗鼓，亲自带精兵讨伐吴国，攻克要塞鸠兹（今安徽芜湖东南），一直打到衡山附近。初战告捷让子重有些自得，于是便派邓廖带兵侵袭吴国，不料被预先设伏的吴军拦腰斩断，遭遇惨败。主将邓廖被俘，所带兵马几乎被全歼，最后只有大概十分之一的人得以幸免。

为了掩饰战败，子重回国之后大张旗鼓地在太庙庆祝。可吴国人却不给他面子，仅仅三天后就追到了楚国境内，占领了重镇驾邑（今安徽无为）。如此一来，前方兵败的消息就再也掩盖不住了。子重受此刺激，郁郁不欢，不久之后就因心脏病突发而亡。

吴军胜楚的消息传到晋国，让晋悼公精神为之一振，于是就把搁置多年的

"联吴制楚"策略重新摆上了台面。是年六月，晋国在鸡泽举行会盟，为表对吴国的重视，悼公特派荀会到淮上迎接吴王。可吴王似乎仍旧没有打消疑虑，会议延续了几个月，荀会也在淮水边上等了几个月，却一直都未能等到吴王的身影。更让晋悼公感到难堪的是，诸侯在鸡泽空等数月，吴王甚至连一句解释都没有，全然不给中原霸主留一点情面。

从晋景公时期开始，晋国派申公巫臣带着中原的先进技术和文化理念援助吴国，向他们传授排兵布阵之法、射箭驾御之术，而当晋国需要的时候他们却百般推托，几次三番拒绝中原霸主的盛情邀约。可即便如此，晋国人仍旧保持着谦和的态度，甚至还要专门安排人去迎接，这种超高待遇恐怕让齐国看了都会萌生醋意。那么，是什么原因让他们如此放肆，在接受了大国馈赠的同时，还敢于一再跟堂堂中原霸主叫板呢？

想要回答这个问题并不容易，因为这涉及先秦历史中的一桩公案。在有关"假道伐虢"的章节中，我们曾介绍过吴国与周王室之间的关系。按照久远的传说，吴国虽地处荒僻之地，但却是一个地地道道的姬姓诸侯国，始创之君正是出自周王室的太伯。

不过对于以上故事，历来就有不少学者持怀疑态度[1]。太伯出奔时周人还只是岐丰地区的一个小部族，为了避位而去到千里之外的东海之滨，既无必要，也缺乏可操作性。而在太伯、仲雍死后，周人在承认吴国地位的同时，又跨越千山万水将他们的子孙分封到距离宗周不远的虞国，似乎也缺乏合理性。特别是有人还指出，"吴"和"虞"在古代音同字近很容易混淆，因此吴太伯所奔的吴国，很有可能就是山西平陆的虞国，有关吴王世系的传说，也极有可能是有人利用这一点牵强附会杜撰来的。那么，他们杜撰这个故事的目的究竟是什么呢？

这就是问题的关键。春秋时期，中原诸侯素来看重"华夷秩序"，在他们眼中，即便是与中原打了几百年交道且已发展出高度发达文化体系的楚国，也无法摆脱"非我族类，其心必异"的"蛮夷"身份，更何况是文化更加落后的吴国呢？当晋国想要接纳吴国加入华夏联盟的时候，其他中原诸侯却未必情愿，这种态度传递

---

[1] 参见崔凡芝、张莉：《〈史记〉"太伯奔吴"说质疑》(《山西大学学报》（哲学社会科学版）2002年第5期)，霍彦儒：《太伯、仲雍与荆蛮、吴国——兼论"太伯、仲雍奔荆楚"之文化意义》(《宝鸡社会科学》2016年第1期)。

到吴国,难免也会让他们产生抗拒情绪,从而不愿以低人一等的姿态与诸夏合作。

晋国想要让诸侯与吴国互相接纳,化解双方之间的不合作情绪,就需要给他们创造一个交流的基础,有关太伯与吴国关系的说法,很可能就是在这段时期内各方互相妥协的结果。

另外值得注意的是,晋悼公的民族包容政策针对的不仅仅是吴国,还包括许多过去不为夏盟所接纳的"东夷"小国。以往极少参加中原会盟的莒、邾、滕、薛、杞、小邾等国,自晋悼公时期开始频繁出现在会盟场合,在有关鲁国的史料中,也多次出现滕、郯、小邾等国君"始朝公"的记载。可见这些过去被视为"蛮夷"的国家正越来越多地被纳入中原秩序中来,这就带来了一次民族融合的趋向。

总而言之,经过十几年的讨价还价,吴国终于从一个充斥着"野蛮"气息的"化外之邦"实现了华丽转身,一跃成为与中原大国地位平等的姬姓诸侯国。鸡泽会盟两年后(前568年),吴王寿梦郑重其事地派遣寿越到晋国,解释不能参加会盟的原因,并表达了与诸侯结好的愿望。晋悼公也顺水推舟,让鲁、卫等国先行在善道(今江苏盱眙)与之举行了会见,然后还一再叮嘱他们注意下次会盟的时间。

经过几个月的周密部署,吴国终于如约而至,参加了当年九月在卫国戚邑举行的列国会议;悼公十一年(前563年),诸侯又在柤地(今江苏邳州北)与吴王寿梦举行了会见,晋、吴、齐、鲁、郑、宋、卫、陈、曹、莒、邾、滕、薛、鄫十四诸侯会聚一堂,可谓盛况空前。这也标志着从晋景公十六年(前584年)开始实施的联吴策略,经历了约二十年的风雨波折后正式成型,晋国试图从侧面牵制楚国的意图也终于得以实现。

魏绛和戎

通过一系列内外政策的改革,晋国内部环境团结向上,外部联盟进一步稳固,战略联盟更加充实,霸业复兴也指日可待。正当晋国上下摩拳擦掌,意图在中原疆土上挥斥方遒的时候,从遥远的北方又传来了一个好消息。

晋悼公五年(前569年),"北戎"无终国执政嘉父派遣孟乐到晋国,通过魏绛进献虎豹之皮作为礼物,请求与晋国讲和。刚听到这个消息的时候,晋悼公认为这或许是"北戎"衰弱的信号，于是便对魏绛说："戎狄贪婪无信、不讲礼义，与其跟他们讲和，倒不如趁机讨伐他们。"

此次前来求和的无终国是"白狄"的一支。从晋成公时期开始，晋国为封堵秦国东进，长期与"白狄"保持友好关系，甚至有时还会互通婚姻。但这些部族也时常会被秦国策反，转而成为威胁晋国安全的不稳定因素。

或许也正因为如此，晋悼公并不愿意与之讲和，但魏绛却有不同的意见，他分析了当前的形势，认为："因为我们的亲善态度，诸侯都依附于我，如今就连陈国也前来求和了。但是这些诸侯也都在看着我们的举动，如果我们依旧能保持善待诸侯的态度，他们自然会心悦诚服；反之如果我们对外跋扈，他们就会怀有二心。假如我们这个时候对戎狄用兵，一旦楚国趁机伐陈，我们没有过多精力救援，就等于是丢弃了陈国，中原诸侯也会因此而背叛我们。戎狄不过是化外之民，得到了戎狄却失去了华夏，这个账太不划算。"分析完局势后，魏绛突然又问了一句："您没有听说过有穷国的后羿吗？"

悼公被这一问搞得有些摸不着头脑，于是反问道："后羿怎么了？"

魏绛于是就讲了一段夏朝的故事：夏禹之子夏启杀害伯益建立夏朝，到他的儿子太康的时候，由于沉迷于声色犬马，不修政事，导致四夷背叛。东夷有穷氏的首领后羿趁机兴起，掌握了夏朝政权，并扶植太康的弟弟仲康为傀儡。仲康死后，其子相被后羿驱逐到斟寻氏和斟灌氏，帝位被后羿所得，这就是"太康失国"的来历。

然而一朝为君，后羿继承的似乎不仅仅是夏朝的帝位，更继承了太康声色犬马的毛病，篡位没多久就抛弃了身边的贤臣，信任一个被伯明氏驱逐的佞人寒浞代其打理政事。这个寒浞也是个善于逢迎的主儿，后羿箭术高超喜欢打猎，寒浞就投其所好让他专心打猎。后羿宠信后宫，寒浞就依靠这些女人吹枕边风，让他消息闭塞、麻痹大意。一心沉迷享乐的后羿满以为有了寒浞就能一切尽在掌握，却不知他的好帮手正在民间广施财物以收买人心，并最终夺取了政权。

到了这个时候，正在外打猎的后羿似乎还不相信，于是就准备回国看个究竟。没想到他身边的人也都被寒浞收买了，那些人把后羿杀掉之后，还把他的肉煮熟了让他的儿子吃，他的儿子不忍心，结果就被寒浞杀死在有穷国的城门口。

后羿一死，他的国家和后宫就全都被霸占了，后宫的妻妾们为寒浞生了一堆儿子，其中有两个分别叫作浇、豷。寒浞担心启的后人会反攻倒算，就派浇带兵灭了斟寻氏和斟灌氏，仲康之子相死于乱兵之中。所幸的是，相的妻子后缗刚怀了孩子，听到兵乱后从墙洞里爬了出去，逃回到娘家有仍氏避难，并生下一个儿子取名叫少康。

少康据说很有才干，他在有仍氏的地盘上招兵买马准备复国，但似乎难以抵御寒浞之子浇的追杀，又逃到了有虞氏。少康在极为不利的环境下屡败屡战，最后终于在有虞氏以及夏朝旧臣的辅助下打败了有穷氏，恢复了夏朝的基业，史称"少康中兴"。

魏绛讲完这个故事之后，表情凝重地对晋悼公说："从前周朝的辛甲做太史的时候，命令百官必须劝诫天子的过失，就是为了防止这样的惨剧发生。《虞人之箴》里说过，辽远的夏禹遗迹被划分为九州，开通了许多大道，百姓有屋可以居住，有庙可以祭祀，而野兽也有他们丰美的水草。百姓安居乐业，野兽自得其乐，大家各得其所，互不干扰。然而后羿身居帝位，却总是贪恋打猎之乐，只想着飞禽走兽，却忘了国家的忧患。因此，身为一国之君，对于武力征讨不能看得过重，太重视武力对于国家的壮大并无裨益，希望您三思。"

魏绛主管的是山泽田原事务，因此在劝谏的时候"三句话不离本行"，把晋悼公说得泪流满面。晋悼公于是下令，从此以后寡人要勤勉于国事，外出狩猎不再随性而为，要按照时令，尊重自然。

当然了，这些都不是魏绛的本意。在他看来，"戎狄不过是化外之民而已"，他以后羿好猎而亡国作比，是要劝导晋悼公将主要精力集中在统御诸夏之上，尽力稳固中原的联盟，而不是分心去讨伐"戎狄"。但晋悼公对此显然仍有顾虑，于是又问道："难道除了与戎人讲和，就没有更好的办法了吗？"

魏绛紧接着提出了跟"戎人"讲和有五个利好："戎狄"逐水草而居，重财货而轻土地，我们可以用财货直接换取他们的土地，这是其一。"和戎"之后边境再无袭扰，百姓可以安心耕作生产，可以大大地促进经济发展，这是其二。"戎狄"侍奉晋国，这会对四邻诸侯产生震慑作用，让他们死心塌地地跟从我们，此为其三。其四，以和平的方式安抚"戎狄"，将士不必四处奔波，军械不会损坏，这对保持晋国国力大有裨益。其五，有鉴于后羿的教训，利用道德法度治理国家，处理与诸侯国的关系，可以重建晋国的信用，自然会让远国来服而让邻国安心。有这么多的好处，我们为什么不答应他们的请求呢？

魏绛的一番话着实打动了晋悼公那颗年轻而躁动的心，于是当即派魏绛与无终及各部"戎狄"讲和。在收服齐国、压制秦国的基础上，魏绛的"和戎"政策进一步巩固了晋国的后方安定，为晋悼公进取中原打造了坚实基础。

七年后，也即悼公十二年（前562年），经过多年的拉锯战，郑国终于放弃挣扎依附了晋国，这也标志着晋悼公的霸业达到了顶点。为了表示诚意，郑国向晋悼公赠送了盔甲武器齐备的各式兵车一百乘，同时还有配套齐全的两架歌钟，附赠精通音律的乐师三名，以及擅长歌舞的美女十六人。看到如此盛况，二十五岁的晋悼公不由对魏绛大发感慨："子教寡人，和诸戎狄，以正诸华。八年之中，九合诸侯，如乐之和，无所不谐。"（《左传·襄公十一年》）于是就将乐器美女中的一半赠送给了魏绛，让他分享此中的快乐。

魏绛一再推辞，说这都是国君的威严和大夫们的功劳，我实在不敢接受这样的赏赐。晋悼公坚持说："如果没有你，寡人恐怕没有办法既安抚戎狄，又渡过黄河称雄天下，你还是接受吧！"

第二节　疲楚复霸

服郑安陈

晋厉公六年（前575年）的鄢陵之战是晋楚之间三次大规模决战的最后一次，以楚军败退告终。然而与以往"唯强是服"的灵活态度不同，这次战争结束后，郑国并没有欣然依附晋国，反而因感念楚共王为救援自己而被射伤眼睛的恩情，成了楚国最坚定的支持者。

为了迫使郑国转变态度，战后晋厉公曾在宋国的沙随（今河南宁陵一带）举行会盟，号召诸侯伐郑。可让人意想不到的是，郑国当国子罕竟然趁荀䓨率领下军入侵陈、蔡未返的时机，于七月二十四日夜间发动突袭，导致齐、宋、卫三国溃不成军。不仅如此，到第二年（前574年）正月，郑国为政子驷（公子騑）还带兵入侵虚（今河南偃师）、滑两地，公然向晋国发起了挑战。

郑国的狂妄行径引起了诸侯的极大震动，卫国大夫北宫括率先出兵救援晋国，晋国也邀请王室大夫会合齐、鲁、宋、卫、曹、邾等诸侯伐郑，随后又在柯陵（今河南许昌南）举行会盟。郑人对此毫无畏惧，他们一早就将太子髡顽和大夫侯獳送到楚国做人质，楚国也投桃报李派公子成、公子寅带兵戍守郑国。等到诸侯前来讨伐的时候，令尹子重更是亲率大军救援，迫使联军退兵。到这年十月，联军再次包围郑国，又是在楚国大夫公子申的救援下退却。

彼时正是"车辕之役"爆发的前夜，晋国君卿大夫都在酝酿一场剧变，对中原事务很不用心，因此几次出征都没有什么成果。到晋厉公被杀后，楚人利用晋国君位交替的时机，指使郑国入侵宋国，并将叛逃的五大夫安置在彭城。但他们没想到，晋国很快就恢复元气，并在韩厥的带领下平定了宋乱，甚至还乘胜追击连续侵陈伐郑，一度占据楚国的焦、夷两地（均在今安徽亳州一带）。楚、郑两国也不罢休，旋即对宋国展开报复，先后入侵吕、留两地（今江苏徐州、沛县附近），并占领犬丘（今河南永城）。几个回合下来，双方可以说是不分伯仲。

晋悼公三年（前571年），郑成公病重，弥留之际嘱咐六卿要与晋国死磕到底。当时担任为政（六卿排位第二）的子驷有感于晋国兵力太盛，不太理解其用意，郑成公便解释说："楚王为了救援寡人被射中了眼睛，如果背弃他，就等于是忘记了他们的功劳和自己的誓言，岂不是要让天下人唾弃？"

郑成公即位于晋景公十五年（前585年），在他即位前后，郑国一改常态连续出兵讨伐许国，可见当时的郑国上下普遍蔓延着一股忧患意识，这与晋楚两国连年争霸造成的荼毒是分不开的。为了劝服郑国，楚共王先后两次拿出丰厚的财礼和土地贿赂郑成公，甚至还特地将许国内迁到楚地。这在郤至看来或许是"德薄"的表现，但比起晋国动辄以武力相逼，楚国的做法显然要更厚道些，也更符合郑人的内在需求。再加上鄢陵之战中，楚共王为了救援郑国而被射瞎了眼睛，这就让郑成公对楚国产生了强烈的认同感。

郑成公去世后，晋悼公派遣荀罃连续两次在戚地举行会盟，商讨对付郑国的办法。郑国大夫顶不住压力，于是都建议与晋国和解，但子驷秉持先君临终遗言，坚决不肯服从。郑国坚决依附楚国的态度让晋国很是作难，为了迫使他们服软，晋国采用了鲁国大夫仲孙蔑的建议，让诸侯联军在郑国西北重镇虎牢（位于今河南荥阳）筑城，并辅以重兵来遥制郑国。

在联军重兵的胁迫之下，郑国人日日提心吊胆，而正当他们不知该去向何方的时候，楚国内部却传递出了一些微妙的气息。先是右司马公子申，因与令尹子重及子辛（公子壬夫）不和，被二人杀死；不久之后，令尹子重又因大意败于吴国，最后犯了心脏病去世；接替他即令尹大位的子辛对小国大肆盘剥，使得陈国不堪忍受，主动派大夫袁侨到鸡泽请求会盟。这一连串的事件把楚国内部集聚的矛盾都暴露了出来，也让一心想依附的郑国失去了靠山，只好顺势向诸侯举了白旗。

晋悼公四年（前570年）六月，晋国邀合诸侯在鸡泽举行会盟，与先后归附的陈、郑两国举行盟誓。面对突如其来的被动局面，楚国自然不肯善罢甘休，先后派遣司马公子何忌、彭名两度率军侵陈，后来又指使顿国进行侵扰。但陈国始终不肯屈服，甚至还对顿国组织了一次反击。而晋国也以牙还牙，派荀罃带兵讨伐许国，以分散陈国所受到的压力。

到晋悼公六年（前568年），吴国也加入了进来，晋国的声势更加壮大，于是便邀集十三国诸侯在戚地举行了会盟。此次会盟的规模直逼二十年前的蜀之盟，且会盟的成果显然要比蜀之盟更加实在。

晋国在中原迅速扩张的势头让楚共王看了分外眼红，于是便派人到陈国去质问其叛离的原因。陈人如实告知，说是子辛贪欲太盛，楚共王一怒之下杀掉了子辛，任命子囊（公子贞）为令尹。

对于陈国可能的叛离，晋国实际上早有预料。上一年楚国大军包围陈国的时候，正卿韩厥就曾表示："当初周文王带领背叛殷商的国家侍奉纣王，是因为他知道时机未到。可如今我们却反了过来，想要留住陈国，难啊！"

待到楚共王杀子辛而立子囊，晋国上军将士匄也很务实地分析说："陈国我们恐怕是保不住了！楚人讨伐三心二意的国家，又立了子囊担任令尹，必然会改变子辛的所作所为，讨伐陈国也在情理之中。陈国迫近楚国而远离晋国，随时都可能会遭到侵袭，百姓为了安居乐业，也会讨好楚国以消除兵患。倒不如尽早放弃陈国，免得常年出兵引发诸侯的不满。"

二人的判断概括起来就是说，晋楚争霸这么多年，已经形成了泾渭分明的势力边界。陈、蔡、许三国迫近楚国，晋国就算是降伏了他们也很难维持，楚国轻易就能夺回去。更何况，如今郑国的顺服都尚未稳固，却要得陇望蜀谋求陈国，那不就是在自寻烦恼吗？

不过，人毕竟是有损失厌恶的，假如陈国压根就没有入盟，晋国或许也不会为此而感到惋惜；可如果是得到了再失去，就会感到难以接受。正如魏绛在建议"和戎"时所指出的，只要陈国加入了联盟，晋国就必须负责到底，如果放任陈国投入楚国怀抱而不管，会给其他诸侯留下不负责任的印象，这对晋国的争霸事业显然是不利的。

在这种心理驱使下，晋国还是鬼使神差地动员诸侯出兵戍守陈国，并连番打退了楚国的侵袭。令尹子囊见北上无法建功，就暂时退回国内休整。此后的两年里，楚国也都没有对陈国用兵，晋悼公与楚共王第一回合的争锋就此告一段落。

郑人背盟

晋悼公复霸的第二阶段战争始于晋悼公八年（前566年），这时担任正卿刚满七年的韩厥功成身退，将军国重任交给了荀罃，而楚国在经过两年的休整后也再度北上，准备恢复对陈、郑两国的控制，争霸战争由此进入了白热化阶段。

这年冬天，楚国令尹子囊重兵围陈，悼公在鄬地（今河南鲁山）会盟诸侯，再次商议救陈。然而正如当初士匄所预料的，正当陈哀公北上参加诸侯会盟的当口，国内却有人导演了一出大戏。导演这出闹剧的是陈国的大野心家庆虎、庆寅两兄弟（合称"二庆"）。他们一方面安排哀公的同母弟公子黄到楚国去访问，暗地里则沟通楚人将其扣留，然后再派人送信给参加盟会的陈哀公说："如果你不回来，恐怕国内会有人趁机生乱。"陈哀公担心被人夺了权，于是也顾不得其他，偷偷跑回去救火了。

与此同时，郑国内部也发生了变乱。按照《左传》的说法，郑僖公做太子的时候，于晋厉公六年（前575年）携子罕一同访问晋国，结果对子罕不加礼遇；后来和子丰一同到楚国朝见，又对子丰很是无礼。在他继位后，子丰去晋国朝见，想要向晋国控告以废掉其君位，但被子罕制止了。

有子罕这样的宽宏大量，两人不再追究僖公的无礼，或许事情也就告一段落了，可郑僖公偏偏收不住他的公子脾气，在一次公务活动中，又对担任襄礼的子驷无礼。旁人一再劝说，可郑僖公偏就听不得忠言逆耳，竟把进言的人也给杀掉了。子驷无法忍受屈辱，就在参加鄬地会盟的途中，派人趁夜杀了僖公，而对外却宣称国君是得急病致死。

子驷的一意孤行激怒了国内的群公子，他们想除掉子驷，谁料又被子驷占了先。晋悼公九年（前565年）四月，子驷罗织罪名杀掉了子狐、子熙、子侯、子丁四公子，一举铲除了反对势力，并立了五岁的郑简公为君，理所当然地成为郑国只手遮天的权臣。

《左传》单纯从道德角度进行批判，认为郑僖公的死是罪有应得。但从后来的事态发展来看，这场惨案显然是公室与穆族之间争夺权势所引发的悲剧。其中情由究竟如何，在这里先按下不表，但有一点可以明确，子驷本就有着强烈的亲楚倾向，如今为了避免晋国的诛讨，叛晋服楚也就是顺理成章的事了。而为了免除因背叛盟约所带来的道德压力，子驷真可谓是煞费苦心。

首先是在晋悼公九年四月二十二日，郑国在未取得晋国许可的情况下，擅自派兵入侵蔡国，俘虏了蔡国司马公子燮，并于当年五月邢丘（今河南温县东）会盟时将战俘和战利品都奉献给了晋国。而当楚国尽起大军前来报复的时候，他们马上就与楚国缔结了盟约，同时还派王子伯骈去向晋国解释说："我们不是真心要依附楚国的，只是贵国君主命令我们重整军备、加强操练，随时准备讨伐不臣。蔡国人不服从贵君使命，我郑国也不敢贪图安逸，因此召集军队讨伐蔡国，俘虏了司马燮，在邢丘的会盟时献给了贵国，可楚国却发兵讨问我们为什么要对蔡国用兵。我们本不想与楚议和，可他们焚烧我们城郊的防御设施，侵略我们的城池。为了抵御楚人的侵略，我们男女老幼全民上阵，可终究不是他们的对手。国家危在旦夕却无处申告，父兄子弟四散逃亡，百姓悲痛愁苦，不知该向谁寻求保护，便一致要求屈服于楚国。我和我的几位同僚都无法约束，所以特来向您报告。"

子驷的这些伎俩当然逃不过晋国人的眼睛，只是他们既然能考虑得如此周全，自然也就想好了应对的办法，光从口头上谴责显然毫无意义。荀罃于是就派行人子员责问说："贵国受到楚国的讨伐，却不派一个使者来通禀，反而立刻就表示了屈服，其中真相恐怕只有你们自己知道。既然贵国有这样的愿望，我们也不敢反对，但请转告贵国君主，寡君准备带着诸侯和你们在城下相见，希望能够认真考虑一下。"

无信之盟

晋悼公十年（前564年）冬，经过大约一年的准备，晋国再起大军围攻郑国。此次联军分工明确，将郑国都城三面包围：荀罃、士匄率领中军及齐、鲁、宋联军围攻其鄟门（东门）；荀偃、韩起率领上军及卫、曹、邾联军围攻其梁门（西门）；栾黡、士鲂率下军及滕、薛联军进攻其北门；而赵武、魏绛则带领杞、郳联军负责砍伐路边的栗子树供给军需。

几天之后，联军在汜水边进行休整，荀罃又向全军下令："修理好作战的器具，准备好粮草，将老弱病残送回国内，伤重无法远行的送到虎牢休养，剩余的全军精壮继续对郑国实行包围。"

看到这样的阵势，郑国人知道是躲不过去了，急忙派人去求和。联军围绕是否该接受议和展开了激烈的讨论，其间荀偃首先提出了"围点打援"的策略。他认为，郑人之所以敢于戏弄晋国，无非是仗着晋楚之间的均势，假如晋国能够再次打败楚国，郑国必然顺服。因此，他建议不要与郑人讲和，而是继续实施包围，等楚军前来救援时与其展开决战，便可毕其功于一役，彻底收服郑国。

这个建议从理论上讲是可行的，但其中的风险不容忽视。过去几十年里，晋楚交兵互有胜负，谁也无法保证此次相遇就一定能战胜楚军。而对于诸侯而言，参军入伍的大都是有土地的贵族，若非情势所迫，谁也不想拿子弟的性命开玩笑，因此对荀偃的建议都不置可否。

有鉴于郑国靠近晋国而距楚路远，楚军每次出征所耗费的车马钱粮要远甚于诸侯联军，荀罃便想出了一个消耗楚军实力的办法："先王曾教导我们，君子用智，小人用力。倒不如与郑结盟然后退兵，以引诱楚国进攻郑国。"

至于该如何对付楚国，荀罃的建议是将晋国的四军以及诸侯联军分为三组，轮番与前来伐郑的楚军交战。楚国为了征服郑国，就会接连不断地出兵，而他们劳师远征所要面对的，却永远都是以逸待劳的诸侯联军，几次阵仗下来必然人困马乏，难以为继。

在荀罃的主导下，这年的十一月初十日，晋、齐、鲁、宋、卫、曹、莒、邾、滕、薛、杞、小邾十二国与郑国在戏地（今河南登封）举行会盟。这是一次极其隆重的盟会，时年只有七岁的郑简公及郑国六卿悉数到场，与此同时，他们还带来了卿大夫的嫡子，一国精英人物汇聚一堂，与诸侯把酒言欢。

不过，由于晋国方面预料郑国早晚会再次背盟而去，在制作盟书的时候就很不用心。盟书制作完成后，晋国大夫士弱又不无傲慢地宣读誓词："从今天盟誓以后，郑国如果不对晋国唯命是听或是存有二心，就将遭到盟书中记载的报应。"

这是一个彻头彻尾的"不平等条约"，盟书只要求郑国无条件服从，却并未就晋国应尽的义务进行明确规定，其中的羞辱意味显而易见。郑国执政卿子驷不甘示弱，快步上前当众发言："上天降祸给郑国，让我们夹在两个大国之间。大国不仁不肯施加恩惠于我，却总是发动战争胁迫我们与之结盟，让我们的神灵不能安享祭祀，百姓不能尽享其成，男女老少形容消瘦却无处诉说。今天盟誓之后，郑国当服从合于礼仪且实力强大的国家以保护我们的国家和人民，如果有其他的想法，有如此盟。"

子蟜言语之间明确表露出对此次盟誓不屑一顾的态度，让晋国时任上军将荀偃勃然大怒，当即要求修改盟书。可子展却反驳说："盟书已经报告给神灵了！如果对神灵说过的话还可以修改，那对大国是不是也可以随时背叛呢？"

与荀偃急躁的性情比起来，中军主将荀罃的气度就恢宏了许多。他反过头来劝说道："用盟约来要挟他人本就不合礼仪，不合礼仪又如何做盟主？更何况，如果我们不修文德，别说郑国，国内的百姓也会抛弃我们。反之，只要我们肯休养民力、和睦民心，远方的人们也都会来归顺，区区一个郑国又算什么？收服郑国不是一日之功，又何必急在一时？不如先跟他们结了盟，然后休整军队再来，总有一天郑国会服膺于我的。"

正如这次会盟选择的地点所预示的那样，"戏之盟"终于还是变成了一场儿戏。会盟结束一个月后，晋国就又带领诸侯围攻郑国，随后从阴阪（今河南新郑西北）渡河撤军。郑国的子孔想趁晋军疏于防范进行偷袭，但被子展劝阻了。

不久后，楚军也前来讨伐，子蟜毫不犹豫地就和楚军讲和了。子孔和子蟜对此大惑不解，于是就质问说："我们刚和晋国结盟，如今口血未干就背弃盟约，这合适吗？"

子蟜和子展轻描淡写地回答道："盟誓时我们说的本来就是要'唯强是服'，并没有说一定要服从晋国啊。现在楚军来袭，晋国不能救援，那么楚国就是强权。既然如此，我们与楚国结盟不就是在遵守盟约吗？更何况，晋军以战事要挟与我们结盟，本来就毫无诚信可言，就算是不遵守，神灵也不会怪罪我们的！"在他们的主持下，与晋国结盟不到两个月的郑国又重新回到了楚国一方。

战时经济

这次军事行动之所以虎头蛇尾，与当时中原地区正在经历的一场自然灾害有莫大的关系。根据《左传》的记载，晋悼公六年（前568年）秋和九年（前565年）九月，鲁国先后举行了两次盛大的雩祭，其原因都是天旱。

诸侯围郑这一年，也就是晋悼公十年（前564年）初，宋国发生了一场火灾，司城乐喜调用了大量人力物力才将其扑灭。同样是在晋悼公十年，秦国在楚国的策应下大举入侵晋国，而晋国的反应却是"晋饥，弗能报也"，也就是说晋国也正在遭遇饥荒。

连续多年的自然灾害让各诸侯国都苦不堪言，而持续不断的争霸战争又在联军中滋生出一股强烈的消极厌战情绪。如今诸侯劳师远征却无功而返，更是将他们所面临的困境展露无遗，使得各方力量都不得不及时对下一步的战略战术做出调整。

在这次遍及整个中原地区的天灾面前，郑国所受到的影响尽管不比其他诸侯更大，但在晋楚两国的循环夹击之下，遭受的损失最为严重，也因此最先做出了改变。

在晋悼公十年的戏之盟上，担任郑国执政的子驷面对困境巧妙周旋，再次明确提出了"唯强是服"的战略方针。其用意就是要利用晋楚两国急于求成的心态待价而沽，在减少自身消耗的同时尽力损耗晋楚两国的国力，这就等于是将比拼国力的争霸战争转变成了纯粹的消耗战。到最后更强的一方固然可以压服郑国，但也会因此元气大伤，难以在短期内恢复国力；而弱者更是会在很长一段时间内无法对郑国构成威胁。

面对郑国的战略转向，晋国显然不能坐以待毙。在高度紧张的竞争环境中，晋国的卿大夫惯于不拘一格，以开放的心态处理现实中的难题。在他们的影响下，诸侯也都积极参与"头脑风暴"，频频献计献策，在各个环节中寻找最优化解决方案。比如鲁国大夫仲孙蔑，之前就曾提出"城虎牢以逼郑"的计策。诸侯长期在虎牢驻扎，既可以免去军士们奔波劳役之苦，又能够实现对郑国的长期压制。与之相比，楚国却依旧要按照一个世纪以来的传统做法，每每从远在千里之外的郢都调兵遣将来回奔波，自然会在这场竞争中处处落于下风。

如今面对诸侯普遍存在的厌战情绪，以及郑国欲冷眼旁观的现实情境，晋国必须改弦更张，停止不计成本加大投入的做法。为此，晋悼公再次掀起了一股大讨论的热潮，臣子们提出了不少应对眼下危机的解决之道。

按照春秋时期的外交惯例，小国侍奉大国，往往要按照大国所规定的期限和数量缴纳贡赋。过去晋国对诸侯任意驱使，随意索要巨额贡纳，让小国不堪重负，怨言颇多，赶上这青黄不接的年景，怨恨情绪更是会不断滋长。为此，晋国重新规定了朝聘的期限和贡纳的数量，对于职贡太重的国家，就减轻他们的负担。最早在晋悼公九年（前565年）时，鲁襄公前往晋国朝见，晋悼公就优先为鲁国重新制定了朝聘的数目。到当年五月举行的邢丘之会，这项优待政策的范围进一步扩大，参与盟会的齐、郑、宋、卫、邾等国的贡赋数量都得到了减免。

这些减轻诸侯负担的举措，极大地改善了晋国与东方列国之间的关系，但也在一定程度上加重了晋国自身的财政紧缺状况。为此，曾提出"和戎之策"的魏绛再次献计，决定在国内开展经济改革。《左传·襄公九年》将其举措概括为："魏绛请施舍，输积聚以贷，自公以下，苟有积者，尽出之；国无滞积，亦无困人，公无禁利，亦无贪民；祈以币更，宾以特牲，器用不作，车服从给。"

简而言之，魏绛的改革措施主要是从开源、节流两方面入手。开源方面，他建议以提高流动性的方式激发经济活力。具体做法就是让公室和中上层的贵族把多余的财物拿出来，借贷给那些濒临破产的底层民众，使得原先积滞的财货和粮食能够迅速流通。考虑到贵族之家的私心，晋悼公采取两手抓的办法，一方面是自己率先垂范，另一方面则是通过强制手段，迫使贵族"苟有积者，尽出之"，最终达到"国无滞积，亦无困人"的效果。为了充分调动广大民众的生产积极性，国家还需要进一步放开经济管制和山川水泽的专利，不禁止百姓牟利，这就是"公无禁利，亦无贪民"，以扩大国家的经济基础。

节流方面，魏绛主要是从简化礼仪方面入手。先秦时期，贵族在进行宴请或者祭祀时都非常奢侈，通常情况下天子祭祀要用一"会"，也即三份牛、羊、猪齐备的"太牢"，诸侯祭祀时也要用到一份"太牢"。卿大夫祭祀规格不一，地位较高的会使用相对昂贵的牛，地位低者则用羊、猪齐全的"少牢"。在宾客接待方面，诸侯与卿大夫互相宴请时的享礼与燕礼所使用的食材也都是以"牢"为单位的，而且很多时候还要陈列大量摆而不食的"体荐"和"折俎"。考虑到春秋时期礼崩乐坏的现实，贵族之间为了攀比而超越规格也是常有之事，因此而造成的浪费也就更加严重。

魏绛的改革措施着重对这些现象进行了纠正，他建议在祭祀时用皮币代替牺牲，举行宴会的时候也不要动辄使用"太牢"这样一整套的肉食，而是减少到一种牲畜，节省无意义的开销。在日常生活中，贵族也要注意节俭，尽量不要添置新的器物，车马服饰只要够用就行，不必每每追求奢华新奇。

这些经济措施在一定程度上缓解了晋国的经济危机，《左传·襄公九年》因此评价说："行之期年，国乃有节，三驾而楚不能与争。"也就是说，这些措施刚刚推行了一年，国家就有了法度，使得楚国无法与晋国抗衡。

但需要注意的是，这里的"法度"并非常法，既不符合与身份相匹配的礼制精神，也违反了人之本性，只是在连年灾荒的特殊情况下作为应急措施使用，因此就有了"战时经济"的色彩。

郑国盗乱

战时经济体制能够在短期内调动起全国力量，为争霸战争提供保障，但其弊端也是显而易见的。如果没有配套的战略作为支撑，在短期内无法解决争端，哪怕是贯朽粟陈的黄金帝国也会被拖垮。眼下连年天灾带来的经济危机，也让晋国不得不对过去的战略进行反思，从而对这场绵延日久的战争有了新的认识。

争霸战争归根结底是两国国力的竞争，郑国一时的归属只是一种迷惑心智的假象，能够从战略上彻底压服对方才是解决争端最持久有效的办法。如果看不清这一点，只是一味争强好胜地向郑国频繁用兵，就是在用战术上的勤奋掩盖战略上的懒惰。

正因如此，晋国执政荀罃才顺势提出了"疲楚服郑"的总体思路。这个策略在具体执行时又体现在两个层面：

首先在局部战术上，针对郑国"唯强是服"的策略以及楚国距离郑国路途遥远、奔波不易的现状，荀罃早在戏之盟举行前就提出了"车轮战"的方略。晋国不必急于迫使郑国归服，而是以虎牢为根据地，将联军兵力一分为三，轮番对郑国构成侵扰，以引诱楚军长途来袭。

而在战略层面上，晋国在保持对郑国施压的同时，加快了与吴国战略联盟的达成，从而在楚国后方开辟一个新的战场。通过正面战场和侧面战场上的不断侵扰，调动楚军在更大空间上来回奔波，所产生的成效显然要比郑国郊外的车轮战更加显著。

所以当郑国与楚国签订盟约之后，满以为晋国人会怒不可遏赶来报复，却不料对方根本不按套路出牌。晋国人摆出一副毫不在意的样子，从容地邀合诸侯与吴王寿梦在楚国东部的相地举行了一次会盟。为了鼓舞东方诸侯跟随晋国争夺霸权的决心，同时也为了畅通晋吴交通线，还特别向宋人献上了一份大礼，也就是前文所提到的偪阳国。在做完这一系列部署之后，他们才缓缓移兵虎牢，重新对郑国构成合围。

晋国的这一系列动作引起了楚国的极大恐慌，为了阻滞晋吴之间的沟通，令尹子囊于晋悼公十一年（前563年）六月亲自带兵北上，与郑国大夫子耳合兵伐宋，随后又挥师东进，侵扰鲁、卫两国边境，试图切断晋吴交通线。然而，楚国这次北征非但没能达成目标，反而带来了一个意想不到的副作用，那就是在郑国国内酿成了一场影响巨大的民变。

按照传统的叙事套路，这场发生在晋悼公十一年的郑国"盗"乱，是因子驷为人跋扈所致。子驷虽然位列六卿，却喜欢跟下属争风，其中有一个名叫尉止的与他不和，他就利用职权处处刁难对方，不是故意减少其所属的兵车数量，就是跟其争夺战利品。而在国内，子驷为了疏通自家的灌溉水渠，竟然侵占了司氏、堵氏、侯氏、子师氏的土地。

这五个不得志的家族不能容忍其暴虐行径，于是就联络之前被子驷杀死的四公子党羽发动了叛乱。叛军在街市上突然发难，将准备进宫议事的子驷、子国、子耳当场杀死，随后又闯入公宫劫持年幼的郑简公躲进北宫。事发之后，子国的儿子子产沉着应对，集结了七十辆战车攻打北宫，后在子蟜等人的协助下攻杀尉止和子师仆，其余祸首堵女父、司臣、尉翩、司齐逃奔宋国，战乱才得以平息。

值得一提的是，郑国也有六卿体制，但与晋国不同，其六卿是由当国、为政、司马、司徒、司空、令正六个官职组成。少数情况下也可能不设为政，而是以司马为次卿，最末设少正的职务。子驷担任当国之后，垄断了国中一切事务，因此也就未设为政，采用后一种六卿体制。前一年的戏之盟时，六卿职务分别由公子骓（子驷，驷氏）、公子发（子国，国氏）、公子嘉（子孔，孔氏）、公孙辄（子耳，良氏）、公孙虿（子蟜，游氏）、公孙舍之（子展，罕氏）担任。在这一次内乱中，位列六卿前四的只有司徒子孔事先得到消息幸免于难，其余三人都被乱军杀死，对郑国所造成的打击可想而知。

楚国因一时激愤，不顾郑国内部忧患一再指使其侵宋、伐鲁、攻卫，终于酿成了一场灾祸。而在晋国方面，早在盗乱爆发前不久，他们就已经携诸侯陆续赶到郑国，并在虎牢、制、梧三地筑城。待楚国令尹子囊前来救援的时候，新任执政子孔早已与晋国讲和，而晋国也投桃报李，将他们所戍守的重镇虎牢还给了郑国。

这年十一月十六日，诸侯联军绕道抵达郑国南部的阳陵（今河南许昌北），与前来救援的楚军隔着颍水对峙，这就让夹在中间的郑人感到惶恐不已。当此进退两难之际，郑军统帅子蟜敏锐地察觉出了双方战略意图上的差异，认为楚军统帅令尹子囊求胜心切，而晋国则坚持荀罃"游而不击"的方略，联军更是已经抱定了撤退的决心，此时投靠楚国显然更有利于双方罢兵休战，于是便带领郑军趁夜渡过颍水与楚国结盟。后来晋人的反应也果如其所料，到十一月二十四日，诸侯联军即离开颍水北上，在郑国北部进行了一番扫荡之后就全军解散了。

萧鱼之盟

自晋国执行联吴制楚、疲楚服郑政策以来，楚国的日子就越来越不好过了。他们不仅要经受诸侯车轮战的考验，更要在东方与中原两个战场之间来回奔波。几次三番下来，楚国军队师老兵疲，后勤粮草供应不暇，逐渐显出疲态，这就让郑国人看到了希望。

眼下楚弱晋强的局面已经形成，只要能让晋国下定决心，楚国自然不敢与其争锋。但问题是，晋国的总体战略是要拖垮楚国，在对待郑国的问题上总是欲擒故纵，这就让郑国感到很难办。有什么办法能够让晋国心甘情愿地拿出撒手锏，以彻底打消楚国最后的念想呢？

提出解决方案的人名叫公孙舍之，也就是身居六卿之列的子展。他建议效仿当初子驷伐蔡的故事，主动出兵挑衅宋国，从而引动诸侯出兵讨伐。等到楚国前来救援，郑国就在晋、楚之间频繁切换立场，让他们互相争斗。等楚国彻底被晋国压服，也就到郑国彻底归附晋国的时候了。

计议已定，郑国遂派人向宋国挑衅，宋国的向戌闻警入侵郑国，不久郑国又反攻侵入宋地。郑国的挑衅果然引发了诸侯的联动，晋悼公十二年（前562年）四月十九日，齐国太子光和宋国向戌率先驻军新郑东门；当晚，晋军抵达新郑西郊，随后向东侵伐许国故地。之后卫国的孙林父也带兵攻打郑国北境，对新郑形成合围之势。

诸侯联军来势汹汹，但到了郑国之后就又恢复了往日的做派。他们在郑国西部、北部频繁转移，随后又在新郑南门举行了一次阅兵仪式，却完全没有要动武的意思，这就使得郑人一直找不到"被迫"投靠的机会。直到后来北部边境又有后续部队渡过济隧，郑人担心弄巧成拙，这才顺势向诸侯求和。

当年七月，晋国邀合前来助威的齐、鲁、宋、卫、曹、莒、邾、滕、薛、杞、小邾等国在亳地与郑国举行会盟。与前次在缺乏互信的基础上签订的"不平等条约"不同，这次的会盟由中军佐士匄亲自主持，盟书特别强调了诸侯之间的对等关系，重申了华夏联盟的一贯主张，也即：同盟国家不得囤积粮食、垄断利益，不得收容庇护作奸犯科的奸邪之人；要履行互相救助的义务，共同抵御灾荒、安定祸患，同好共恶、辅助王室。

为了强化盟约的神圣性，盟书还列举了包括司慎、司盟和名山、大川的主神，以及叫不上名字但也接受人类祭祀的各路神魔，还有三代的先王、先公，七姓十二国的祖宗都来见证，如果有人违反盟约，就让他失去百姓、亡国灭家。

不过，事情到这里还不算结束，楚国并不愿意就此放手，仍要用尽力气做最后一搏。盟会结束后不久，他们就在秦国右大夫詹的协助下，浩浩荡荡地开进郑国，随后又挟制郑国一起入侵宋国。

这年九月，诸侯再次发兵围郑，并在新郑东门外再次举行阅兵以炫耀武功。郑简公迅疾派出大夫良宵、大宰石㲋为使向楚王致歉，说："孤为了保全国家社稷，不能再侍奉您了。如果您能够用玉帛美器安抚，或者使用武力威慑晋国，以便让两国再度携手，那将是孤最大的愿望。"

听了这些言辞，楚共王着实气不打一处来，细软玉帛楚国当然是不会给的，但论及武力，此番联合秦国出兵已经是竭尽所能了，自然也不是晋国的对手。难道就这么败下阵来了吗？楚共王心有不甘，却又无能为力，只得把郑国的使者拘留了以出气。

而这边厢，郑简公同时派出王子伯骈到晋军大营内求和，晋人很爽快地就答应了他们的请求。到九月二十六日，晋卿赵武作为晋国方面的代表进入新郑与郑简公结盟；十月初九日，郑卿子展又出城和晋悼公结盟，两国之间正式达成谅解。十二月初一日，上述十二国诸侯又与郑国在萧鱼（位于今河南许昌）举行了正式会盟，标志着晋悼公复霸大业的最终完成。

第三节　晋齐争锋

迁延之役

在春秋三百年的历史长河中，晋悼公绝对称得上是一个传奇人物。他本是晋襄公裔孙，一名在成周安享富贵的远支公族，却阴差阳错地在晋厉公死后被迎回国内继承了晋君之位。即位之时，晋悼公还只是一个虚岁十四的孩子，却出人意料地以强硬手腕整顿国内秩序，调整外交策略，迅速消除了"车辕之役"带来的影响，并带领国人取得了复霸大业的成功。

萧鱼会盟的成功举行，再次将晋国的霸业推向了巅峰，同时让晋悼公的个人威望攀升到了极点。然而，楚共王并不甘心丧失在中原的利益，于是便于次年冬天，派令尹子囊联合秦国庶长无地出兵讨伐宋国，驻军杨梁（今河南商丘东南），但并未取得什么实质性的成果。

杨梁之役后，在位三十一年的楚共王在自责和忧虑中去世。临终前，他执着于鄢陵之战的失败，痛心于中原霸权的丧失，曾嘱咐大夫在"灵"和"厉"中为自己酌情挑选谥号，但并未被令尹子囊采用。

楚共王去世之后，楚国与吴国之间的冲突进一步加剧。先是吴国趁楚国有国丧出兵侵扰，养由基与司马子庚就近阻击，在庸浦（今安徽无为西南长江北岸）设三处伏兵大败吴军。到第二年秋天，令尹子囊从棠地（今江苏南京六合区）出兵讨伐吴国，由于对方坚守不出，子囊求战不得，只好撤军。可就在他们回军的路上，吴军却突然从皋舟（今江苏南京六合区东南一带长江滨）的险道上拦腰截击楚军，使得他们首尾不能救应，最终大败而归。这场战争使得公子宜谷成了吴人的俘虏，子囊也因此羞愤而死，成为间接死在吴国人手中的第二任令尹。

吴楚之间的这两次交锋互有胜负，谁也没有占到太大的便宜，但却足以引起楚国的高度警惕。要知道，仅仅二十多年前，吴国在楚国眼中还只是一个上不了台面的"蛮夷"小国。可自从有了申公巫臣的牵线搭桥，他们的军事实力就出现了爆发式增长，以至于到如今竟然可以与楚国正面对决。若是再坐视其发展壮大，将来事态究竟会演变到何种程度，真是不可想象。

而从另一方面讲，如今的吴国之于楚国，正如当年的秦国之于晋国。尽管对方力量有限，却近在肘腋，是关乎楚国核心利益乃至于生死存亡的心腹大患。跟这些隐患比起来，中原国家不过是疥癣之疾，霸业宏图也不过是可有可无的点缀。

因此，在楚共王去世后不久，楚国的战略重心就出现了重大转移。一方面，他们释放了之前扣留的郑国使者良霄、石㚖，标志着楚国已经放弃了通过武力争夺郑国的企图。而另一方面，新任的令尹子庚（王子午）遵照子囊的临终嘱托，将主要精力集中在了对吴战争之上。

按照我们通常的设想，晋国霸业的极盛时期，也应该是其权威最盛的时候，诸侯国应该都积极地团结在霸主周围，不敢有丝毫违逆才是。然而现实却与我们的直觉正好相反，晋悼公实现复霸大业的时刻，也恰恰是晋国话语权急速衰落的开始，这一点在晋悼公十五年（前559年）讨伐秦国的"迁延之役"中可以说表现得淋漓尽致。

萧鱼会盟前后，秦国曾先后四次出兵干扰晋国的复霸大业。其中第一次发生在晋悼公十年（前564年），秦景公派士雃（晋国正卿士会次子，仕秦）出使楚国，要求联合讨伐晋国。楚人尽管不看好这场战争，但还是驻军武城以为声援，从侧面呼应秦国对晋国的入侵。

及至两年后，眼看着晋国的势头越来越无法阻挡，令尹子囊又反过头来向秦国请求援兵，以侵伐郑、宋两国。萧鱼会盟之后，秦景公又派庶长鲍、庶长武带兵分批进入晋国，晋国下军佐士鲂大意轻敌，结果在栎地（今山西永济西南）遭遇夹击而败北。次年，两国又联合起来发动杨梁之役试图做最后的挣扎，但终究还是没能逆转晋国复霸的势头。

当时正是晋楚之间比拼消耗最为关键的时刻，故而面对着秦国接二连三的挑衅，晋国只是在晋悼公十一年（前563年）由荀罃带兵对秦国进行了一次小规模的袭扰。及至争霸胜利，晋国自身已被连年的战争和天灾折腾得气血全无，就将报复秦国的事务搁置了几年。一直到晋悼公十五年（前559年）四月，晋国国势稍稍振作，这才终于邀集诸侯对秦国展开了讨伐。

这一战晋国四军六卿全部出动，东方诸侯齐、鲁、宋、郑、卫、曹、莒、滕、薛、杞、小邾也悉数到场增援。战争初期，联军仗着人多势众，着实让秦国吃了不少苦头，但当他们推进到泾水河畔时，却怎么也不肯再往前走了。至于原因，据说是由于齐国统帅崔杼以及宋国统帅华阅、仲江的消极怠惰，导致其他诸侯相互观望迟迟不肯渡河。

晋国大夫叔向为此到各军进行查访，在会见鲁国统帅叔孙豹时，对方咏了一首《匏有苦叶》诗。这首诗描绘了一名女子在渡口盼望情郎前来求婚的场景，女子内心焦急想要渡河去迎接心上人，可当船夫招呼她的时候，却又言不由衷地掩饰着自己的想法。叔孙豹大概是想用这首诗来表达一个态度，他本人是愿意渡河追击的，只是当众人都在观望之时不便于强出头罢了。

《国语》对此还做了进一步的延展，说是叔向听了之后就向舟虞和司马解释道："夫苦匏不材于人，共济而已。"苦匏虽然不能食用，但带在身上却可以帮助你渡河。无论采取何种解释，叔孙豹的想法都已不言自明，叔向于是就以晋国的立场，为鲁、莒两国的军队准备船只，让他们率先渡过了泾水。

诸侯不肯渡河，着急的可不只有叔向一人。郑国近些年刚刚摆脱了大国拉锯的命运，领军大夫子蟜（公孙虿）不想因为自己的迟缓引来猜忌，于是便四处活动，最后怂恿着卫国大夫北宫括一起去游说其他诸侯。在他们的不懈努力下，人们终于不再犹豫，纷纷渡过了泾水。

然而让人始料未及的是，此番遭遇联军讨伐，秦景公吸取了麻隧之战的教训，不敢与对方正面接触，转而采取了在泾水上游下毒的阴招，导致联军死伤惨重。面对秦人的野蛮行径，司马子蟜怒不可遏，就带着郑国的军队继续追击，而为了防止郑军再遭秦人暗算，其他国家也纷纷跟进。

联军一直追击到了棫林（今陕西渭南华州区东），却还是没能迫使秦人屈服。晋军统帅荀偃决定继续向西行军，于是就在阵前下达战令："明日一早鸡鸣时刻开始套车并填井平灶，全军唯我马首是瞻！"偏偏在这个时候，晋国内部又出现了不和谐的声音。

接到荀偃的指令后，时任下军将栾黡不屑地讥讽道："晋国的命令还从来都没有这样发布的，你的马怎么走我是管不着，我只知道我的马是要朝东走了。"说完，也不等荀偃有所反应，就径直带着自己的部属回国了。

栾黡的撤退引发了连锁效应，担任下军佐的魏绛二话不说就跟着他退出了战场。当时晋军仍旧保留着四军的编制，然由于新军无帅，所部由下军直接统领，因此栾黡和魏绛带走的几乎是晋军一半的兵力。在诸侯一片哗然声中，荀偃眼看着自己的将令无法得到贯彻，手下统率的主力部队还被带走了一半，却也只能黯然自嘲："是我的命令有误，想来真是惭愧。我们还是及早撤军吧，免得被秦军俘虏！"

溴梁之会

这场爆发于晋悼公十五年的对秦战争，是继麻隧之战后发生在秦国境内的第二次大规模会战。战争轰轰烈烈地开场，磕磕绊绊地进行，最后却以闹剧收场，因此被人戏谑地称为"迁延之役"。正是由于诸侯在阵前的迁延不进，以及栾黡在作战时迁延而去，将晋国在诸侯中尴尬的处境和国内无法弥合的矛盾完全显露了出来，同时也为晋悼公少年英主的光辉形象抹上了一层阴影。

令人唏嘘的是，晋悼公却再也没有时间来为自己的形象增光添彩了。仅仅一年后（前558年）的十一月初九日，在位不满十六年、时年只有二十九岁的晋悼公突然去世了。众臣拥立还不满十五岁的太子彪即位为君，是为晋平公。晋国霸业恢复仅仅四年后，就再次陷入了主少国疑的旋涡。

公元前557年春，在为晋悼公举行了盛大的葬礼之后，晋平公旋即换上了常服，按照惯例在曲沃举行了一场祭祀典礼，随后带领三军沿黄河顺流而下，与早早等候在溴梁（今河南济源）的鲁襄公、宋平公、卫殇公、郑简公、曹成公、许灵公，莒、邾、薛、杞、小邾等国国君，以及齐国大夫高厚举行会见。

会见期间，晋平公在温地举行了一场宴会，与参会各国国君同声唱和、把酒言欢。宴席上晋国让诸侯大夫献舞，且要求"歌诗必类"，也就是要有符合舞蹈主题的诗歌吟唱来配合。然而，在如此庄重的场合上，偏偏就有人不愿意歌功颂德，还故意表现出"歌诗不类"，以一种极端的方式表达对盟主的不满，这个人便是齐国大夫高厚。

见此情景，晋国中军元帅荀偃勃然大怒，说："看来诸侯是有别的想法了！"盛怒之下，他强令高厚与诸侯大夫结盟，谁知高厚却不肯从命，直接就从盟会上逃跑了。结果如此盛大的一次盟会，最终参与盟誓的只有晋国的荀偃、鲁国的叔孙豹、宋国的向戌、卫国的宁殖、郑国的公孙虿和小邾国的大夫，与会的各国国君都只在一旁看了个热闹。

高厚在盟会上的种种表现，明白无误地传达了齐国对晋国的不服从态度。而据《左传》的解释，齐国之所以会突然产生二心，是源于一场外交事故。

这场外交事故发生在晋悼公十五年（前559年）冬天，当时因卫献公被孙林父驱逐出国，晋国组织诸侯在戚邑相会以谋求安定卫国。会上中军佐士匄向齐国借了仪仗装饰用的羽毛，事后却没有归还，结果就引发了齐国的不满。

这种解释尽管很符合春秋时期的礼仪观念，实际上却混淆了因果、倒置了本末。爱惜羽毛只是晋、齐交恶的一个具体表现形式，而并非根本原因，真正让他们关系走向决裂的，还在于两国之间不可调和的固有矛盾。

前文提及，由于齐国的国力较为强盛，晋国不能像对待其他诸侯一样对其予取予求，故而通常都会采取包容平衡的策略，既不要求其每役必从，也不允许其妄自称尊。晋悼公即位初期，就采用了软硬兼施的手段，将齐国勉强约束在联盟的范畴之内。

但这些毕竟都只是表面功夫，齐国在对晋国表示顺服的同时，背地里的小动作却从来没有停止过。比如在晋悼公七年（前567年）时，齐国就无视晋国作为盟主的权威，悍然出兵灭掉了莱国。晋悼公五年（前569年），晋国从鲁襄公所请，将鄫国划为鲁国的附庸，而齐国当年就指派莒、邾两国出兵伐鄫，并于两年后将其彻底吞并。从晋悼公九年（前565年）开始，他们又指使莒国、邾国接二连三地侵伐鲁国，不断地以"代理人战争"的方式挑战霸主的底线。而到了"迁延之役"爆发时，齐国大夫崔杼更是从中作梗，引导诸侯消极应付，这些显然都是被晋人看在眼里的。

面对齐国的一再挑衅，晋国当然不能置之不理，但在客观现实面前，他们又不得不做出妥协。一方面，晋悼公即位之后高强度的争霸战争，已经严重损耗了晋国的国力，诸侯内部更是厌战情绪高涨，无力承担另一场高消耗的争霸战争。另一方面，则是由于各国内部封建制危机爆发，国君与卿大夫之间的冲突加剧，人人都过着朝不保夕的日子，自然也就不愿意为所谓的霸主事业徒耗精力了。

在这种情形之下，晋国对齐国的反制都仅局限于敲打其扈从，而不敢直接采取武力压迫的手段。比如晋悼公十五年的向之盟，晋国就拘捕了莒国公子务娄；晋平公元年（前557年）的溴梁之会上，又拘捕了邾宣公、莒犁比公，数之以暗通齐、楚之罪，并责令其归还侵占的土地。

然而，晋国这种避重就轻的做法，并不能打消齐国挑战其霸权的决心。尤其是在戚邑会盟前后，周灵王主动提出与齐国联姻，前来赐命的大夫刘定公更是以其先君太公望辅助王室、师保万民的旧事来勉励齐灵公，让他继承发扬太公的功德为王室效命。受此鼓舞，齐灵公精神更加振奋，故而便于晋悼公十六年（前558年）夏亲自带兵讨伐鲁国，包围了成邑（也作成郕，今山东汶上），可见其对晋人的轻慢之心已经丝毫不加掩饰了。

湛阪之战

让我们再回到溴梁之会的现场。

会议期间高厚的公然逃离，以及盟誓级别的一降再降，让晋国上下都十分尴尬。齐国已然做到了这一步，若是不加讨伐，显然有损于霸主的威严；可若真要兴师问罪，晋国又没有必胜的把握。盟会开成这个样子，已经足够让人不痛快了，更让人难堪的是，堂堂的诸侯盟主竟然又被许国玩弄了一遭。

事情的起因倒也不复杂。二十年前，楚国令尹子反撕毁弭兵盟约大举北上，为了收买郑国而将许国内迁到了叶地，使得许国丧失了独立自主的地位。如今晋国霸业已成，许灵公想要改换门庭，就在盟会时提出要举国北迁到晋国的势力范围之内。许灵公的请求让晋国感受到了被需要的幸福，于是便大张旗鼓地组织诸侯，准备替许国"搬家"。然而就在这个时候，许国人却又突然反悔了。

原来，迁离叶地只是许灵公的一厢情愿，国内的民众满足于富足悠闲的生活，说什么都不愿意向北迁徙，这就再次把晋国架到了进退两难的尴尬境地。晋国虽不敢立刻就跟齐国撕破脸面，可对付区区一个许国还是不成问题的。不久，晋、鲁、宋、郑、卫联军就在荀偃的带领下抵达许国东北的棫林。

在对许国进行了一番侵扰之后，荀偃和栾黡又转移了战略目标，转而去侵扰楚国的边境，以报复几年前楚国侵宋的杨梁之役。不久，晋军与前来抵御的楚国大夫公子格在湛阪（今河南平顶山北）遭遇，取得大捷。荀偃兴味盎然地在方城山（在今河南叶县）外巡游了一圈，这才返回与联军会合，再次讨伐许国。

此番荀偃之所以带兵讨伐楚国，恐怕也是看准了楚国无力报复的现状，这才试图以侵扰其边境的方式，挽回在齐国身上丢失的颜面。可逃避问题并不能真正解决问题，晋军在湛阪所取得的大捷，终究无法掩盖其在溴梁之会上的外交失败，反而更让齐国看透了其虚弱的本质，更加肆无忌惮起来。盟会结束后不久，齐灵公就接连统领大军讨伐鲁国，先后包围了成、桃、防等邑，并进一步鼓动邾国配合其行动，公然跟晋国唱起了"对台戏"。

可即便如此，晋国却还是不敢跟齐国动真格的。晋平公元年冬季，鲁国大夫叔孙豹（穆叔）受命到晋国请求援助，谁知晋人却以"寡君之未禘祀，与民之未息"（《左传·襄公十六年》）为由搪塞了过去。叔孙豹哪里能听得进去这些话，于是就又向掌握实权的荀偃、士匄求助，可他们也只是说了一番冠冕堂皇的话，最后还是"口惠而实不至"，迟迟不见有任何实质性的举动。

然而到了晋平公三年（前 555 年），局势却突然发生了转变。这年秋天，齐灵公再次起兵侵扰鲁国，还未等到鲁国使者前往求援，晋国便尽起三军直逼齐国而来，这又是为什么呢？

荀偃梦讼

在一个天朗气清、惠风和畅的美好日子，伴随着秋蝉此起彼伏的噪鸣，担任晋国中军元帅的荀偃正在庭院中小憩，温暖的阳光穿越枝头轻柔地洒在身上，令人心旷神怡。然而，正当他沉浸在这舒爽的气氛中怡然自得的时候，突然间听到一阵急促的脚步声响起，紧接着便见到有一队持戈的武士破门而入，还未等他有所反应，冰寒的戈戟便已经抵在了脖颈上。

伴随着场景的快速切换，荀偃被带到了一处奇异的宫殿中。房间里没有阳光照射，也没有烛火闪耀，昏暗中他只看到了一个似曾相识的身影正端坐在大殿的尽头，声泪俱下地控诉着。激烈的声音穿过长长的廊道传过来，荀偃隐约分辨出来：原来那人正是他十九年前弑杀的国君——晋厉公！

恍惚之中，荀偃只知道自己在一个声音的责问下，拖着长长的哭腔声嘶力竭地辩解，而对方则似乎早已洞穿了自己的内心，不停地回击、不停地质问，最终将自己的辩解批驳得体无完肤。审判拖沓而冗长，永远都没有尽头，让他内心充满了恐惧，同时也感到万分疲累。伴随着一阵浑厚的声音响起，荀偃一生的罪行都被人列举了出来，用变形的红色字体刻在了竹简上，悬挂满了整座大殿。这时，晋厉公突然发起狂来，他手持长戈，披头散发地冲上前来，挥手间便将荀偃的头颅砍落在地。

这时的荀偃早已不知什么是疼痛、什么是恐惧，他跪在地上将头颅捧起放在脖颈上，然后慌不择路地跑出殿外。这时迎面跑过来一个人，荀偃躲闪不及一头撞了上去。当头颅再次滚落在地，几经翻转停下来时，他才看清那个人的模样，是一个名叫巫皋的梗阳（今山西清徐）人。而就在这个时候，荀偃猛然惊醒过来——原来这是一场梦啊！

荀偃在年轻时曾与栾书联手弑杀晋厉公，如今死难者前来寻仇，"舞台效果"还这么恐怖，可把荀偃吓得不轻。而更让他感到毛骨悚然的是，后来有一次他外出路过梗阳，恰好就遇到了梦中见过的巫皋，于是便将梦中所见和盘托出。听罢荀偃的描述，巫皋脸上没有任何惊讶的表情，而是平淡地说当时他就在此梦中。

这句话更把荀偃吓得魂飞魄散，不过巫皋却没有放在心上，而是继续向他解释梦境的含义："今兹主必死，若有事于东方，则可以逞。"（《左传·襄公十八年》）什么意思呢？我给你带来了一个好消息、一个坏消息：好消息是如果要向东方用兵，必可获胜；坏消息是你今年必死无疑。

这段故事充满玄幻色彩，实在不足为信。但从中可以看出，过去弑君的罪行让荀偃耿耿于怀，因此当他预感到死亡即将来临的时候，便打算要向齐国用兵，想用战功为自己过去犯下的错误赎罪。

平阴之战

晋平公三年周历十月，晋平公亲领大军东渡黄河，与鲁、宋、卫、郑、曹、莒、邾、滕、薛、杞、小邾十一国组成联军，声势浩大地向齐国开拔而来。

大军行进至黄河岸边时，荀偃用丝线将两对玉璧绑在一起投入黄河，向河神祷告说："齐国仗着人多势众、山河险阻公然背弃盟约、凌虐百姓，曾臣彪（晋平公）将带领诸侯前去讨伐，官臣荀偃前后侍奉辅助。只要此战能够取得大捷，不让神灵感到羞耻，官臣愿此后永不渡河！唯愿神灵公正裁决！"

晋军渡河之时，齐灵公早已得到消息，提前带军在平阴（今属山东）南部的防门深挖堑壕。由于防门地势平缓，不足以阻滞联军，于是便有灵公内侍夙沙卫提议，如果没有必胜的把握，倒不如依凭泰山之险来阻遏联军。

当时晋军主将荀偃身负重疾不能作战，加之此次伐齐准备仓促，晋军的战斗意志实际上并不强，齐灵公若是能依照夙沙卫的提议，说不定还能抵挡一阵。但齐灵公和他的父亲齐顷公一样，空有一身的勇武却不懂变通，非要和晋军正面对决，战争的结果也就可想而知了。

经过激烈的战斗，齐军死伤惨重，但由于防门城防坚固，联军一时半刻也无法攻取，于是他们就祭出了心理战的招数。当时有齐国大夫析文子（字子家）与晋国中军佐士匄相熟，战争进行当中，士匄特意找到析文子并向他透露了一个"绝密"消息："你我交情不错，所以就不对你隐瞒了。鲁、莒两国都请求从本国带一千乘战车朝西北、东北两个方向攻打齐国，我们已经答应了。估计过不了多久，两千乘战车就会抵达临淄城下，到时候齐国必亡。你何不考虑一下呢？"

析文子听出士匄的意思是让自己预先谋划好退路，但作为齐国的臣子，在国家危亡关头，又如何能只顾着自己逃命呢？因此在告别了士匄之后，他快马加鞭跑到齐灵公面前把这些话都倒了出来，让齐灵公更是惊惧。上大夫晏婴在一旁看得真切，责怪析文子说："国君本来就没有勇气，如今你还非要把这些话传给他，他不吓死才怪！"

不过，惊惧过后齐灵公仍然抱有侥幸心理，以他这些年来获得的情报，晋国早已是国弱民疲，怎么可能在短时间内就能获得如此声势呢？他登上巫山去瞭望敌方阵地，结果看到对面山坡上密密匝匝地站满了敌方的军士，山前道路上布满了晋军的战车和旌旗，山的后面尘土飞扬，更不知还有多少敌军正在集结……齐灵公登时就被吓破了胆：晋军集结这么多的军队，哪里是要讨伐？这分明是要灭我的国啊！

事实上，齐灵公此刻看到的景象，与九百多年后的淝水之战中，苻坚北望八公山时所看到的阵地如出一辙：晋军命司马排除山林河泽的险阻，在齐灵公目之所及的地方都插满了旗帜、站满了士兵。人数实在不够了，他们就用草垛来做伪装。晋军的战车也是如法炮制，所有的车辆都在道路上排开，每辆车上都只站一个人，剩余的位置也以草人顶替。这还不算，在山的背后，那些齐顷公所看不到的地方，晋军也用战车拖曳着树枝来回奔跑，荡起阵阵烟尘，就好像是还有大批军队正在赶来……

见到这如假包换的"草木皆兵"景象，齐灵公早已是魂不附体，哪里还有时间去辨别真伪？急忙下令让全军连夜撤退。

十月二十九日一大早，晋军中不少人都看到了平阴城内有成群的乌鸦盘旋，知道齐军已然退兵，于是便从容地进驻已为空城的平阴。晋军先锋州绰则带兵尾随追击齐军，俘获了殿后的齐国猛将殖绰、郭最。

在完成对平阴的占领之后，晋国本打算继续追击齐军，但鲁、卫两国为削弱齐国的边防力量，建议先攻取泰山周边的险要之地。荀偃从其所请，遂带兵于十一月十三日和十九日先后占领了京兹、邿两座重镇。

到十二月初，联军又继续向临淄靠近，抵达秦周城外，并在临淄的雍门之外砍伐楸木以补充战备。按照《左传》的描述，联军对临淄的侵扰主要由中军佐士匄之子士鞅执行。首先是在初二日，士鞅带兵攻打临淄西面的雍门。初三日，放火焚烧了雍门以及西郭、南郭等外城；而刘难、士弱等人则是在南面的申门外放火，焚烧了申池边上的竹木。初六日，他们又烧毁了临淄东、北两座外城；士鞅带兵进攻西北方向的扬门，州绰则带兵攻打东闾。

此番联军来势汹汹，临淄的四面外城在遭到劫掠之后又被付之一炬，眼看着整个都城都要陷落了。齐灵公震恐不已，于是便准备驾车逃往邮棠（今山东平度）。太子光和郭荣见状，急忙拉住他的车马，苦劝道："诸侯联军行动快速，无非是想要掠取一些物资，很快就会退兵，有什么好担心的？国君作为一国之主，怎么能在这个时候逃跑呢？"

太子光虽不知晓敌方内情，但从进攻方式做出的判断还是很准确的。晋军之所以要对齐军连续使诈，并在临淄城外大肆劫掠纵火，为的就是要震慑齐人，好尽快达成盟约。然而齐灵公方寸已乱，满心想的都是要赶快逃命。这让太子光感到十分恼火，于是当机立断斩断了马鞅，这才把齐灵公给稳住了。

齐国内争

后来的事态发展果如太子光所料，联军并没有继续围攻临淄，而是在焚烧了外城之后旋即解去，转而向齐国东南方向挺进。其兵势所及，最东端抵达了潍水西岸，最南到达了沂水北岸，几乎横扫了齐国全境。

到晋平公四年（前554年）春，因荀偃病情日笃，加之又有楚国侵郑的消息传来，联军便在没有与齐国达成盟约的情况下仓促西撤，在距离靡笄山不远的督扬（又名祝柯，位于今山东济南）进行了一次简短的会盟。会盟再次重申了"大毋侵小"的原则，并抓捕了邾悼公，命其将侵占的土地归还给鲁国。

会盟结束之后，晋平公先行回国，其六卿在鲁国接受了鲁襄公的宴请。鲁襄公感恩晋国的倾力相助，于是便仿照鄢之战的规格，赐六卿以三命之服，赐军尉、司马、司空、舆尉、候奄以一命之服。此外，中军元帅荀偃还获得了鲁国包括"束锦、加璧、乘马、先吴寿梦之鼎"在内的诸多贿赂。

这年二月十九日，荀偃刚刚渡过黄河，便在著雍病逝了，临终前仍执着于齐国未平之事。接替其继任中军元帅的士匄继承其遗志，先后发动了两次对齐战争，一次是由栾氏亲贵栾鲂与卫国大夫孙林父联合出兵，第二次则是由士匄亲自出征。

不过，当士匄带兵抵达谷邑的时候，却听到了齐灵公已经病故的消息。本着"不乘人之丧"的原则，士匄只好退兵再寻时机。而随着齐灵公的去世，齐国内部也突然陷入了混乱，而引发内乱的正是我们熟悉的一个人物——崔杼。

平阴之战让原本骄纵狂妄的齐灵公受到极大刺激，待联军退却之后，他就把所有怨气都撒在了劝阻他出逃的太子光的身上，于是便不顾劝阻废掉公子光，另立了宠妾戎子的养子公子牙为太子。

公子牙的生母名叫仲子，听到这件事后感到十分忧虑，她劝说齐灵公道："光被立为太子已有多年，且常年参加诸侯的盟会，已经得到了普遍认可。如今平白无故地废弃他，难免会让诸侯认为齐国专横，且有轻视他们的嫌疑。废弃常规是不祥，冒犯诸侯则难以成功，您现在以难为之事冒犯不祥，将来一定会后悔的！"

仲子虽是公子牙的生母，但终究不受宠爱，她的话齐灵公自然也没有听进去。不久后，公子牙还是被立为太子，齐灵公命高厚和夙沙卫做他的老师，原来的太子光则被流放到了东部边境。

公子光遭到贬斥，其老师崔杼的地位自然也就受到了影响，因此一直处心积虑地谋求政变。不久，齐灵公病重，崔杼终于找到了时机，就偷偷地把光接回来重新立为太子；待齐灵公死后，又将其推上了国君之位，是为齐庄公。

齐庄公重新得势之后，迅疾展开了一场报复行动。他先是将公子牙的养母戎子杀死并陈尸朝堂，后又在句渎之丘（今山东菏泽北）抓捕了公子牙，后又命崔杼将其太傅高厚杀死，高厚的采邑也都被崔杼兼并。

公子牙的少傅夙沙卫闻变，急忙逃到高唐据城叛变，但囿于其宦官身份，终究还是难以久持。到这年十一月，齐庄公在殖绰、工偻会的配合下攻入高唐，把夙沙卫剁成了肉酱，持续半年的动荡才告平息。

到了这个时候，齐庄公才终于腾出手来与晋国在大隧讲和。到第二年夏天，晋国又邀合齐、鲁、郑、宋、卫、曹、莒、邾、滕、薛、杞、小邾等国国君在澶渊（今河南濮阳西北）举行了一次盟会，标志着晋齐联盟再次达成。

然而，齐庄公之所以要与晋国讲和，只是由于齐国内乱未靖，并不是真正顺服。此后的几年间，他一边清算公子牙的党羽，一边暗暗地扩兵备战，伺机对晋国展开新一轮的报复。

齐人伐晋

晋平公六年（前552年）秋季，晋国爆发了一场内乱。担任下军佐的栾盈受到母舅的诬陷，被士匄调离新田到著雍筑城，随后又在毫无防备的情况下被驱逐出境，只得仓皇出奔到了楚国。

栾盈受逐之后，士匄先后在商任和沙随举行了两次诸侯会盟，三令五申要求与会各国禁锢栾氏，也即不允许任何人收容栾盈。但齐庄公或许是早就打定了要利用栾盈扰乱晋国的主意，因此在参会时表现出了极大的不恭敬，回国之后更是收容了栾氏党羽——知起、中行喜、州绰、邢蒯。到了第二年，栾盈在楚国不得志，于是便转道去了齐国，齐庄公同样将其奉为座上之宾。

齐庄公的种种表现在国内外都招来了不少非议。比如在举行商任会盟时，晋国大夫叔向就指责他"怠礼失政"，必然不能免于祸难。栾盈奔齐之后，齐国上大夫晏婴也曾劝导说，信用是立身立国的根本，既然已经接受了晋国的命令，就不该私下里接纳栾氏。但晏婴的一番肺腑之言终究没被采纳，事后只得愤愤不平地言道："君主要保持信用，臣子才能保持恭敬。君臣上下执守忠、信、笃、敬，才是上天的常道。如今国君自暴自弃，恐怕是不能长久了！"

晏婴的谆谆教导，实际上是立足于国内的紧张局势，希望齐庄公能放弃无意义的争霸战争，集中精力解决齐国的内在矛盾。然而齐庄公却如齐国的历代先君一样，都将恢复霸业作为第一要务，如今好不容易有了能够搅乱晋国的机会，又岂能轻易放过呢？

齐庄公并没有为此等待太久。栾盈抵达齐国的半年后，也即晋平公八年（前550年）春季，晋国准备嫁女到吴国去。按照当时的习惯，诸侯嫁女可以由同姓诸侯致送媵妾，异姓的诸侯则无此义务。姬姓的晋国嫁女跟姜姓的齐国本就没什么关系，可齐庄公却非要主动为晋国致送媵妾，这让晋国实在无法拒绝。而齐庄公也正是利用了这个机会，派析归父用篷车装着栾盈和他的同伙偷渡进入晋国，并将他们安置在栾氏根据地曲沃。

这年四月，栾盈带领曲沃的甲兵攻入新绛，由此开启了晋国长达半年的军事动荡。为配合栾盈在国内的行动，齐庄公于当年秋季尽起大军，在对卫国进行了一番袭扰之后，径直侵入晋国攻取了东阳重镇朝歌（今河南淇县）。

随后，齐庄公命人在郫邵（今河南济源西）戍守，以防止诸侯断其后路，同时下令全军兵分两路插入晋国腹地。其中一路入孟门（今河南辉县西），经白陉进入长治盆地；另一路则自太行陉入晋城盆地，一直推进到距离新田不足百里的荧庭（今山西翼城东南）。但由于彼时士匄已基本控制局势，栾盈被围困在曲沃城内不得伸展。齐庄公见形势不利，不敢贸然挺进，于是便分别在荧庭和少水（又称沁水，今沁河）一带收集晋军尸体修筑了两座京观。

齐军撤退期间，邯郸赵胜带领东阳之师与鲁国叔孙豹带领的援军在半路夹击，俘获了晏婴之子晏氂。但由于晋国深陷内战漩涡，这次阻截并没有对齐军的整体行动构成太大阻碍。

对于这次伐晋战争，齐国内外都有反对的声音。当时把持朝政的崔杼以及上大夫晏婴都曾极力劝阻，认为这次钻了晋国内乱的空子落井下石，将来一定会为齐国招灾引祸。鲁国流亡大夫臧纥更是毫不客气地批评说："您的行为就像是昼伏夜出的老鼠，听说晋国有乱就出兵打劫，可一旦对方安定下来，就又要想着如何侍奉。"这种行为很让人不齿。

事态发展不出所料，晋国的内乱很快就平定了。这年冬天，晋军攻克曲沃，栾氏合族被灭，只剩下栾鲂等少数人逃奔宋国。齐庄公为此感到十分忧虑，于是就打算联楚抗晋，还与楚康王约定了会见的时间。但楚国的使者还没有离开齐国，齐庄公就得到了晋国已经出兵的消息，于是就又告知不能会面了，转而派陈无宇随楚国使者同行，向楚康王请求出兵协助。

崔杼弑君

晋平公九年（前549年）秋，晋国会合郑、宋、鲁、卫、曹、莒、邾、滕、薛、杞、小邾等国国君在夷仪（今河北邢台西）举行会见，准备讨伐齐国。

此战尽管由于发生了水患没能成行，可还是把齐庄公吓得够呛，急忙派人到成周去帮助王室修筑城墙，以期如"吉祥物"一般的周天子能在晋国面前帮自己说句好话。得到齐国好处的周灵王不知是否有此好意，但这些对于齐庄公来说都已经不重要了，因为很快齐国就发生了一桩弑君惨案，而制造这桩惨案的正是扶植其上位的崔杼。

话说崔杼的妻子原本是齐国大夫棠公之妻，因此常被人称作"棠姜"。棠公去世的时候，崔杼前去吊唁，一下子就被棠姜的美色吸引住了。恰好崔杼的家臣东郭偃是棠姜的弟弟，崔杼就通过他的关系将棠姜娶进门来。

然而正所谓"食色性也"，追求美好事物是人的天性，棠姜的美色很快也引起了齐庄公的注意。为了能够长期与棠姜缠绵，齐庄公隔三岔五就把崔杼派出去公干，崔杼虽心中愤恨却也无可奈何。

若一切都到此为止的话，事情还不至于闹到不可收场的地步。可偏偏齐庄公不知收敛，俨然把自己当成了崔家的主人，随手就把崔杼的帽子拿出来赏赐给别人。一如当年夏徵舒因受辱于陈灵公而做出弑君之举，齐庄公行为如此不堪，崔杼的弑君也就只是时间问题了。

晋平公十年（前548年）五月，莒国国君前往齐国朝见，齐庄公在北城设宴款待，崔杼推托有病没有参加享礼。齐庄公听说之后，就以探病的名义去与棠姜私通，不料却被崔杼设计困在了内室。齐庄公发现自己落入了圈套，于是急忙爬上高台请求免死；眼见得不到许可，他又退而求其次，乞求能在太庙自尽，以便在死后还能够进入兆域，却也未能如愿。

与士匄诛灭栾氏后的做法类似，在处理掉齐庄公后，崔杼也在国内展开了大搜捕。这次政变牵连甚广，朝中一干大夫几乎被一网打尽，许多豪门贵族就此衰落，由此在齐国形成了寡头政治的局面，使得君主权威彻底走向了衰落。

齐国发生内乱的时候，晋平公正在夷仪举行会盟，商讨讨伐齐国的具体方略。崔杼不失时机地派隰鉏赴会，向晋国请求和解，新任左相庆封则将贵族男女分开排列捆绑起来带到会盟地点，随后又把宗庙里的祭器和乐器送给晋平公。此外晋国各级官员，不仅到场的六卿、五吏、三军大夫、百官之正长，师、旅的统帅见者有份，就连国内留守的官员也都收到了齐人送来的礼物。

齐国以一个大国却展现出如此屈辱的姿态，晋国也只能顺水推舟，同意了他们和解的请求。尽管这并不是齐国对晋国的最后一次挑战，但至少在当下，持续了十几年的晋齐交锋总算是告一段落了。

第四节　弭兵终战

重建互信

晋齐争锋的这十几年间，由于楚国退出了争霸战争，中原地区的战争频次大幅度降低，诸侯国之间取得暂时的力量平衡。尤其是在齐庄公被杀后，唯一能够对晋国形成挑战的齐国也渐而偃旗息鼓，这就使得晋国的霸主地位愈发稳固，诸侯也就到了刀枪入库、马放南山的时候了。

然而，由于霸业秩序的惯性使然，加之时任正卿士匄权力欲的不断膨胀，诸侯对于霸主的职贡力役不但没有得到减免，反而有日益加重的趋势，这就让诸侯都颇有微词。

早在固宫（晋襄公的别宫，在今山西侯马）之役的前一年，也即晋平公七年（前551年），士匄就曾无端征召郑人来朝，时任郑国少正的子产（公孙侨）气愤不过，便在朝堂上当场质问晋国。子产首先回顾了晋悼公复霸时期的几次重要会盟，表示"郑国紧邻晋国，二者之间的关系就好比是草木和它散发出来的气味，郑国如何敢有半点差池？后来楚人不能争竞，郑人就以土地上的出产和宗庙中的宝器接受了诸侯的盟约，从此以后晋人但凡有对外征伐之事，郑人无不紧紧跟随，从来不敢有丝毫懈怠。即便是在没有朝见的时候，郑人也是年年都来聘问，事事小心跟从，可谓勤勉恭敬。然而'大国'的政令却没有定准，导致郑人国疲民乏，意外的事件不断发生，郑人日日都活在忧虑恐惧之中，又岂敢忘记自己的职责本分？"

紧接着子产义正词严地说道："晋国若为郑国考虑，那么即便是你们不召见，我们自己也会前来朝见。反之若晋国役使无度，不体恤郑国的艰难，使得我们不能尽心尽力侍奉贵国，那就是要将郑国视为仇敌了。真要到了那一天，我们郑人虽会感到害怕，但也会奉命而行，希望执事能够慎重考虑！"

子产对士匄的批评不可谓不严厉，但却是对牛弹琴，完全没有起到任何作用。此后的几年间，士匄忙于应付栾盈的作乱和齐国的讨伐，一直没有闲心来调整其对外政策；待一切归于平静，士匄因胜而骄，开始变本加厉地凌虐诸侯。

到晋平公九年（前549年）时，郑简公再来朝见，子产便托随行的子西带来一封信件，信上说："在您的治下，诸侯四邻听不到您的美誉，却只知道有很重的贡品，侨因此感到十分困惑。要知道君子治理国家从来都不担心财礼够不够，只担心有没有好的名声。名声是德行的载体，而德行又是国与家统治的基础，只有基础牢固了，上层建筑才不至于受到损坏。您若能用宽恕来弘扬德行，那么好的名声就会传布天下，远处的人听到后都会慕名而来，近处的人更是会因此获得安定。与之相反的是，财富的过度聚集只能是内部忧患的源泉，一旦有了忧患，您自己也会深受其害，这点道理难道您不明白吗？"

按照《左传》的说法，士匄听到这些话感到十分高兴，于是就减轻了郑国的贡赋。但从后来的情形来看，士匄做出的调整十分有限，晋国真正减轻诸侯的职贡力役，恐怕还要等到其继任者赵武上台的时候。

晋平公十年（前548年）七月，刚上任不久的赵武在重丘举行了一次会盟，宣布"薄诸侯之币而重其礼"，也就是大规模地减轻诸侯的职贡力役，同时提倡要着重于礼仪。

与此同时，赵武在接见鲁国大夫叔孙豹时，第一次在正式场合明确提出了"自今以往，兵其少弭"的愿望，由此开启了"第二次弭兵会盟"的进程。在他看来，"齐国的崔氏、庆氏刚刚凭借弑君之举取得执政地位，正希望与诸侯改善关系。而楚国的令尹子木也有停止战争的想法，只要我们恭敬地执行礼仪，在与他交往时注意分寸，安定诸侯、弭兵休战离我们并不遥远"。

事实上，早在重丘会盟之前，晋国推动弭兵会盟的工作就已经开始有条不紊地进行了。首先是在平公九年（前 549 年）五月，赵武的搭档——晋国中军佐韩起率先赶赴雍都与秦景公达成了和解；作为回报，秦景公也派出自己的弟弟公子针到晋国参加结盟。尽管因秦人芥蒂未消，和谈的结果并不稳固，可也总算是两国和平事业迈出的重要一步。

重丘会盟之后，弭兵的准备工作进入了加速阶段。晋平公十一年（前 547 年）春，秦景公再次派公子针到晋国修约，标志着两国之间正式建立了睦邻友好关系。当年冬天，韩起又受命到成周聘问，口称"晋国的士韩起前来向天子的宰旅奉献四时的贡品"，实际上是向王室传达当前的工作进展。与此同时，为了打破国际社会对晋国的不信任态度，赵武还特别策划了一场归还侵地的行动。

大约是在晋平公九年时，齐国大夫乌余叛逃至晋国，随之而来的还有一批丰厚的"嫁妆"，其中最重要的就是他在齐国时的封地廪丘（今河南范县）。廪丘位于齐、鲁、宋、卫四国交汇之处，乌余归晋之前，还一路向南侵扰，先后占领了卫国的羊角、鲁国的高鱼和宋国的几座城池，晋国也都照单全收。诸侯对此都颇感不满，但迫于晋国内政走向不甚明朗，因此不敢贸然提出要求。等到赵武执政之后，这件事才被提上了议事日程。

晋平公十一年冬，赵武向晋平公提出建议，说："晋国作为盟主，如果发现有人侵犯他国，就要施加讨伐，让他归还所侵夺的土地。如今乌余带来的土地全是从他国侵夺而来的，可我们却因为贪图利益而不加讨伐，如此行事恐怕就没有资格做盟主了。希望能够将这些土地归还给诸侯。"

晋平公也正有此意，但苦于找不到合适的人选，赵武就推荐了一个叫胥梁带的人，说他不用带兵就能够完成任务。这个胥梁带据说是胥午的儿子，几年前胥午追随栾盈叛乱失败后，没落的胥氏又转入了赵氏的麾下，很受赵武的信任。

晋平公十二年初，胥梁带通知齐、卫、鲁、宋四国派人马前来接收所失城邑，但事先要求各方要严加保密。与此同时，他又通知乌余说，诸侯迫于晋国的威严，同意将占据的土地赠送给他，要他前来接受封地。乌余只知胥梁带未带甲兵，却不知其中有诈，于是便兴高采烈地带着部众前来准备受赏，结果被诸侯的军队一网打尽，其侵占的土地自然也都物归原主。

当然了，这次行动实际上做得并不彻底，至少因孙林父叛逃导致的戚邑归属问题依旧悬而未决。但晋国公开处置叛臣、归还各国侵地的举动，还是在诸侯间引发强烈的反响，在中原建立了良好的互信基础，为接下来的晋楚弭兵创造了条件。

所谓"万事俱备，只欠东风"，如今包括秦国在内的中原地区已经达成了空前共识，唯一的不确定因素便只在楚国一方了。那么，对于这次的弭兵会盟，楚国人又会是什么态度呢？

康王治政

随着晋悼公复霸大业取得成功，楚国的势力渐渐退出中原，其战略重心也转移到了对吴作战之上。而在其内部也出现了政局不稳定的迹象，其主要的表现形式就是君权与卿权的冲突。

自楚庄王以来，楚国一直采用"内姓选于亲，外姓选于旧"的用人政策，在共王时期担任令尹的子重（公子婴齐）、子辛（公子壬夫）、子囊（公子贞），以及楚康王即位初期的子庚（公子午）都出自王室近亲。这套规则有效避免了若敖氏专权逼君局面的重现，但在运行了近半个世纪以后，其中固有的缺陷也逐渐暴露了出来，这就使得楚康王不得不改弦更张，以减轻这些握有实权的公子对王权的侵蚀，而这自然也就给当时的令尹子庚带来了极大的压力。

晋平公三年（前555年）时，晋齐平阴之战爆发。郑国执政子孔想要进一步实现专权，于是就趁郑简公带着三卿伐齐的机会与楚人联络，打算除掉与自己作对的大夫。令尹子庚犹记子囊的临终嘱托，于是断然拒绝了子孔的请求，但楚康王知晓后却借题发挥，派人责备他说："主持社稷却不能用兵于外，死后就不能按照礼仪安葬。不谷即位至今已有五年，却始终没有出动军队，国人恐怕会认为不谷只顾自己安逸，全然忘记了先王的霸业。大夫何不考虑一下？"

康王的猜忌让子庚感受到莫大的委屈，他为自己辩解说："君上这么说，莫不是在指责我贪图安逸？可我这么做，完全是为了国家大局着想啊！"见楚康王态度坚决，他只好退而求其次，说道："如今诸侯与晋国和睦，若是王上一定要干涉郑国事务，不如就让臣带兵试探一下。假如有隙可乘，王上就北上伐郑；若是不行，臣退兵回来就好了，王上也不会受到羞辱。"

子庚出兵北上的时候，留守新郑的子展、子西已经知晓了子孔的计划，于是就预先加强了守备，使得子孔不敢贸然与楚军会合。楚军在缺乏接应的情况下兵分三路，分别由令尹子庚、右尹公子罢戎、大司马芳子冯带领，接连侵扰郑国北部边境和近郊，但都无功而返。

正所谓"屋漏偏逢连夜雨"，当时正是秋冬时节，楚军回师途中突然遭遇冻雨。衣衫单薄的士兵大都被冻伤，在军中服杂役的人更是伤亡殆尽，楚康王终于为他的任性付出了代价。

晋平公六年（前552年）夏天，令尹子庚去世。楚康王打算借机把令尹职权授予远支公族芳子冯，但芳子冯有感于子庚忠于国事却不受信任，担心自己也会不得善终，于是便装病以推脱任命。楚康王派医生前去探视，得知情形后也不便勉强，只好改派自己的叔叔子南（公子追舒）做了令尹。

子南上任后据说十分骄奢，他的宠臣观起俸禄不高，家里却有能拉几十辆车子的马匹，这让楚康王很不放心，仅仅一年之后就把子南杀掉了。子南死后，康王再次委任芳子冯为令尹，芳子冯无法推辞，只好硬着头皮上任。为了避免重蹈子南的覆辙，他听从好友申叔豫的劝说，将平日里亲近的人全都辞退了，这才换取了楚康王的信任。

芳子冯在楚康王的猜忌下上任，自然不敢坚持以前的政策。恰好在他任上，齐庄公出兵讨伐晋国，后又因担心遭到报复而有意与楚国结盟，芳子冯顺势派芳启强到齐国去约定会面的日期。但因为听到晋国已经出兵，齐庄公转而又改派陈无宇到楚国乞求救兵，楚国为此特意联合了陈、蔡、许三国出兵伐郑以救援齐国。

可让人万万没想到的是，齐国发生了水患，晋国召集诸侯却没办法讨伐齐国，只好掉转马头直奔郑国而来。这样一来，原本只是为了帮助齐国牵制诸侯的楚军反而成了主要进攻对象，楚康王"好汉不吃眼前亏"，仓促之下只得撤退回国。

这场战争结束一年后，芳子冯在令尹任上病逝，他的儿子芳掩出任司马，原来担任莫敖的屈建（字子木）荣升令尹。屈建在任期间，对外修整军备，平定了舒鸠的叛乱，诱杀了吴王诸樊，极大地挫伤了吴国的士气；对内实行了系统性的经济普查，记录土地泽田、山林水产的情况，根据土地的质量，区别高地、盐碱地、水淹地，重新进行土地划分，并以此为依据进行土地和税制改革，缓解了国家财政压力。这一系列改革举措受到了广泛赞誉，但与此同时，作为远支公族的屈建和芳掩同时担任令尹和司马，这种情形也是五十年来的首次，从一定程度上表明了楚康王用人政策的转向。

楚才晋用

楚王通过控制令尹的职权来对全国的贵族实行控制，令尹之下有司马、莫敖，地方上有连尹、箴尹等主官，其地位高低并无一定之规，且通常情况下都不能世袭。在这个制度框架下，王室控制多数资源，各级长官难以形成以世袭为基础的稳定格局，也无法通过长期积累的方式侵蚀君权。这就使得楚国顺利避开了中原各国面临的普遍问题，进而成为春秋时期君主集权制度最为稳固的国家。

但与此同时，楚王对社会的严密控制也带来了明显的副作用。上位者势单力孤，为了稳固地位就必然要聚集一批党羽，而一旦在政治斗争中失败倒台，也会有一大批人受到牵连。结果就是每次权力的重新洗牌都会造成大量贵族流亡，又使得楚国成了春秋时期人才外流最为严重的国家。

如今楚康王着意调整用人政策，自然也会导向对近亲公子的打压甚至迫害，大量贵族的外流也在所难免。在屈建担任令尹的时候，就发生了申公王子牟失势出逃的事件，其女婿伍举也因此受到了牵连，从而不得不流亡国外。伍举出逃之后，本来打算赶往晋国安身，谁知在郑国碰巧遇到了蔡国大夫声子（公孙归生）。声子同情其遭遇，于是就提出要帮助其返回楚国。

在完成外交使命之后，声子回到楚国复命。其间聊到在晋国时的见闻，屈建好奇地问道："晋国的大夫和楚国的大夫比起来，谁更贤明？"

声子当即卖了个关子，说道："晋国的卿不如楚国的，不过他们的大夫却要比楚国的强，个个都是做卿的材料。"

这话当即引起了子木的兴趣，于是就进一步追问其原因。声子不紧不慢地回答道："这就好比是杞木、梓木、皮革这些东西，晋国本来是没有的，他们现在所使用的都是从楚国运送过去的。楚国人才众多，然而却是在晋国得到任用。"其言外之意是说，晋国的那些贤明的大夫，全都是楚国流失的人才。

声子的话指向特别明确，但子木似乎并未理解其中的含义，反而又问道："难道他们的亲戚都不堪重用吗？"

声子回答说："有是有，但更多的还是楚国人。"接着声子开始述说自己的观点："治理国家要把握一个尺度，无论是赏赐还是刑罚都不可滥用，赏赐过分了，容易让坏人得志；刑罚太滥了，就会让好人跟着遭殃。因此在施加刑罚时，宁愿放掉有罪的人，也不可因此而错杀一个好人，否则好人一旦受到牵连，最终受害的还是国家。而楚国的情况却恰好与此相反，因为刑罚过重，导致那些本应受到重用的人才四散逃离，成为他国的重要谋士，这难道不该反思吗？"

为了进一步阐明自己的观点，声子列举了析公、雍子、申公巫臣、苗贲皇等因受内乱牵连而出逃，随后又成为晋国谋士反过来危害楚国的例子，并指出造成这一切的根本原因，就在于"楚多淫刑"。

声子的见解振聋发聩，令屈建不由得"愀然"而叹。看到时机已然成熟，声子便趁机为伍举脱罪，说伍举不就是这样的牺牲品吗？屈建顿时醒悟，急忙向楚康王保举，这才恢复了伍举的地位。

伍举素来以才德著称，有关楚庄王"一鸣惊人"的故事就是借用了他的名号，再加上其后人伍子胥的武功传奇，更使其在后世声名大噪。由于伍举的地位超然，蔡国大夫声子的讲话也着实精彩，使得人们往往热衷于谈论故事的表面意思，惊叹于声子精湛的语言艺术、盛赞屈建的从善如流，但却忘了这件事发生的前提是申公王子牟的获罪，而这正是楚康王排斥近支公族的典型例证。

声子劝说屈建，其本意或许是在为伍举谋划，但也是有感于"楚多淫刑"的现状，希望能够改善楚国内部的紧张局面。但正所谓"冰冻三尺，非一日之寒"，楚国内政走到了如今这个局面，不是一朝一夕就能形成的，更不是某一个人愿意改变德行就能扭转的。声子尽管看到了制度缺陷带来的影响，却无法阻止势头的继续蔓延，这也就为楚国后来的变乱埋下了伏笔。

齐集商丘

政治上混乱外加吴国的不时侵扰，使得楚国积极向上的扩张势头一去不返，但也的确需要一个和平安定的外部环境，以重新梳理和调整纷乱的国内局势。因此当晋国提出要弭兵休战的时候，楚国是真心欢迎，也乐于积极地与晋国展开协商，此次蔡国大夫公孙归生的出使，就是为此而来。

在当下这个时节里，晋楚之间议和已经不是什么秘密。据《左传》记载，晋平公十一年（前547年），宋人伊戾诬杀太子之时，就提到了有楚国使者正要前往晋国。

同样是在晋平公十一年，秦楚联军曾两度讨伐郑国，其中的第二次是为了完成许灵公的心愿。当时许灵公的态度十分坚决，声称如果不能讨伐郑国，他就不回去了。谁知话音刚落，许灵公果真就死在了楚国。楚康王怜悯其一片赤诚，于是就尽起大军讨伐郑国，也算是帮他完成了最后的心愿。

郑国大夫子展听闻楚军入侵，急忙准备要出兵抵御，但子产却说："眼下晋楚讲和在即，楚国却冒冒失失地来进攻我国，无非是追求些虚名罢了。倒不如让他们称心如意地回去，这对于弭兵之事或许还能有所助益。"

子展听了之后深以为然，就没有部署军队迎击。楚军在郑国境内不紧不慢地拆了一堵城墙，抓了九个没有进城的郑国人，然后回去安葬了许灵公，用他们劫掠的战利品告慰许灵公的在天之灵，事情也就这么马马虎虎地过去了。

晋楚之间的会盟呼之欲出，热衷于虚名的宋国左师向戌看到这个机会，便积极地在晋、楚、齐、秦之间奔走。在到访晋国时，晋卿韩起表示乐见其成，他说："战争是残害百姓的祸事，是国家财货的蛀虫，也是小国不堪承受之大灾难。尽管永久地消除兵祸并无可能，但至少也值得尝试一下。否则一旦让楚国抢占了先机，并且据此来号召诸侯，恐怕会让我们丧失盟主的地位。"于是就同意了向戌的提议。

向戌此行受到的唯一阻碍，是当他到访齐国的时候，齐国尚且不肯放弃争霸的图谋，故而有所迟疑。不过，在陈文子倡议之下，齐国终于还是答应了他的请求。

在获得了四个主要大国的准许之后，向戌又匆匆赶往列国，向各国通告了会盟的日期，并开始积极筹备即将到来的弭兵大会。

会议召开的时间在晋平公十二年（前546年）夏天，《左传》用了很大篇幅来记述各国代表参会的具体经过，足见其重要性。

至七月初四，楚国及其盟国陈、蔡、许，晋国及其盟国齐、郑、宋、鲁、卫、邾、滕、曹都已经抵达参会地点。晋楚两国就相关议题进行了多轮磋商，议和的条件已经具备，因此议定于七月初五日，各方代表在宋国城西的蒙门外举行正式的结盟。

晋楚争盟

晋平公十二年七月初五日，商丘城西门外人头攒动，喧闹非凡。包括晋、楚、齐、宋、郑、鲁、卫、陈、蔡、曹、许、邾、滕等在内的各国诸侯（秦国未见记载）齐聚一堂，准备要举行一次史无前例的盟会。前来参会的各国都用临时筑起的篱笆作为分界，晋楚两军各自驻扎在队伍的两头。

然而，会盟开始前，晋国下军佐荀盈（伯夙）敏锐地觉察到一些异样，于是就提醒赵武说："楚国方面的气氛很是不妙，我担心他们会突然发难。"

赵武轻描淡写地说道："怕什么？如果楚国真有什么异动，我们直接向左进入宋都，他们也拿我们没办法。"

但不久后，又有一个令人不安的消息传来：包括子木在内的所有楚国代表全部带甲上阵！在他们宽袍大袖的华服掩盖之下，所有人都穿着皮甲，显然是有备而来。

作为当今头号大国晋国的执政卿，赵武对近百年来发生在中原大地上的故事都谙熟于心。当他听到这个消息，首先想到的便是宋襄公的故事，心下大惊。

他急忙向叔向询问对策，然而叔向对此却毫不在意："这有什么好怕的？我听说，就算是一个普通人，一旦做出不守信用的事情都会不得好死，更何况是堂堂大国执政？在诸侯会盟这么重要的场合，子木要真敢做出什么不守信用的举动，将来还能善了吗？因此我倒觉得这个时候该他担心才是。退一步讲，就算是他丧心病狂真要动手，我们还可以依靠宋国的防卫设施予以抵挡。到那个时候，中原诸侯同仇敌忾一往无前，他就是再多来一倍的人也无济于事，反而更加有利于诸侯的团结。"

作为土生土长的晋国人，楚国太宰伯州犁对于晋国此次会盟的诚意看得很清楚，反而有些不理解子木的举动。他曾劝谏说："诸侯之所以要与我们结盟，是因为怀着对我们的信任，可你如今的举动却恰恰又是怀着不信任的态度，这样如何让诸侯心悦诚服呢？"

然而子木却很不以为然："晋楚之间缺乏信用已经很久了，又不是今天才有的！只要是对我们有利的事情就尽管去做，我只求一切如愿，至于信用这东西不要也罢！"

会盟开始之后，双方忧虑的事情都没有发生，倒是为谁先歃血而争执起来。晋国认为自己素来都是诸侯盟主，从来都没有哪个国家能在晋国之前歃血的，因而要求主盟。可楚国人却不服气，说你也曾提到过，晋楚是地位对等的国家，如果每次都让你们晋国来主盟，这岂不就等于是在说我们楚国不如你晋国吗？更何况，一直以来都是晋楚交替主持诸侯会盟，你晋国已经主持多年了，也该轮到我们楚国了吧？

眼看着时间唰唰地就过去了，光是由谁来主盟这件事情就争执了半天。这个时候叔向就站出来劝说赵武："诸侯归附晋国所崇尚的是我们的德行，而不是主盟者的地位。只要我们致力于德行，诸侯自然会欣然前来，又何必争这么一个主盟者的虚名呢？更何况，诸侯会盟时由小国主持结盟也是常有的事，就让楚国来充当一个小国盟主，不也是合情合理的吗？"

赵武听了心想也罢，眼下诸侯都目不转睛地看着自己的表现，倘若晋国能再退让一步，尽早促成双方的弭兵，这于诸侯便是大恩德一件，人们自然会有所感念的。这么一想，心下释然，于是就同意让楚国先歃血。

这次盟会能够顺利举行，与晋国执政赵武的谦和礼让有莫大关系，这也让在场的诸侯看在眼里，心服口服。想来以晋国的霸主姿态，在如此重大的场合下自甘居于楚国之下，必然要有宽广的胸襟和容人的气度。因此，各国在记叙此事的时候，都依旧把晋国放在楚国的前面，将其奉为实际上的盟主。

初六日，宋平公设下享礼同时招待晋楚两国的大夫，也是让赵武做了主宾，而争得主盟位置的屈建却只能居于次席。双方第一次面对面坐在一起，自然都想在气势上压对方一头。在这次宴会上，子木就故意说了一些刁钻的话题，使得赵武无法应对。幸好赵武的随从叔向学识渊博，在一旁代为应答，并借机刁难子木，使得子木也无言以对。子木因此对叔向很是折服，回国之后，跟楚康王说起会盟时的见闻，就不住地称赞说：晋国难怪能够称霸诸侯，有叔向这样的人物来辅佐卿士，而我们却没有与他相当的人，终究不能和他们相争啊！

会议详细议程和具体细节在《左传》中没有太多体现，唯一的细节是鲁国原本打算降低自身规格，在举行会盟时向邾、滕两国看齐。但由于宋国和齐国分别要求将滕国和邾国列为各自的附庸，使得两国失去了参与会盟的资格。鲁国使臣叔孙豹不愿与之为伍，坚持参加了会盟，因而受到了批评，《春秋》也故意没有写他的氏。

到初九日，会盟终于取得了重大成果，于是宋平公亲自与诸侯大夫在城西的蒙门之外举行盟誓，标志着这次晋楚弭兵协议的正式生效。

未来可忧

自晋文公五年（前632年）的城濮之战始，晋楚围绕中原霸权展开了长达87年的争斗。在这近百年的时间里，两国在中原战场上不断交兵，光是直接的冲突就有12次，围绕郑、宋、陈、蔡等国归属展开的间接战争更是难以胜数。

长期的争霸战争不仅消耗了各自的民力财力，也让诸侯列国苦不堪言，而这一切终于在晋平公十二年（前546年）落下了帷幕。自此之后，晋国"一家独霸"的局面结束，进入了晋楚"两极共霸"时期，硝烟弥漫的争霸战争也由此进入了尾声。为了区别于晋厉公二年（前579年）举行的弭兵会盟，人们通常将这次的会盟称为"第二次弭兵会盟"。

与第一次弭兵会盟的各怀鬼胎不同，第二次弭兵会盟中尽管发生了一些不愉快的小插曲，但总体而言各方都诚意满满，会盟也取得了意想不到的成果。会盟结束之后，往日势不两立的南北霸主也严格遵守了弭兵的约定，共同维系了长达四十年的和平局面。奔忙于两国之间的各诸侯国也都握手言和，中原地区的战争频率大为减少，看起来也算是一个皆大欢喜的结果。

然而，对于这样一次空前成功的会盟，却并不是每个人都乐见其成。就在会盟结束后不久，与向戌同列宋国朝堂的乐喜就直言不讳地表达了自己的忧虑："正是由于有晋楚两国的武力威慑，人们才能够上下一心、团结和睦并安定他们的国家，诸侯小国正是借此得以生存。一旦失去了威慑，人们难免就会沾沾自喜，祸乱也就由此而生了，随之而来的就必然是亡国灭家的结局。"

在乐喜看来，战争和兵器的存在都有其合理性，它们就跟刑罚一样，是用来威慑不轨而宣扬文德的。圣人由于武力而兴起，作乱的人因武力而被废弃，使国家兴废、存亡、昏乱和昌明的手段，都是通过它们来推动的，又如何能够轻易去除呢？也正因为如此，对于向戌推动弭兵的作为，乐喜认为这不过是以欺骗来蒙蔽诸侯，不但无功，反而是有天大的罪过。

实际上，向戌的观点也并非他的首创。早在三十年前，当楚国司马子反公然撕毁第一次弭兵协议向中原用兵时，晋国时任中军佐士燮就表达过类似的观点。当时，为了劝阻栾书与楚国开战，士燮曾一再表示："唯圣人能外内无患，自非圣人，外宁必有内忧。"在他看来，外部威胁是保持国内安定秩序的稳定剂，一旦失去了外部的忧患，内部的冲突就必然会蜂拥而至。

不同之处在于，当初晋楚之间的均势尚未打破，士燮推动弭兵是为了保留楚国这个外部的敌人，让国人在戒惧之中保持团结。而如今晋强楚弱的局面已经形成，各国因失去了外部的威胁已然内忧纷起，若是再以弭兵盟约的形式将这种格局进一步确认下来，必使得各国内部致乱者有恃无恐，从而诱发更加剧烈的灾祸。

这样的观点，在当时的历史情境下实际上并不难理解。早在弭兵会盟举行之前，中原各国都已经不同程度地爆发了系统性的封建制危机，相继落入了孔子所忧虑的"礼乐征伐自大夫出"乃至于"陪臣执国命"的陷阱：在晋国，随着固宫之役的尘埃落定，以范、中行、赵、韩、魏、智组成的六卿集团正在成为政治秩序的主导者；在齐国，是陈国流亡公族田氏力量的不断壮大；在鲁国，是"三桓"集团对公室权益的倾轧；在郑国，是"七穆"集团对权力的垄断；在宋国，则是戴族和桓族的共治局面。

在这种局面下，国家作为一个政治实体已经名存实亡，取而代之的是一个个在政治斗争中取得胜利的卿族世家，大夫阶层开始成为国家真正的主人，并进一步成为列国秩序的制定者。也正因为如此，当楚国的令尹屈建遇到难决之事，还需要派传车往来请示的时候，晋国方面却只需要赵武一个人就能拍板定夺，鲁国的叔孙豹也可以不经请示就自行更改国君的命令。

当弭兵会盟的尘埃落定，楚国的军力便不再是中原诸侯所面临的普遍威胁，各国内部争权夺利、相互倾轧的戏码，必然会成为下一部历史大剧的主要剧情。这也就意味着，所谓的弭兵会盟，不过是一个迷惑世人的面具，伴随着国与国之间战争的戛然而止，整个中原大地很快就会迎来一个更加细密的权力重新洗牌的过程。而在这个充满了阴谋和血腥的战场上，所有人都会被卷入其中并付出相应的代价，没有谁能够独善其身，这也正是乐喜为将来的前景感到忧虑的根本原因所在。

那么，接下来我们就需要着重探讨这样几个问题：在晋楚争霸的近百年间，晋国内部究竟发生了什么，使得晋文公所开创的制度设计，最终演变成了今日的这副局面？这其中，又有哪些深层次的逻辑链条？面对变幻莫测的政治局势，各个家族又是如何应对的？将来，他们又是经过了何等残酷的搏杀，才最终走向"三家分晋"的历史结局的呢？

附录

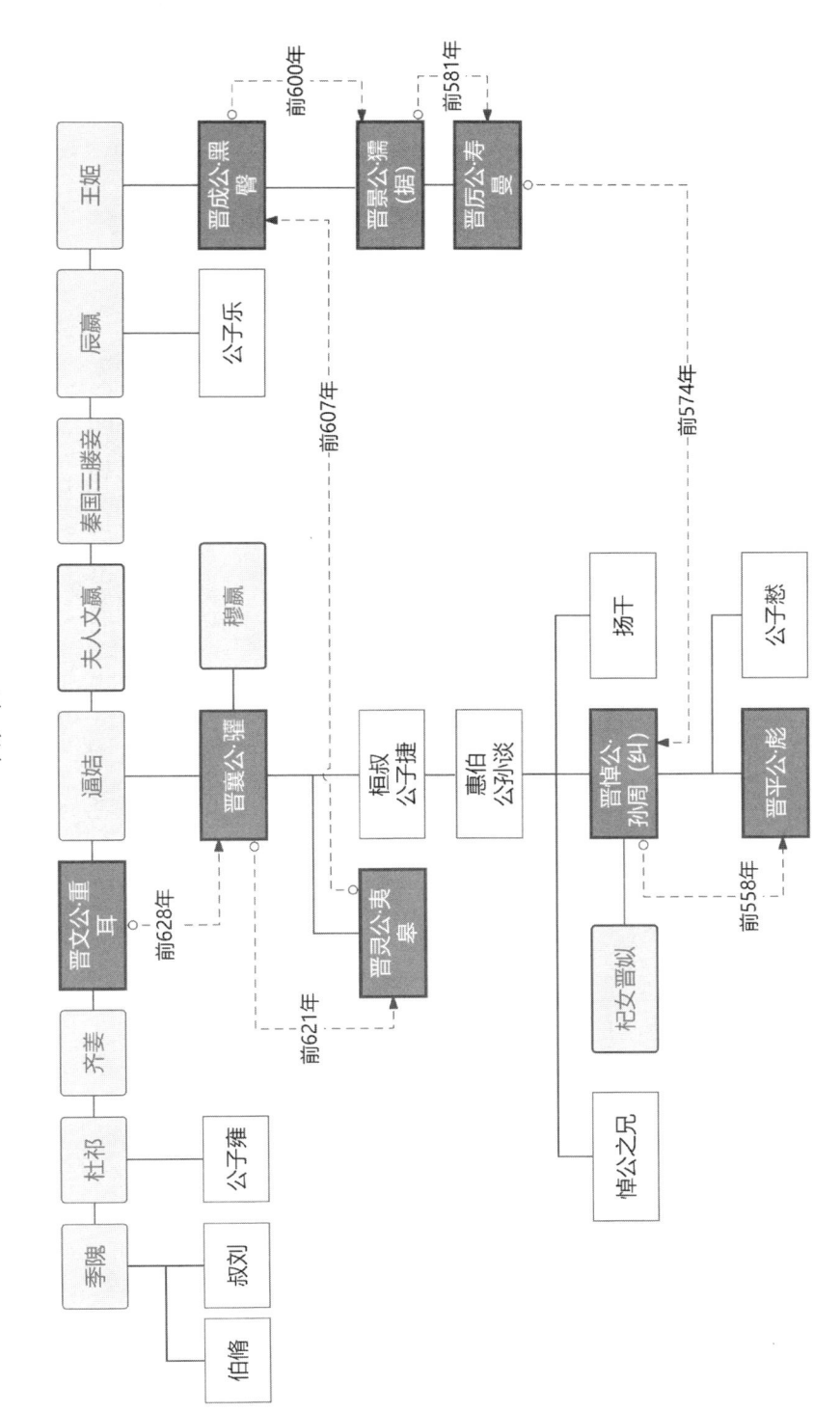

附图 2-1 春秋中期晋国君主世系

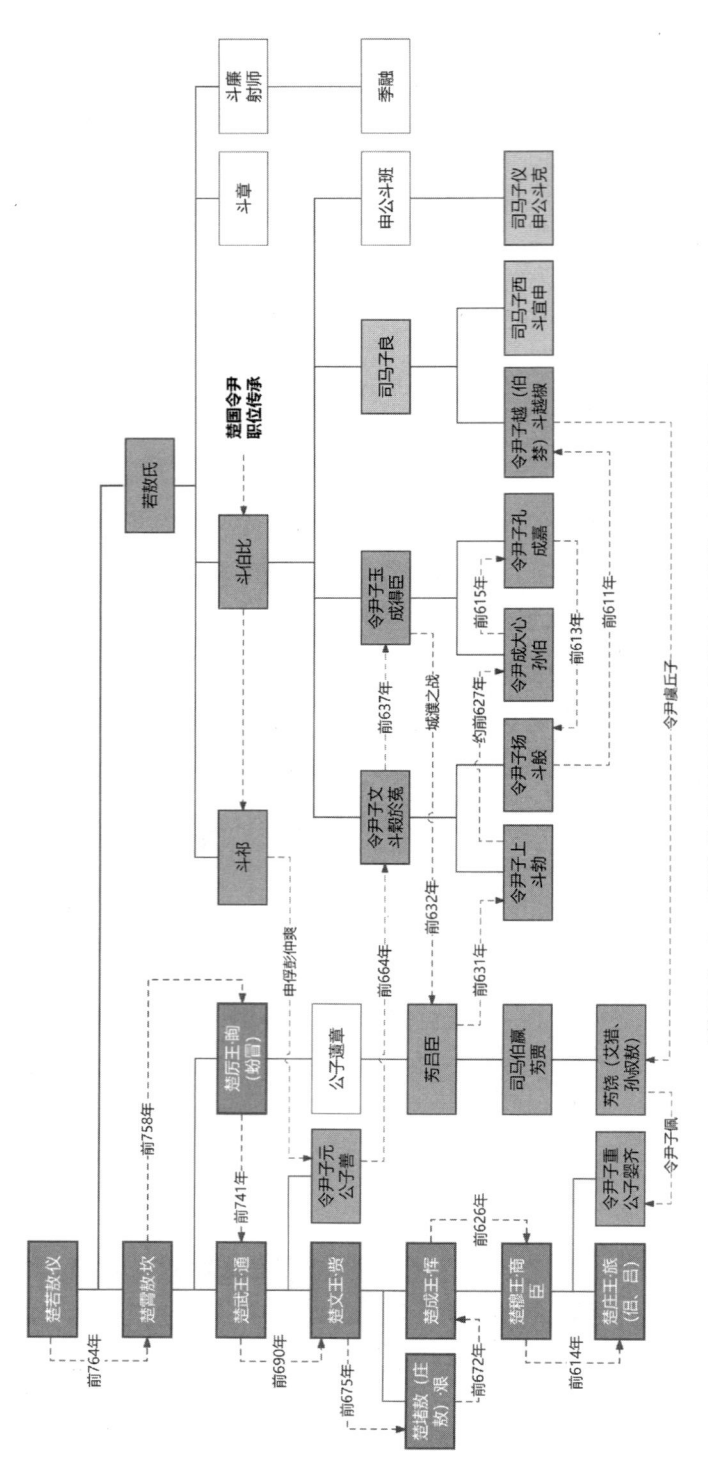

附图 3-1 春秋前期楚国君主及若敖氏家族人物关系示意